史海浪花

——档案里的云南故事

张文芝 / 著

云南出版集团
云南美术出版社

图书在版编目（CIP）数据

史海浪花：档案里的云南故事/张文芝著.--昆明：云南美术出版社,2022.12
ISBN 978-7-5489-5207-7

Ⅰ.①史… Ⅱ.①张… Ⅲ.①档案工作—云南—文集 Ⅳ.①G279.277.4-53

中国国家版本馆CIP数据核字(2023)第016534号

责任编辑：李 林　台 文
装帧设计：石　斌
责任校对：孙雨亮

史海浪花
——档案里的云南故事

张文芝◎著

出版发行	云南出版集团　云南美术出版社
社　　址	昆明市环城西路609号
邮　　编	650034
开　　本	787mm×1092mm　1/16
印　　张	18
字　　数	365千
版　　次	2022年12月第1版
印　　次	2023年3月第1次印刷
印　　刷	昆明美林彩印包装有限公司
书　　号	ISBN 978-7-5489-5207-7
定　　价	75.00元

前　言

云南是中国少数民族最多的省份，有25个世居民族，她以其风光美丽、资源丰富、民族风情神奇而著称于世。在几千年不同的社会历史发展进程中，各族人民创造了丰富多彩的民族文化，是中华文明不可分割的重要组成部分。截至2020年底，云南省档案馆保存着自康熙四十四年（1705）到2015年约310多年的历史，各种门类档案资料180余万卷，已经数字化超过1.2亿个画幅。主要内容包括清朝末期、民国时期、中华人民共和国成立以来三个历史时期反映云南政治、经济、文化、社会、教育、军事等等方面的内容。其中既有记录滇越铁路、辛亥革命、护国运动、滇缅公路、抗日战争、解放战争、云南解放、新云南的建设、改革开放等波澜壮阔、惊天动地的大历史，也有为之付出努力的云南先贤的精彩故事；既有历朝历代治边理政的大政方针，也有不少民间、民族、民众的逸闻趣事。上亿页的馆藏，犹如烟波浩渺的史海，神秘而辽阔。

1986年，我有幸成为云南大学历史系首届档案专业本科毕业生，并分配到省档案馆工作。入职之初，一次偶然的邂逅，激起了我对馆藏档案的好奇和对档案工作的热爱。那是刚参加工作三年，在参加档案库房的资料清点时，我偶然看到了一份百年前与我的身世有关的资料——产生于清末的《元江直隶州师范传习所同学录》。家父祖籍元江县洼垤乡都堵村，祖父张焕文在清朝末年曾就读于元江直隶州师范传习所，毕业后回彝乡开办私立学校，利用彝、汉双语教学，开辟新式教育培养当地子弟，1936年去世。尽管如此，家族继承祖父遗志，坚持办学，直至云南解放。受祖父办学影响，从二十世纪四十年代至八十年代，仅这个彝族山村走出来的学生，就有20多人考上大学，家族贡献成为当地佳话。从小常听父亲讲述祖父的故事和家族传奇，却因与祖父从未谋面，故事遥远，听过且过。但当看到已有百年历史的同学录，我感觉自己与祖父的距离一下拉近了。我小心翼翼地打开这本纸张已有些发黄破损、部分字迹也有些褪色的同学录，一页一行地仔细搜寻着祖父的名字，当看到姓、名、字号与住址完全相符时，我既兴奋又感动，在几百万件的馆藏档案资料中，竟然让我与百年前不曾谋面的亲人历史相遇，故事变成了现实，冥冥之中似乎对当时尚处混沌的我是一种引领，让我深深感受到档案的力量和档案工作的分量。从此我开始敬畏档案，并引发了自己对馆藏历史的好奇。

深感在这茫茫的史海中，我的遇见，不过是一朵小小的浪花，还有很多可歌可泣的历史经典和感人故事淹没在浩渺无边的历史中。于是，我立志用自己的方式去探寻研究尘封的历史，进一步揭示云南边疆档案里的故事，让遗忘的经典代代传扬，成了自己的一个小小心愿。在三十六年的工作中，因组织的关心、培养和自身努力，我从一名档案员变成了副研究馆员，从一般干部成长为省档案局的副馆长、副局长、二级巡视员。这些经历都是自己成长的关键期和取得成效的重要基础。面对馆藏300多年的历史，几千万件计的档案，内容丰富而深远，故事精彩而动人，我在工作之余，勤奋笔耕，积极利用业余时间挖掘研究档案信息资源，从史料的角度不断向社会公众介绍不为人知的云南档案故事，先后撰写了七十余篇有关档案故事和业务思考的文章，分别公开发表在《中国档案》《中国档案报》《中国企业档案》《四川民族》《贵州档案史料》《云南档案》《云南文史》《云南史志》《云南机关党建》等报刊上，有的被选登在《中国档案精粹》《云南百年老字号》《档案中的西南联大》等出版物中。其中所发表和揭示的一些故事和文章，有的成了同学撰写博士论文的启示，有的成了学者申请社科课题的线索，有的被其他刊物转载，尤其得到了一些史学研究前辈和老师的鼓励和肯定。长期不懈的坚持与努力，使尘封的历史得到进一步宣传和利用，馆藏档案与档案工作的社会效益作用进一步发挥，实现了自己探有所值、未负初心的愿望。

这些故事虽只是史海的冰山一角，却是馆藏云南档案内容的重要组成部分。对业务工作的思考虽只是一些拙见，却不同程度地反映着三十多年来云南档案工作的一些重点和亮点，也是自己前半生工作生活的重要写照和不断学习的精神追求。由于发表时间跨度长且分别发表在各种不同刊物中，未形成系统，不方便了解和利用。为使更多档案管理者和利用者节省时间不走重复路，更好地了解云南馆藏档案的故事和内容，了解改革开放以来云南档案工作的成就，大力宣扬中华民族的优秀传统文化，弘扬正能量，笔者特选取其中已发表的六十余篇文章，按"档案故事""工作思考""生活杂谈"三个部分，根据发表时间，由近至远汇集成书，形成体系，以方便需求者利用参考。由于才疏学浅，汇集内容只是一得之愚，如有不妥之处，敬请读者不吝赐教、批评指正。

张文芝　于2021年12月

兰台史海　静里乾坤（序）

——有感三十三年的档案工作

人的一生总在自然与必然中前行，
人的愿景也在展望与意外中错过与实现。
高中毕业报考了经济却被史学录取，
当决心致力于历史的学习，大三又与档案学不期而遇。
从此，便与兰台结下不解之缘。
转眼三十三年。
……

初入兰台，故纸满堆，
铁厢、木柜、卡片盒，塞满五层的楼柜，
就连库房的走廊，也被箱柜挤得只剩下一人通行的位。
铁箱里发黄的档案，案卷里隐现的虫迹、霉斑，
以及消毒杀虫留下的异味，
让人不想多触那尘封的历史，
只愿让它永远沉睡。
故纸、孤灯、清影，
锥子、棉线、墨笔，
默默无闻又无趣的工作，
使人觉得枯燥、乏味！
……

真正体会工作的意义，是一件件档案利用的反馈。
当那故纸变成百姓争取权益的凭证，
当史料利用的成果成为促进今日社会经济发展的动力和催人奋进的精神食粮，

当利用者向我们投于赞许的目光和留下感激的泪……
我的心，慢慢地被震撼了。
传承历史、保护社会发展的智慧痕迹才有国家未来的坚强。
正是兰台人默默无私的奉献，
保护、记载着这有声的世界和无形的社会，
国家的坚强与发展才得以延续。
工作不在微著，奉献不图权贵，
从此，耕耘兰台无怨无悔！！
……
改革开放四十余年，旧貌换新颜。
今日兰台，计算机大数据、信息化、数字档案馆蓬勃兴起，
多媒体、互联网、新技术广泛运用，
使历史与现代交融。
一座座现代化库房拔地而起，
昭示着国家社会经济的发展与繁荣。
一份份保存完整的史料，
折射着历史的灿烂与光辉。
一排排整理有序的案卷和海量数据，
蕴藏着兰台人的幸福与汗水。
我越来越喜欢兰台工作，
常怀着一颗敬仰的心，
去体会前人默默整理、装订的一针一线，
去品味编目留下的一字一句和案卷标题上的墨迹余香。
我越来越喜欢被兰台史海淹没的感觉。
常怀着一种求知的心，
去感受当年那些创造历史的伟大情怀和今日历史守护者的萦萦情丝。
在史海中，当我翻开一本本案卷，
仿佛又看到了云南打响护国运动的第一枪和蔡锷将军挥师北上的英雄气概，
看到了日本铁蹄下受难的中国人民和英勇的滇六十军、五十八军、新三军的抗战将士。

看到了二十多万云南民众不分昼夜紧急抢建抗战运输线——滇缅公路，打破当时历史修建公路速度的感人壮举。

还看到了丰富多彩的少数民族文化，

看到了曾经辉煌而又饱经沧桑的云南白药创始人——曲焕章先生的坎坷人生。

更体味到了新中国建立的艰辛、崛起与荣光。

真可谓：兰台史海，静里乾坤。

耕耘兰台，不仅使人怡情慧智，

更能让人不计名利，超越时空，对话天地。

笔者发表于2019年5月23日《中国档案报》

目 录

档案故事

百年前云南陆军讲武堂华侨学生致南洋同胞书 // 2

昆明起义中的一份重要文电 // 9

共产党人王德三《遗书》中的家风情怀 // 15

云南兴文银行的"兴文"实践 // 21

馆藏档案里的红色记忆 // 25

清末干崖宣抚司银票 // 30

战地记者笔下的中国远征军 // 35

光绪二十九年的云南乡试 // 41

国立西南联合大学校歌《满江红》// 46

云南古戏台楹联拾趣 // 49

倭人入寇　史不绝书
　　——记馆藏《抗战建国大画史》与《中国抗战画史》// 54

独具特色的抗战新门神 // 59

"火花团第一次宣言"——民国初期云南革命青年的怒吼 // 62

赤子功勋载史册——档案视角里的南侨机工 // 66

一部特殊的云南省志——《新修支那省别全志·云南卷》// 71

民国时期中共云南地方组织及进步团体的刊物 // 75

云南省立昆华医院 // 81

档案里的云南百年——为纪念辛亥革命一百周年 // 86

民国时期一部务实的工具书——《乡镇手册》// 90

抗战时期的云南边疆民族政策 // 95

《中国德宏傣文古籍目录》概况 // 101

百年树人的见证——清末《元江直隶州师范传习所同学录》// 104

馆藏民国时期有关云南少数民族调查史料盘点 // 107

追忆木本水源　纪念植树先贤——龙云倡建植树先贤纪念碑始末 // 114

壮志千秋——为纪念抗战胜利五十周年 // 117

民国后期滇西边区的土司制度 // 120

南侨机工颂——记抗战时期滇缅运输线上的南侨机工 // 122

工作思考

从职称申报视角看新时期基层档案工作队伍结构的发展与变化
　　——以2021年云南申报中高级档案职称人员情况为例 // 128

根植基层，把脱贫攻坚档案业务指导工作做细做实 // 133

云南省档案馆馆藏民国时期外文档案研究 // 137

云南生态环保档案管理利用的研究与思考 // 144

档案安全管理风险防范与控制的思考 // 150

让尘封的历史活起来——云南省档案馆开发利用档案形式的探索与实践 // 154

牢记使命，凝聚共识，促进云南档案工作新发展 // 158

选择与发展——档案文献数字化标准选择应用分析 // 163

公共档案里的个人数据信息分析 // 169

试述全球化背景下加强保护云南少数民族非物质文化遗产的意义及对策 // 174

举办"飞虎·驼峰纪事档案图片展览"有感 // 183

试析馆藏档案结构与社会发展的关系——以馆藏民国档案为例 // 186

中英档案保护技术工作的比较
　　——赴英国参加档案保护技术培训收获与体会 // 191

云南省档案局承办"南侨机工回国抗战档案史料图片展"的收获与体会 // 196

试析发展中国家档案管理官员对中国档案工作的关注与期望 // 201

以科学发展观为指导，加强新时期档案工作制度建设 // 207

援外培训——云南档案工作的新贡献 // 213

试论档案信息资源的整合与信息化建设 // 217

云南省省级单位电子文件管理工作情况调查与思考 // 223

云南省档案局、馆"十五"期间档案信息化建设回顾与总结 // 228

云南省档案信息化建设研究现状及思考 // 233

发挥馆藏档案资源优势　服务民族文化大省建设 // 238

云南省档案馆历史档案保护利用回顾 // 243

关于外籍学者利用省馆历史档案的调查与思考 // 247

增强档案学术意识　提高专业人员素质 // 249

生活杂谈

指尖上的艺术——彝族烟盒舞 // 254

激情燃烧的收藏——打火机 // 256

关于加强基层党建保持党员先进性教育的几点认识 // 259

异彩纷呈的哈尼族服饰 // 262

墨江哈尼族的无形文化遗产 // 265

浅谈妇女素质修养与公民道德建设 // 268

一篇蕴涵丰富的哈尼族爱情史诗——《洛奇洛耶和扎斯扎依》 // 271

档案故事

DANGAN GUSHI

百年前云南陆军讲武堂华侨学生致南洋同胞书

云南陆军讲武堂是中国近代史上一所著名的军事学校，开办于1909年，辛亥革命后改名为"云南陆军讲武学校"，其对中国近代军事教育尤其是对云南以及全国的民主革命做出了重要的贡献，在云南乃至中国近现代史上具有独特的历史地位和深远的历史影响，被朱德总司令称为"革命熔炉"。云南陆军讲武堂也是中国公开招收海外华侨学生和外国学生的第一所军校。1916年，云南都督、讲武堂校长唐继尧派特使陈觉民、符赞坊等到马来亚等地宣慰华侨，筹措华侨捐款，扩大其在南洋的影响，同时也开启了中国军事学校招收外籍学生和华侨子弟的先河。据不完全统计，云南陆军讲武堂从第12期到第18期招收的学员中，华侨学生有500余人，马来西亚、越南、朝鲜等国学员200余人，其中第12期有60余人是华侨子弟，第15期有110多人是华侨子弟。中外青年济济一堂演兵习武，在当时中国的各军校中实为首创。值得一提的是，在云南讲武堂就读的南洋华侨学生不仅个人慕名回国学武、投身于革命洪流，报效祖国，还根据当时国内革命形势和云南省情，为复兴中华，投书国外侨居地宣传国内革命活动，动员侨居地的华商、父老乡亲捐助资金支持革命。在云南省档案馆馆藏档案里就有一份"云南陆军讲武堂华侨学生致南洋华侨同胞书暨致书地点名册"反映了这一历史事实，至今已有102年的历史。今日捧读，依然感人至深，弥足珍贵。

一、致南洋华侨同胞书的背景

1915年12月护国军兴，云南以一省之力摧全国之公敌——袁世凯，共和始赖以恢复，云南财政也因此困难，为解决军需械饷，唐继尧、蔡锷、李烈钧三位起义领袖先后向海外华侨同胞发出了两份助捐电报，一方面宣传反抗帝制、拥护共和之举，另一方面请求海外华侨捐饷助义，以充军实之需。此倡议得到了极大的支持。护国战争胜利以后，1917年7月1日，张勋政变，拥护清废帝溥仪复辟，国会亦被解散，7月12日，皖系军阀段祺瑞组成讨逆军打败张勋，复辟闹剧终结。但段祺瑞重新掌握政权后，又拒绝恢复《中华民国临时约法》和召集国会，以孙中山为首的资产阶级革命党人为维护临时约法、恢复国会，在广州成立"中华民国军政府"，联合西南势力共同进行反对以段祺瑞为代表的北洋军阀独裁统治的斗争，提出了打倒北洋军阀专政的虚假共和，重新建立新生共和的民主法统号召。当时统辖滇黔两省的唐继尧积极响应，于8月17日通电全国，加入护法斗争行列。战争打的是经费的支撑和军需供给，云南地处边陲，土地贫瘠，因护国战争已致滇省财力不济，再行护法，军饷必为战事第一要务。当时，尽管省政当局没有再向南洋华侨发出捐助之号召，但云南陆军讲武学校的华侨学生以护法为己任，审时度势，深明大义，为支持国内护法义举，主动利用云南省唐都督派出专使到南洋宣慰华侨的机会，致书南洋父老乡亲和社团，呼吁侨胞捐资助力，支持国内的护法运动。讲武堂华侨学生致南洋华侨同胞书就在这样的背景下发出。

二、致南洋华侨同胞书的内容

据档案史料记载，此份致南洋华侨同胞书的具体成书时间是1917年9月，保存在一位名为符汉的人转呈给云南省都督唐继尧的一封公函里。在当时行营秘书处文件处理单上明确注明："符汉转呈留滇华侨学生致南洋华侨书一纸暨致书地点册一本，符汉辞行名刺一张，行营秘书处呈，阅后秘书厅第三股存"字样，经对馆藏档案的查阅，符汉名刺未见保留，但这份《华侨学生致南洋华侨同胞书》却得以保存。经历百余年的历史，实属珍贵。短短600余字的致南洋同胞书，留下了60名当时华侨学生的姓名，其中就有中华人民共和国的开国元帅叶剑英。致南洋同胞书饱含着侨生的报国之志和爱国之情，既表达了南洋华侨学生对云南陆军讲武学校的崇敬之情、感恩之心，也阐述了中国民主主义革命的艰辛，更体现了侨生支持中国革命的历史责任感，让人为之动容。其内容如下：

南洋华侨同胞诸公伟鉴，远睽，芝晖时殷，葭溯辰下，菊黄枫紫，雁到霜清，敬维，履祉吉羊，鼎祺安燕。

裔云引领，祝露倾心，负笈滇池，从师武校。校长郑中将炳然，暨管教诸公，均系武校泰斗，教法美备，而滇中政府又相待优异，将来毕业当必小有成就。籍可为国宣力，兼之气候和煦，风物文明，饮食卫生诸多便利，乞释远念。

惟有陈者：滇盖瘠省，物力不丰，前年袁氏称帝，督军唐公首举义师，分道致讨，以一省之能力摧全国之公敌，共和始赖以回复。财政远因之困难，幸当局诸公纯为国家，诸从减缩，始免集事，实已可钦可敬，独为其难。本年入夏以来，风云变幻，政局

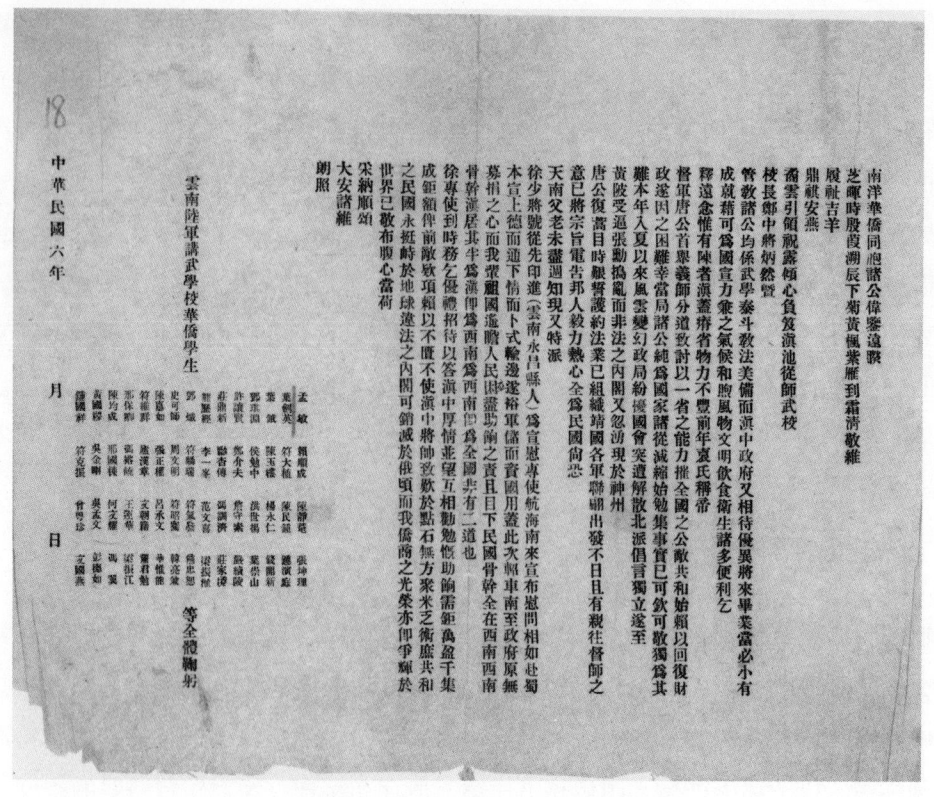

讲武堂全体华侨学生致南洋华侨同胞书

纷扰，国会突遭解散，北派倡言独立，遂致黄陂受逼，张勋捣乱，而非法之内阁又忽涌现于神州。唐公复蒿目时艰，誓护约法，业已组阁靖国，各军联翩出发，不日且有亲往督师之意，已将宗旨电告邦人，毅力热心，全为民国，尚恐天南父老未尽周知，现又特派徐少将号从先印进（云南永昌县人），为宣慰专使，航海南来，宣布慰问，相如赴蜀，本宣上德而通下情，而卜式输边，遂裕军储，而资国用。盖此次轺车南致，政府原无募捐之心，而我辈祖国遥瞻，人民应尽助饷之责，且目下民国骨干全在西南，西南骨干滇居其半，为滇即为西南，为西南即为全国，非有二道也。徐专使到时，务乞优礼招待，以答滇中厚情，并望互相勉励，慨助饷需，钜万盈千，集成钜额，俾前敌款项，赖以不匮，不使滇中将帅致叹于点石无方，聚米乏术。庶共和之民国，永挺峙于地球，违法之内阁可消灭于俄顷。而我侨商之光荣，亦即争辉于世界。已敬布腹心，当荷采纳，顺颂，大安，诸维朗照。

云南陆军讲武学校华侨学生：孟敏、叶剑英、赖顺成、陈静菴、张坤理、符大植、陈民钟、钟演庭、叶鉞、陈玉楼、杨永仁、钱开新、邓祺渊、侯勉中、洪世扬、叶崇山、许让贤、郑介夫、詹守素、严续陵、莊鼎新、欧杏传、冯训济、莊家樑、龙历经、李一峰、范文喜、梁振淮、邓炽、符麟瑞、符气燊、詹忠恕、史可思、周文明、符昭骞、韩亮兼、陈真如、张正权、吕承文、华惟能、符维群、卢汉章、文朝籍、肖君勉、邢保卿、冯裕饶、王连华、梁正经、陈均成、邢国栋、何文耀、冯翼、黄国樑、吴金刚、吴孟文、彭德如、钟国祥、符克振、曾粤珍、文国燕等全体鞠躬！

中华民国六年

三、致南洋华侨同胞书分发的国家和地区

在致南洋同胞书的这份档案中，还一同保存着一册华侨学生致书地和收书人名册。涉及今天的新加坡、马来西亚、越南、泰国、缅甸等国家和地区，计89个单位、机构或个人。其中致书新加坡的有11个，分别是新加坡同文书报社总理、同德书报社总理、星洲书报社总理、爱同学校总理、道南学校总理、养正学校总理、育英学校总理、南洋兄弟烟草公司总理、国民日报总编辑代登报、叻坡总编辑代登报、南溟半夜校诸君。

致书马来西亚及其他国家地区的有78个。包括吉隆坡的中华商务总会总理、福建会馆总理、琼州会馆总理、及时寄庐诸公、广源号陈家凤、同丰号王兆松，尊孔学校总理、南洋兄弟烟草公司总理、文明印务书局经理、中华商务总会总理；淡边埠的中华书报社总理、中华书报社代转龙祥光、吉隆港口中国青年会总理、新协丰陈德熹、吉隆吧生又成号龙鹤松、吧生书报社总理、吉隆坡中国青年益赛会总理、书报社总理；金宝埠的中华商务总理会总理、琼州会馆、书报社总理；坝罗埠的霹雳总书报社总理、中国国民党支部部长、琼州公会总理、振华学校总理、霹雳总商会总理、广东商团总理、乐林公馆总理、明德学校总理、育才学校总理、怡保学校总理、广嘉兴东家、同生荣东家、德振洋行、德宽洋行、坝罗埠华成公司；务

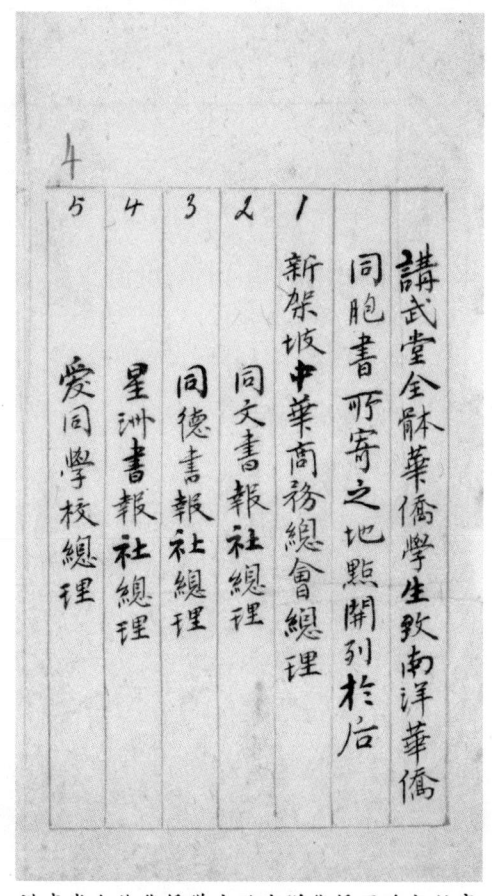

讲武堂全体华侨学生致南洋华侨同胞书所寄之地点清单（部分）

边埠的书报社总社、琼州会馆；太平埠：书报社总社、琼州会馆；槟城埠的益智书报社总理、区六姑、阅书报社陈新政、璧如女学校总理梁德权、兢兢书局徐洋溢、阅书报社转陈元机；关丹埠的中华商务总会总理，麻坡中华商务总会总理、书报社总理；马六甲的中华商会总理、阅书报社总理、琼州种植公所总理、巨昌隆郭镜澄、熙春酒店龙哲华；吉冷丹的中华商务总会总理、同仁书报社总理、吉冷丹美利符宏昌、日里华宗书报社总理。苏门答腊总编辑代登报、中华商务总会总理。槟城光华日报总编辑代登报；泗水埠的中华商务总会总理；暹罗埠的中华商务总会总理、暹罗琼州会馆总理、仰光中华商务总会总理、霹雳布先阅书报社总理，金宝强亚学校总理、日里敦本学校总理、槟城益华学校总理、槟城南洋兄弟烟草公司值理、坝罗埠南洋兄弟烟草公司值理以及新加坡普济药材何心田、罗奇生号邱雁宾、薛永元号薛中华、芙蓉埠维商陈序机、柔佛埠庆元号韩碧山、日里仙打埠中华学校总理张元亮。

从致书地点可以看出，师从讲武堂的华侨青年学生来自南洋各国城市和地区，皆致书各地侨团、侨社、侨报、侨商，反映了当年华侨在南洋的分布状态和经营范围。更反映了旅居海外的华人漂泊异乡，通过这些侨团、侨社、侨校和侨报，一方面彼此守望相助，同舟共济，另一方面通过社团保持着与祖国的联系，虽然侨居海外，当祖国需要时，依然不遗余力，履行着一个侨民对祖国的义务。

四、致南洋同胞书的价值及作用

致南洋同胞书既朴实真挚，又大气磅礴，蕴含的历史内容丰富，社会信息量大，既可纵览民国初期的中国革命史、云南护国护法史，又引经据典，以史感召，呼吁南洋父老乡亲慷慨助饷需，支持国内孙中山先生领导的革命事业，彰显侨商之光。对于强化当代年轻人复兴中华的担当意识，弘扬爱国主义精神有着重要的历史意义和现实作用。

1. 彰显了华侨青年的爱国主义情怀和中华民族的凝聚力

自古以来，中华民族就有一股强大的凝聚力，有精忠报国的典范，有爱国主义的传统，尤其中国近代百年史，既是中华民族的屈辱史、苦难史，也是一部中华民族团结奋斗、抵御外侮的英雄史，尤其是自清末以来，华侨对近代中国革命的支持与贡献，从一个侧面，充分反映了中华民族的这一优良传统。华侨一直是中国革命的重要支持者，无论是辛亥革命、护国护法运动，还是抗日战争，都积极从经济上给予支持，包括装备、粮饷、活动经费等等，甚至亲自参与云南爱国行动。捐资人既有像陈嘉庚这样的爱国实业家，也有很多一般的社团商人和贫苦百姓。并且捐款大部分属于义捐，孙中山先生和董必武先生都先后给予过高度的评价。孙中山先生说这些华侨"不图丝粟之利，不慕尺寸之位""一团热诚，只为救国"。云南省档案馆馆藏的这封云南陆军讲武堂侨生致南洋华侨同胞书的内容，就反映了这种爱国意志和奉献精神。这一群年仅二十岁左右的年青华侨学生，虽身在学校，却心系祖国、胸怀天下，呼吁侨居地人民"互相勉励，慨助饷需""应尽助饷之责"，希望中华民族"永远挺峙于地球，侨商争辉于世界"。积极践行国家兴亡、匹夫有责的爱国主义精神，彰显了中华民族的凝聚力和爱国情怀。

2. 突显了云南在民国时期的地位与作用

告南洋华侨同胞书叙述了华侨青年师从武校的敬仰之心，称赞云南讲武堂无论是校长还是教官均系武校泰斗，教法美备，对学业对未来充满信心，"将来毕业当必小有成就，籍可为国宣力"，并盛赞昆明气候和煦，风物文明，属于宜居城市。尤其是在向南洋侨胞讲述捐资云南，助力护法运动的重要性、必要性时，充分强调了当时云南的地位、作用，以及捐资的意义。文中提到"且目下民国骨干全在西南，西南骨干滇居其半，为滇即为西南，为西南即为全国，非有二道也。"字字掷地有声，可见，当时云南虽处边陲，却聚集了各类人才于全国之首，如此高的评价，不仅是青年华侨学生的思想，更是全国对云南的共识。云南在近代中国历史上的几个第一，印证了这一评价。中国第一条通往国外的铁路——滇越铁路，给云南带来了先进的民主思想；护国首义锻造了一大批军中将领和革命勇士；中国第一座水电站——昆明石龙坝水力发电站，开创了中国民间引进国外先进技术设备，自建自管自用的成功范例和水力发电的先河，造就了我国第一支水电工人队伍。云南的影响地位之所以如此之高，这与云南陆军讲武堂积极培育大量军中英才分不开，与蔡锷、唐继尧率军护国首义功绩，打造出一批猛将能人分不开，与云南人民的忠勇诚朴和大无畏的革命精神分不开。而讲武堂华侨学生在全国掀起护法运动之际，即时书写了的告南洋同胞书，再次体现了云南影响的英才之举，"为滇即为西南，为西南即为全国"的赞誉，云南当之无愧！

3. 丰富了爱国主义国际主义教育的素材

爱国主义是中华民族的光荣传统，是推动中国社会前进的巨大力量，是各族人民共同的精神支柱，也是社会主义精神文明建设主旋律的重要组成部分，是引导人们特别是广大青少年树立正确理想、信念、人生观、价值观，促进中华民族振兴的一项重要工作。进行爱国主义教育，就是要从学习历史入手，特别是要学习近代史和现代史，使人们了解祖国的历史和现状，引导人民群众树立民族自尊心和自信心，树立对自己祖国的高度责任感和祖国利益高于一切的思想，树立为祖国、为人民勇于献身的精神，从而推动祖国的繁荣和进步。同时爱国主义教育也要同国际主义教育相结合，才能克服狭隘的民族主义思想。讲武堂华侨学生致南洋同胞书，具备了这样的内涵要求，是一份很好的学习素材、教育素材。它集中反映了华侨青年学子，在祖国危难之际，动员海外华侨把爱国之心、报国之志转化为爱国行动，让后人深切感受到历史的脉搏，体悟年轻人和海外华侨对祖国的担当。对当代弘扬爱国主义精神和国际主义思想有着重要的历史和现实作用。同时，云南陆军讲武堂的功绩是云南精神的一种象征，也是历史文化名城昆明的重要品牌，讲武堂华侨学生致南洋同胞书的挖掘与弘扬，对于丰富讲武堂的历史内涵，理解云南精神，充分发挥全国爱国主义教育示范基地的作用有着重要的参考价值。

刊登在《云南档案》2020年第 3 期

昆明起义中的一份重要文电

　　昆明起义是中国共产党多年来对云南统战工作结出的硕果。1949年12月9日，国民党云南省政府主席、云南绥靖公署主任卢汉将军响应中国共产党号召，顺应民心，在昆明率领所属第九十三军、七十四军和省、市政府起义，宣布脱离国民党阵营，接受中国共产党和中央人民政府的领导，省内各地大部分积极响应起义。经过昆明保卫战，昆明和云南的历史翻开了崭新的一页。在这次起义中，一份重要的文电一直是指导云南解放事业的重要历史见证。它就是1949年12月11日毛泽东、朱德对昆明起义致卢汉的文电。

一、文电的由来

　　昆明起义历经曲折，经历了一个较长时期的酝酿。解放战争时期，云南形势复杂，地方实力派与中央之间存在着不可调和的矛盾，且卢汉的精锐部队九十三军在锦州被歼，六十军在长春起义。其手中只有五六个保安团的实力。蒋介石想把地处西南的云南建成"反共基地"以作最后的抵抗，于是对卢汉一面吹捧拉拢，频频派大员到昆与卢汉交涉；一面则对卢汉严加监督和威慑，特务活动频繁。国民党宪兵十三团驻在圆通山，随时可轻取省政府驻地五华山。在云南的中央军除原余程万的二十六军严密控制昆明南出的通道外，李弥的第八军亦随后开进云南。卢汉处境艰难，内心也十分清楚，国民党已难成气候，他不能不为自己的后路着想。随着中共云南地下党及进步力量的壮大和影响的扩大，中国共产党把强大政治攻势和军事攻势相结合，1947年7月，成立的中共桂滇黔边区委员会，提出了利用地方势力和国民党中央的矛盾，争取卢汉和平起义的工作任务，并立即派人与卢汉联系，开展细致、广泛的争取工作，使卢汉态度不断转变。同时，1949年4月人民解放军解放南京，第二野战军在刘伯承、邓小平两将军的率领下浩浩荡荡地朝西南开进。面对如此形势，卢汉也秘密派人与云南地下党边纵组织接触和联系，并表示：不再做蒋介石的殉葬品，不再做民族的罪人，准备起义，迎接解放。经过积极组织和酝酿，1949年12月9日，卢汉率部在昆明五华山正式宣布起义，并给毛泽东、朱德、周恩来、叶剑英等发去起义通电,当毛泽东、朱德收到卢汉昆明起义通电后,于1949年12月11日给卢汉将军发出了指示电文。

二、文电的内容

卢汉发给毛泽东和朱德等人的起义通电,历数蒋介石及国民党政府反历史潮流、负人民众望、拒签和平协定、压迫地方政府的罪行,并声明即刻脱离国民党反动政府,宣布云南全境解放。通电称:"人民解放,大义昭然。举国风已归心,仁者终于无敌。抗战八年,云南民主思潮普遍三迤,革命原有历史,向义何敢后人。不意胜利甫临,国民党反动政府,私心滔天,排斥异己,遂发生云南政变,且借机将数万健儿,远戍东北,地方民众武装,剥夺殆尽。全省行政首脑,形同傀儡。以特务暗探,钳制人民之思想,以精锐重兵,监视人民之行动,诛求无厌,动辄得咎。官民束手,积愤莫伸。父老则冤苦填膺,青年则铤而走险。人民革命洪流,实已布满地下,解放全滇,早如日月经天,江河行地,绝非任何反动势力所能遏阻。只以压力太大,不忍轻率从事,重苦人民。汉主持滇政,忽忽四载,效傀儡之登场,处孤孽之地位,操心危而虑患深,左支吾而右竭

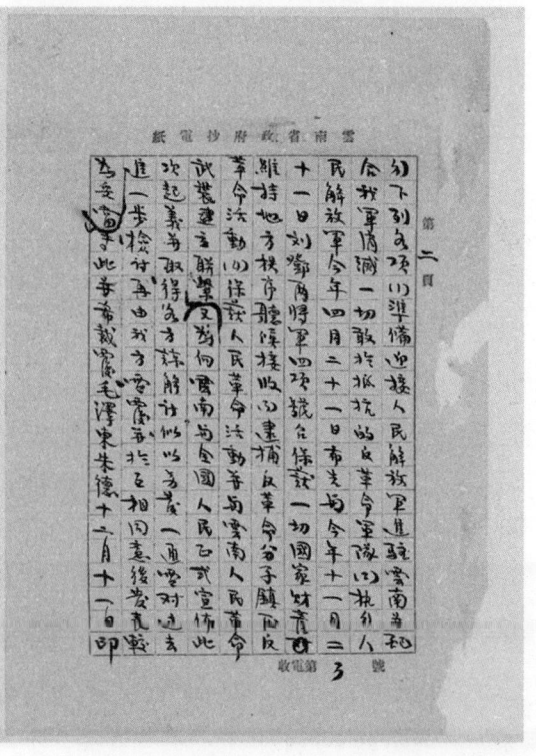

毛泽东、朱德给卢汉将军的指示电文

蹶，慎威胁之多端，实智穷而力屈，既负滇人，复负革命。年来居心行事，无不以云南一千二百万人之祸福为前提。此中委屈，不敢求谅于人，亦不敢求恕于我，苟执形迹而罪我，虽百死而不辞。时机未至，不惜委屈忍辱，权为应付；时机已至，不惜任何牺牲，解放云南。兹以坚决之行动，尽应尽之义务。但求有利国家，有利人民。爰自本日起脱离国民党反动政府，宣布云南全境解放。并遵照毛主席、朱总司令所宣布之人民解放军约法八章及第二野战军司令刘伯承、政治委员邓小平对川黔滇康宣布之四项办法，暂组临时军政委员会，维持地方秩序，听候中央人民政府命令。至于汉个人，只求云南解放之完成，即当引退而待罪。如有反动势力，为害乡邦，汉当率三迤健儿，负弩前驱，迎头痛击，完成人民解放大业。谨此宣言，诸维公鉴。"

可见，昆明起义是中国人民解放军在全国范围内取得伟大胜利的形势下，云南人民和中共云南省地方党组织领导的人民革命武装长期奋斗的结果，也是卢汉将军以国家和人民利益为己任做出的正确决策。

针对卢汉起义通电，为有效推进云南全境解放事宜，结合云南的实际，毛泽东和朱德给卢汉的回复电文，提出了"四项遵行"和"两项要求"，电文内容如下：

"昆明、卢主席勋鉴：佳电诵悉，甚为欣慰。云南宣告脱离国民党反动政府，服从中央人民政府，加速西南解放战争之进展，必为全国人民所欢迎。现我第二野战军刘伯承司令员、邓小平政治委员已进驻重庆。为便于具体解决云南问题，即盼迅与重庆直接联络，接受刘、邓两将军指挥，并望通令所属一体遵行下列各项：

（一）准备迎接人民解放军进驻云南，并配合我军消灭一切敢于抵抗的反革命军队；

（二）执行人民解放军今年四月二十一日布告与今年十一月二十一日刘、邓两将军四项号召，保护一切国家财产，维持地方秩序，听候接收；

（三）逮捕反革命分子，镇压反革命活动；

（四）保护人民革命活动，并与云南人民革命武装建立联系。

又，为向云南与全国人民正式宣布此次起义，并取得各方谅解计，似以另发一通电，对过去进一步检讨，再由我方电复，并于互相同意后发表，较为妥当。专此，并希裁复。毛泽东、朱德。"

四项遵行是对昆明起义乃至云南解放工作的指导方针政策，两项要求分别是接受刘、邓两将军指挥和向云南及全国人民正式宣布此次起义的通电，必须对原稿进行修改，增加自我检讨内容，经过中央领导同意后发布。根据这一指示电，卢汉随即与重庆刘邓两将军发电请求急速派员来滇接收处理。同时对云南各界各地各行业发布的告示及处理的原则、方法都按照电文要求执行，使云南的解放工作顺利开展。指示电文虽然只有300多字，但既有宏观政策的指示，也有微观细节的要求。

三、文电的意义与作用

文电虽短，内容丰富，政治及军事意义影响重大，是解决云南问题的纲领性文件和重要遵循，这份文电对云南人民避免战乱之苦发挥了重要作用。

首先，文电对卢汉将军识大局、顺民意，积极响应共产党号召的义举给予了充分肯定。文电开头称："佳电诵悉，甚为欣慰。云南宣告脱离国民党反动政府，服从中央人民政府，加速西南解放战争之进展，必为全国人民所欢迎"。充分肯定了昆明起义正确的政治选择，指出了起义对加速西南解放战争进展的重要意义。朱德、周恩来在1949年12月20日发给卢汉的电文中也强调了这一作用，并对后续工作提出新的希望。即"望团结全省军政人员，与人民游击部队共同维护地方秩序，消灭反动残余，并改善官兵关系、军民关系，为协助人民解放军建设人民民主新云南而奋斗"。

其次，明确了昆明起义和解放云南全境工作由共产党全面领导。在革命时期，"党指挥枪"是革命工作的重中之重。电文中的"四项遵行"和"两项要求"就是明确共产党领导的具体体现。从1949年12月9日卢汉宣布起义到1950年2月22日陈赓、宋任穷两位将军率领解放军入城接管，乃至后来整个云南全境解放事宜，都是在这一文电的精神指导下完成的。包括对起义通电的修改，从13日至20日，朱德、周恩来与卢汉就通电内容修改来往电文就有5次。修改的要求详细、具体，每一段话、每一句词都提出了具体的修改意见。原稿与修改稿相比，修改后的通电比原稿的政治站位更高、历史视野更广、形势分析更清楚、振奋人心的愿景也更强，既体现了中共中央领导人的视野与胸怀，更体现了共产党对起义工作领导的成效。修改后通电内容为："云南人民自民国以来，对民主和平统一大业的完成，企望凤深。护国讨袁之役，早已昭然在人耳目。抗战军兴，更举全滇人力物力，贡献国家。我三迤父老，原期抗战胜利，国土光复之后，中国即可实现和平统一，致力于民主富强康乐的新中国之建设。不料国民党反动政府背叛革命，排斥异己，为巩固其一党独裁的血腥统治，不惜穷兵黩武，残民以逞，破坏政协，挑起内战，以美帝为后台，阴谋消灭澎湃发展中的人民革命势力。致使我全国四万万五千万人民，重陷于水深火热的深渊，民族生机为之摧残殆尽。汉主持滇政，忽已四载，昧于时厥之归趋，慑于蒋匪之威胁，未能及时团结军民抵抗强暴，坐令数万健儿被调于反人民之战场，千百青年受难于反革命之毒手，反躬自省，负疚良多。今当全国解放大业即将完成之际，蒋匪仍执迷不悟，横施压力，妄图将其残余势力，撤退来滇，作最后的困兽之斗。时势至此，已属忍无可忍。爰经征询全体军政同胞的同意，顺应全滇父老的要求，即日宣布与蒋匪领导下的国民党反动政府，断绝关系。全境自动解放，归向人民民主阵营。并暂时组织云南人民临时军政委员会，维持地方秩序，保护公私财产，听候中央人民政府暨革命军事委员会命令，并竭诚欢迎解放大军早日入滇接管。今后汉等誓以至诚，接受中国共产党的领导，为实现新民主主义，建设民主自由和平康乐的新中国而奋斗。"

第三，强调了共产党的政治主张和解决云南问题的具体措施。毛泽东、朱德在电文第二条中提到要认真执行一个布告、四项号召，即"执行人民解放军1949年4月21日布告与11月21日刘、邓两将军四项号召"。这是要求昆明起义不仅是形式上起义，更要做到本质上的转变，不仅要明确政治立场，了解大政方针，也要落实好解决云南问题的具体措施。

人民解放军1949年4月21日布告是指毛泽东主席和朱德总司令在辽沈、淮海、平津战役后向各野战军全体指挥员战斗员和南方各游击区人民解放军发出的"打过长江去，解放全中国"的命令。该命令一方面深刻阐述了共产党宽大为怀、和平解决中国问题的政治主张，以及国民党反对和平、拒签和平协定的敌对态度。另一方面表明中国人民解放军把革命进行到底的决心和信心，号召全国解放军指战员奋勇前进，坚决、彻底、干净、全部地歼灭中国境内一切敢于抵抗的国民党反动派。同时，也向各地国民党地方政府和地方军事集团宣布国内和平协定的最后修正案。对于凡愿意停止战争、用和平方法解决问题者，即可照和平协定签订地方性的协定，对于国民党军队的官兵和国民党政府的工作人员进行宽大处理。

1949年11月21日刘、邓两将军的"四项号召"是指中国人民解放军在进军西南过程中，深切感到西南地区国民党军派系林立，内部矛盾错综复杂，刘伯承、邓小平结合西南地区实际，利用"攻心为上"的军事原则对国民党军队、政府机关、特务人员、乡保人员四级提出的"四项忠告"，是争取和平解决西南问题、落实中央政策的具体措施。主要内容包括：

（一）国民党军队应即停止抵抗，停止破坏，听候改编。凡停止抵抗、听候改编者，无论其属于中央系或地方系，均一视同仁，指定驻地，暂维现状，尔后依照人民解放军的方式实行改编，所有官员按级录用。凡愿放下武器者，一本自愿原则，或分别录用，或资遣回籍。凡迅速脱离反革命阵营并协同人民解放军作战者，当论功行赏。如果你们愿意这样做，你们随时可以派代表到附近的人民解放军接洽。

（二）国民党政府机关政治、经济、文化、教育工作等人员，应即保护原有机关学校财产、用具、档案，听候接收，无论其属高级、中级或下级职员，本军均一本宽大政策，分别录用或适当安置。其在接收中有功者，一并给予适当奖励，破坏者受罚。

（三）国民党特务人员，应即痛改前非，停止作恶。凡愿改过自新，不再作恶者，均可不咎既往，从宽处理。其过去作恶虽多，但愿改悔者，亦给以立功自赎之机会。其执迷不悟，继续作恶者，终将难逃人民之法网。

（四）乡保人员，应即在解放军指示下，维持地方秩序，为人民解放军办差事。有功者奖，有罪者罚。

刘、邓的"四项忠告"，犹如一颗重磅炮弹，在西南国民党军政上层人员中引起了强烈的震荡。除少数受蒋介石恩宠的国民党嫡系将领和官员死心塌地追随蒋介石外，其他大多数非嫡系部队将领，尤其是那些地方实力派将领，都根据"四项忠告"寻找着自己的出路。四川省主席刘文辉也是在这样的背景下宣布起义。昆明起义后，经过昆明保卫战，1950年2月22日陈赓、宋任穷两位将军率解放军正式入城接管，从此，云南人民和云南社会发生了翻天覆地的变化。

根据云南省档案馆馆藏档案记载，围绕这份重要指示形成的文电档案有640余份之多，这些文电对研究云南革命史，云南地方史、再现云南解放的历史过程有着重要的佐证和参考作用。时值中华人民共和国成立七十周年，分析文电价值与作用，旨在唤起人们对历史的敬畏，对先辈的敬仰，向那些为人民解放事业和国家建设献出自己生命的烈士和先贤致敬！他们的英灵永垂不朽！

刊登在《中国档案》2019年第8期

共产党人王德三《遗书》中的家风情怀

"家风"又称门风,是一个家族代代相传沿袭下来的体现家族成员精神风貌、道德品质、审美格调和整体气质的家族文化风格,是家庭世代相传的风尚和作风。家风建设不仅关系一人得失、一家荣辱,更关系到政风、民风和党风。自古以来中华民族历来重视家风建设,中国共产党也一直把家风建设放在重要位置,在长期的革命、建设、改革过程中,留下了许多优秀宝贵的红色传统。在云南省档案馆保存的,由中共云南省委党史资料征集委员会编写的《王德三遗文选编》中,就有一封陕北党组织的创建者和早期领导人之一,中共云南第一任省委书记、云南籍人王德三烈士写的《狱中遗书》,此原件保存在中国革命历史博物馆里,其中体现了王德三烈士家庭许多感人的家风故事,如今读来也备受教育和鼓舞。

王德三烈士

王德三,又名王懋廷、王正麟,1898年7月出生于云南祥云县王家庄。1920年年底到北京报考大学,1921年春考入北大理科预科甲班。在哥哥王复生影响下,参加中国第一个马克思主义研究团体——北京大学马克思学说研究会,担任法文组翻译。1922年由邓中夏介绍加入中国共产党。1923年夏天,受党派遣到陕北,以咸林中学、绥德第四师范教员身份开展工作,1924年经李大钊批准,他和北大校友李子洲为中共北京区委特约通讯员,负责陕北建党建团工作,王德三曾任中共陕北特支书记、中共陕北地区地委书记。1925年秋完成陕北建党建团任务后,他回北京大学复学,就读哲学系。读书期间,历任中共北京区委委员、北京团地委委员、经济斗争委员会书记。1926年受党委派到广州黄埔军校,任政治部宣传科长,第四期政治教官。1927年受党派遣回云南工作,先后任中共云南特支书记、临委书记、第一任省委书记。1928年代表云南地方组织出席在莫斯科召开的中国共产党第六次代表大会。1930年12月31日在云南昆明英勇就义,牺牲时年仅32岁。

在革命最艰难时期,为向党组织汇报云南情况,1930年11月19日,王德三准备从滇西绕道缅甸辗转去上海，不幸被叛徒出卖，在昆明西郊长坡被捕。敌人抓到王德三，如获至宝，想尽办法威逼利诱，妄图消灭云南地下党，彻底扑灭云南革命的火种。但是，王德三坚贞不屈，毫不动摇，写下了一封表现共产党员为党的事业勇于献身的遗书。从遗书中我们不仅可以深切地体会到烈士对自己理想信念的坚守和为之牺牲的大无畏革命精神，更能感受到先烈家庭感人的家风情怀。

一、父子情深似海，烈士移孝作忠。

《遗书》约六千余字，王德三从自己的家世回忆起，总结一家三代从事教育的经验和成就，回顾自己的成长经历，叙说从事革命斗争的信念与艰辛，以及对亲人的眷恋。在六千余言的遗书中有48次对"父亲"的称谓和呼唤，一声声父亲，一段段亲情，充分体现了烈士作为一个儿子、一个丈夫、一个父亲的深情厚谊和为革命事业移孝作忠的奉献精神。

他写道：父亲，当儿昨夜想到写信给父亲和儿媳的时候，禁不住流下泪来了。儿

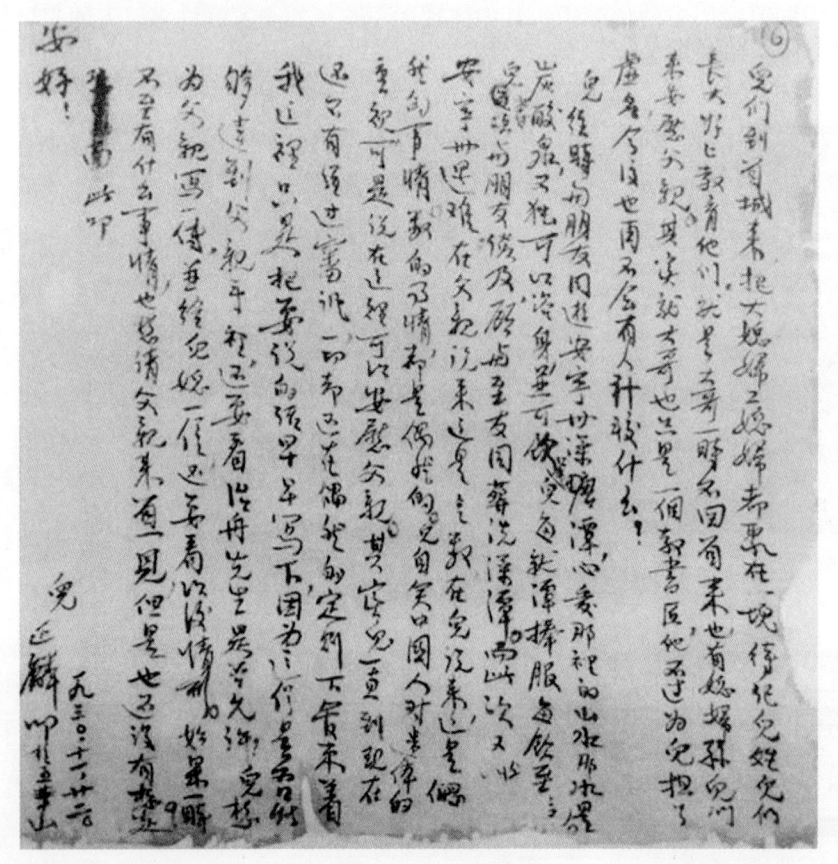

王德三遗书（部分复制件）

自受难到昨天，都是很解脱很达观的。你的儿子是世上最刚强、最有志气的人，他只知道人类、只知道社会，没有一点自私自利的习气。不独你的儿子自己相信，人们都把他看待成一个有志节有能为的人物。但是，父亲，人们只知道儿是个钢铁一般的硬汉，他们那里晓得儿是一个最富感情、最柔肠的小孩子……父亲，儿所做的事情，是反对官府的，这是主义上的事情，私人没有什么仇气……儿自信没有做什么对不起人类的事。儿非病死短命，是被人压迫去成仁就义。

他还写道：父亲，儿恐难与父亲见到一面，儿写到这里，心里是怎样的难受！儿自民国七年离开父亲，日夜思念，然无由得见父亲，一则为我的事情羁绊着，再则不能不硬着心同我的父母兄弟朋友隔离，以免彼此牵累。父亲虽然不知道我做什么事情，但父亲相信我是正直的人。从前，就是现在，我只能用移孝作忠的道理来安慰父亲……

一句"成仁就义""移孝作忠"饱含了烈士家国一体的格局与胸怀，英勇与慷慨。王德三为求学、为革命离开家十二年，一方面为救国难四处奔走，一方面对不能给父母养老送终内疚于心，在忠孝难全的时刻，他选择了舍"小我"顾"大我"，体现了一个革命者大无畏的斗争精神和奉献精神。一句"儿是一个最富感情、最柔肠的小孩子"又体现了烈士在父母前的人之本性，父子情深，坚忍丰满。

二、仁里德邻模范，成就村和族旺

王德三出生书香寒士之家，家学深厚。其祖父为人正直、博学多才、生活严谨、公道正派，学生遍布下川三甸，在当地影响德高望重。全家族七十余口，妻贤子孝，和睦相处。在他的引领下，全村与相连的各村成为当地知名的仁里德邻。他在遗书中写道："祖父一生没有做过一件错事。他不是一个什么伟大的人物，而是一个没有缺点的完人！一生没有吸过洋烟、黄烟，没有喝过酒，饮食有定量，起居有定时，不苟言，不苟笑，没有挖苦过人，没有得罪过任何人，没有沾过公事，而为乡里排难解纷，化除一切讼事，王、胡、朱、张四姓四村，成为仁里德邻，没有一个游手好闲的人，没有一个偷盗好讼的人，我家从来不讲势力。但是祖父、父亲、伯叔们的德望，可以移风化俗。"可见，其祖父是他的偶像，是当时社会中的理想人物。他们的家庭成为古典社会中的模范，即便是处理儿女父子分家之大事，也是和和气气，无吵无争。为此他祖父活到了九十四五岁，享尽了一生洪福。他为祖父有他父亲那样的好儿子感到骄傲，有他们这些争气的孙子们而感到自豪。在这种王氏家风的影响下，家族邻里形成了村和族旺的气象。

三、教子有方，造就英烈三杰

王德三的父亲王之湘，是一位豁达开明的人，敢于打破传统教育之法，成就儿女所愿。他主张把儿子送到社会上去，培养冒险勇敢的精神。他先后支持王家三兄弟王复生、王德三、王馨廷外出求学，让他们在激荡的社会风云里经受锻炼和考验，希望他们成为于社会、于国家有用的人才，这种观念深刻地影响着烈士的思想和行动。在遗书中王德三这么写道："我们家里从来都穷，但穷不会穷死人，以后也不必积钱，只要教育子女，让他们去充分发展个性，不要过于爱惜他们，像父亲对儿辈这样，就是培养人才最好的方法。把他送到社会上去，让他在艰难困苦中，在各层的社会中去增加阅历，求得知识，培养冒险勇敢的精神，艰难困苦不会磨折死人。孟夫子说得好，'苦其心志，劳其筋骨，饿其体肤，所以动心忍性，增益其所不能'，这是很好的教育理念。不过要处处提高他的自动自觉精神。儿辈弟兄三人，就是在父亲这种教育精神中培养出来的。"

这种教育理念孕育了王家后代良好的品行和学业根底，他父亲为国家培养了两位共产党员、一位共青团员，造就了云南英烈三杰。其中，大哥王复生，1917年考入北京大学文科预科班。1920年11月，李大钊建立北京社会主义青年团，王复生是第一批入团的团员之一。1921年秋转为中国共产党党员。1936年6月，日军在东北地区实行"大检举"、大搜捕，大肆逮捕抗日爱国人士，疯狂镇压抗日力量，王复生不幸被日军宪兵队逮捕。1936年8月15日，王复生在齐齐哈尔北门外江坝被日军杀害，时年40岁。在哥哥王复生的影响带动下，王德三1921年考入北京大学，同年加入"北京大学马克思学说研究会"。在两位兄长的带领下，三弟王馨廷14岁赴京求学，后加入中国社会主义青年团，在反对北洋军阀的学生运动中身负重伤，不幸在随兄长去陕北的工作中去世，年仅16岁。2009年，由中宣部组织的"双百人物"评选活动中，王德三被评选为"为新中国成立做出突出贡献的英雄模范人物"；王复生被云南省评选为"60位为解放云南做出突出贡献人物"。

四、并蒂莲理，夫妻相濡以沫

王德三夫人马冰清，1929年加入中国共产党，二人志向一致，性情相合，夫妻恩爱。王德三被捕之前，她已被捕入狱，并怀有身孕。《遗书》中提到的"人芽"就是在狱中出生的儿子——王纪忠。烈士在临刑前想念狱中的孕妻，所表现出的那种夫妻深情，让人为之动容。他写道："儿最不放心的，就是那热爱难舍的媳妇了，她为儿受尽一切人世的苦难，生别也急得她吐血，当她知道儿的消息，不知她如何情境？儿不忍在此多提及她，凭她和那'人芽'在人世中去赌她们的命运，就像赌钱一样，凭着偶然的定则。如果她一个残存人世的时候，我不愿意她孤灯独守，这话也许使她伤心，她常骂我残忍，可是这是苦的真情。为想到那孤灯如豆、孤影独衾的境况，我为她如何难堪！她永远不会忘我，她的黄金时代，无论如何不能再现，我们的甜蜜生活，每一秒钟都引起她和我的深刻印象！我常同她说深情的话，计较到一言半语，引起她的多心，她一定会饶恕我，我爱到她的每一根头发！"

《遗书》体现了相濡以沫的伉俪情深，一句"我爱到她的每一根头发！"寥寥数字，让人肝肠寸断，这对革命夫妻毅然舍"小家"、为"大家"的爱情故事，诠释了共产党人宁为玉碎、不为瓦全的坚贞信仰。

五、坚守信念，世代相传

王德三在遗书中详细写出幼年到青年生活的过程，在于告知后人，人生发展方向的基点和如何成为一位革命者的因素。他认为，人的生活和思想，并不是孤立地自由发展起来的，而是社会环境所决定着的。如果没有母亲和他三弟去世的刺激，没有父亲这样严的教育，没有当时的时代和他半生艰苦冒险的生活，就锻炼不出他这样的人。他从幼年至参加革命的思想的发展，代表着所处时代的发展。他认为，他的成长，一方面在性格上受到他母亲的深刻影响，幼年时代得父亲优良的培养，而壮年开始被社会潮流所卷入进行锻造而成。可见，王德三虽年仅三十岁，已是一个成熟坚定的共产党人。

铮铮铁骨的王德三不仅理想坚定，还视死如归，他抱定为党的事业不怕牺牲的信念，让人敬佩。他写道："古言说：人各有一死，死有重于泰山，或轻于鸿毛！儿已处此境地，如果要苟且偷生，那就要做出些无廉耻的事情，那时你儿子又有什么脸在人世上？天下人听见云南就要骂王懋廷是个无耻的人，云南人提着王字，就要指着祥云县说些不好听的话！儿现时只有拿定主张，把身子献给人类了……"他在《遗书》中还叮嘱后代要做一个真正的人，他写道："大家总要用诚实态度去迎接真理，才算一个真正的'人'。我希望儿媳、纪儿和侄儿们，勇敢地去做一个'人'！他们的丈夫、父亲和叔父，学问很浅，性情偏执，可是他是一个真正的'人'，值得他们永久纪念的！"一个革命者表现出的大无畏革命精神和对真理自信与执着的信念跃然纸上。不仅自己做到，要求后人也努力做到。

总之，王德三烈士的《遗书》里有刚强的志气，有无私的奉献，有伟大的人生，还有最浪漫的爱情。从中我们看到家风不仅体现中国传统的家庭伦理和家庭美德，更体现了一种精神力量。他的祖辈、父辈正能量的家教家风使王氏兄弟敢为人先，求知求进，走上革命的道路，为新中国的建立献出年轻的生命。同时他们又将父辈留下的优良传统传承后人，要求下一代年轻人，注重教育、获取知识、追求真理，做一个真正的人，使家风的作用与意义更加深厚。类似王德三烈士这样的优秀共产党人还有很多，身处新时代，面对新使命，我们要进一步传承好红色基因，从中汲取前行的力量，努力推动全社会形成见贤思齐、崇尚英雄、争做先锋的良好氛围，增强中国特色社会主义事业的凝聚力和感召力，把先辈注重家风建设，涵养浩然正气的事迹代代传扬。

刊登在《云南档案》2019年第1期

云南兴文银行的"兴文"实践

说到银行名称，民国时期各银行命名大体可分为三类：有以地方名字命名的，如广东银行、上海银行、昆明市银行等，有以服务经济实体行业为对象命名的，如劝业银行、矿业银行、华侨兴业银行等，有照商业惯例以吉祥寓意命名的，如光裕银行、美丰银行、汇丰银行、同心银行等等。而云南兴文银行以培育人才、振兴文化为目的命名的银行，在当时国内金融同业中尚无先例，它的这种特殊使命，实属创新之举，开创地方政府以金融方式筹措云南文化教育基金之先河。其兴文实践、作用、影响成效显著，对今天倡导教育文化事业发展也有启示作用。

据史料记载，云南兴文银行源于前清的一家官当——兴文当，成立于清光绪十五年，即1889年4月30日，由云南地方政府拨款创建，开展典当业务，以利润资助云南文化教育事业。创始人主要由前清盐法道——汤小秋，以及云南士绅王织、罗瑞图、吴永安、吴德祥等组成。辛亥革命后，1929年"兴文当"划归国民党云南省财政厅管辖，改称"兴文公当"，1932为扩充其经济实力，将兴文公当扩大为"兴文官银号"，增加资本、扩大业务，责令其代理省金库。由省财政厅厅长陆崇仁兼任董事长。全面抗战爆发以后，四大家族及外地金融资本纷纷移滇，云南地方当局为加强经济实力与外来资本抗衡，1939年5月将兴文官银号改组为兴文银行。1941年至1945年兴文银行力展宏图，进入鼎盛时期，所设立分支、分理处最多达到40余个。抗日战争结束后由于云南地方政权变动，财政厅首脑易人，在国民党统治区整个经济危机的冲击下，兴文银行日趋衰落。1950年昆明和平解放，兴文银行由昆明市军事管制委员会接管。尽管如此，从档案史料中我们不难看到，一个由典当行业发展起来的地方官方银行，不仅对云南铁路、盐业、矿业、烟业、纺织业、电力保险等云南地方经济发展做出了突出贡献，其"作育人才、振兴文化"的"兴文"宗旨实践也贯穿银行发展的始终，对云南地方文化教育和人才培养贡献斐然。

从其成立的初衷来看：兴文银行的"兴文"作用的发挥与当时云南培养人才的一个专门机构——经正书院分不开。清末，旧式书院渐渐落伍，其陈腐的教学内容和应付科举的"制艺"（八股文）为时代所不容，一批具有革新思想的士大夫倡议创办新式书院，培养"经邦济世"的人才，为国所用。当时的光绪皇帝赞同变法维新，很快批准了云南巡抚谭钧培关于在昆明创办"经正书院"（取"传经、拜经、守正"之意）的请求，并亲赐"滇池植秀"匾额一方，以资鼓励。1891年3月5日，"经正书院"在昆明城内报恩寺旧址（在今翠湖北路原昆明市体委院内）正式成立。书院的成立"开南中未有之风"，是清末云南追随时代潮流、富有特色、成效卓著的著名书院之一。经正书院公开宣称，以培养"通经致用之才"为目标，教学内容以"古学、时务"为主，书院的学生在全省范围内公开选拔，多为各地勤敏好学、思想活跃的优秀学子。两任院长分别是许印芳、陈荣昌。学院毕业的学子中最有成就的当数1903年参加朝廷举办"经济特科"考试，一举夺得头名，荣登"特元"魁首的袁嘉谷。此外，秦光玉、钱用中、李坤等毕业生后来都成为集大成的学者。

经正书院成立自然要产生经营教育管理的费用，以维持书院的日常开支及三年一次赴京会试举子的经费。而"兴文当"正是在这样的历史背景下应运而生并发挥作用。有史料载：兴文当"以质当利息收入，维持经正书院高材生之膏火及赴京会试举子之卷金"（这种卷金与现在的奖学金、助学金性质相同）。即在营业上，目的为融通社会资金，赚取利润，宗旨上则系以公当营利所得补助地方培植人才。到了民国以后，改组后的兴文银行继续秉持支持云南教育文化、培植人才宗旨，发挥兴文作用。有档案载："本省优秀人才多尤政府选送国内各大学深造，每人月给奖学金，各地同乡学会赐年给补助费，名义上虽系政府发给，而实际上则均由公当负担支出"。

从其对员工的教育来看：银行不仅注重金融业务培训，更注重服务"兴文"宗旨教育。1945年时任经理的张质斋在纪念银行成立57周年纪念日对员工演讲中强调："明白确立创立公当的旨趣，这种使命一贯的传统下来，以迄改组银号、银行到如今，始终在补助教育文化、培植地方人才的工作上努力不懈，才不负'兴文'二字。创始了金融业补助地方培植人才的工作，也决定了公当及银行的使命。当时，一般人都忽视了金融与教育文化的关系，也就不明白银行为什么要命名为兴文银行。原因是任何一件事业，都离不了才、财两个要素，才是人才，要用教育文化的力量培育人才，方能人尽其才；财是资产是财力，要用金融机构来融通资金，协助生产，方能地尽其利，物尽其用。才、财两个要素相互作用，事业方能成就，明白金融与教育关系密切，也就可以认识银行命名的使命重大。金融机关的作用就本身业务而言，是以资本促进地方经济建设，可以提高生活享受，提高生活程度；就补助教育文化程度而言，目的在作用人才，可以提高文化程度，也就是提高国家教育民族的地位，所谓金融事业就是经济和教育这两个要素的根本推动力。其次，普通学校教育与文化机关虽同协作育人才，但性质也有分别，

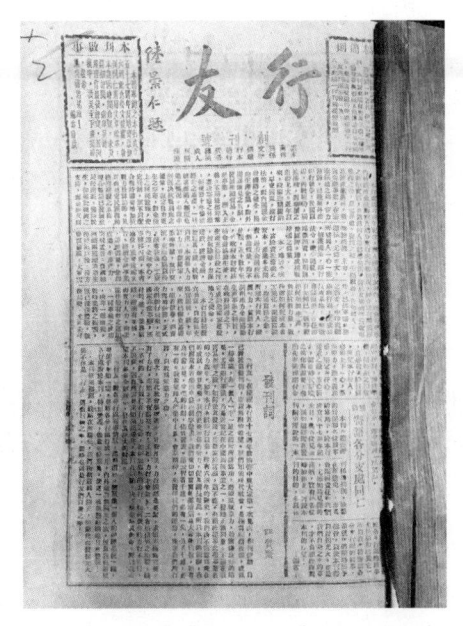

《行友周刊》第28期　　　　　　兴文银行《行友周刊》创刊号

学校教育训练知识技能，注重普遍、广博，贵在量多，而文化机构重研究专科学术，注重专门精深，贵在质高。所以本行在补助地方教育和文化工作上要双方同时注意，博专兼顾。"可见，银行对践行"兴文"宗旨的意义和助兴文化对国家的作用理解至深。此外，银行还聘用专家为顾问专员或行友会导师，特设专部，调查收集资料，经常作统计研究工作，一面树立起研究金融经济的本质基础，另一面力图实现机关文化与学术化的理想。

从其《行友周刊》创办及内容看：在民国时期，由银行自己创办报刊实不多见。1945年5月1日，为倡导银行文化建设，增长员工知识、拓展职员视野，兴文银行组织创办了《行友周刊》，并首刊发行。周刊主要刊登国际国内经济金融动态、总行支行工作运行状态，金融业务新知实务，员工素质修养、名人演讲报道连载等等，具体栏目包括：国家政策，经济形势分析，业务动态，世界事，顾曲琐语（介绍中国戏曲），艺文点滴，古今人物介绍，金融行情，商业行情，经济漫谈、法律小常识、人事动态、经济缀锦、落英缤纷、行内新讯、金融常识等等。从《行友周刊》中不难看到银行经常邀请当时著名学者到银行讲座，先后邀请了费孝通、伍启元、潘光旦、杨西孟、吴泽霖、刘文典、贺麟、陆忠义等关于政治学、经济学、社会学、教育学、历史学的专家学者到银行演讲。讲座内容包括："战时美国""今年美国上下两院竞选的观测""抗战八年来的中国金融与外汇""战后物价外汇黄金与货币""战后中国货币问题""今后我国的市场、复员之后的对外贸易""家庭与婚姻——大小家庭各有利弊""婚姻大事不可自专""家庭问题""民族与优生""中国经济建设问题""国际投资之前途""社会风俗""战后中国的边疆问题""中美两国的汇率""世界和平分析""中国内战演进"。还有"讲述红楼梦""道德与人生""反省与修养""如何敬事和敬业"等等。可见，兴文银行不仅助力云南教育文化人才培养，也倡导自身企业文化建设，且立意新、起点高，培养员工素质视野宏大，对提升企业知名度、提升银行员工业务能力和综合素质起了积极的促进作用。

从其对云南高等教育和文化事业的贡献来看：兴文公当改组为兴文银行后，经历二十多年，助力文化教育举措也随着云南教育文化的发展需要逐渐拓展，尤其对于学校及文化团体，常以巨款补助或低息贷放资金给予支持，每年要补助相关教育经费数十万元。如抗战时期，由于西南联大迁入云南，大师云集，时任云南大学校长熊庆来深知，此时云南人才荟萃，可谓千载难逢，西南文化灿烂之前途当孕育于此，是应把握机会，厚植基础的时候。但时值抗战，经费从何而来？于是致函兴文银行董事长陆崇仁，请求兴文银行拨款助学校一臂之力。在龙云的敦促下，一次性资助云南大学设立"龙氏讲座"12万元、资助设立西南文化研究室80万元，解了学校燃眉之急。云南大学也因此成为当时学术讲座最为繁荣、影响最大的高校，这一期间的许多系列讲座，如"中英庚款讲座""南园讲座""西南文化讲座""龙氏讲座"等，都为云大提升学术水平、培养学术型人才起到了积极的推动作用。而其中影响最为深远的，当数以时任云南省主席的龙云姓氏命名的"龙氏讲座"。"龙氏讲座"聘请的32席教授，都是在相关领域极具影响力、出类拔萃的学者。如农学家、农业经济学家汤惠荪、卢守耕、孙逢吉，园艺学家吴耕民，植物学家刘慎谔，植物病理学家俞大绂、裘维藩，植物生态学家李继侗，植物生理学家汤佩松，林业学家张福延，昆虫学家刘崇乐，数学家陈省身、华罗庚，工程结构学家顾宜荪，政治学家萧公权，还有经济学家秦瓒等。一大批有影响力的学术大家云集云大，为学校带来了新的学术精神与活力，这与当时兴文银行提供的资金保障支持分不开。此外，兴文银行还对当时中国新闻事业公司补助文化事业经费国币60万元，补助文风书局70万元，新世纪报社4万元，类似大大小小对文化事业的投入补助难于计数。

总之，兴文银行自1889年成立以来，历经62载，是云南近代金融中最具代表性的金融机构。其在振兴云南边疆文化教育作用发挥上，无论是对清代的经正书院还是民国时期的云南高等教育和文化事业的发展都做出了突出的贡献，功不可没，值得传扬。

刊登在《云南档案》2018年第1期

馆藏档案里的红色记忆

　　档案里的红色记忆，是指从1919年五四运动到1949年新中国成立期间，中国共产党组织及其领导的人民武装、政权机关、群众团体在新民主主义革命活动中形成的历史记录，包括中央组织、地方组织、革命军队、共产党人开展革命活动留下的具有代表性的红色印迹和心理路程。云南省档案馆保存的红色记忆有1200余件。这些档案主要是从全国、全省各地收集、征集、复印和个人捐赠而形成的。在革命年代，由于云南地处国民党统治区，中国共产党组织及其领导的人民武装、群众团体活动大部分处于秘密状态，斗争环境动荡不安，党组织屡遭破坏，因此民国时期由中共云南地方组织直接形成的革命历史档案，保留下来的数量不多，但却弥足珍贵。笔者将馆藏档案中的部分红色记忆及其价值作用阐述于后，以便更多的后人学习思考和传承。在云南省档案馆保存的红色记忆主要有：

一、王复生烈士日记

　　王复生，1896年生，1936年牺牲，时年40岁，是云南籍早期中共党员，是马列主义在中国的传播者和实践者先驱。王复生日记有二册，内容从1914年至1925年记录了他从中学到大学时的思想言行，包括求学期间的学习、生活、工作情况，记录了他参加北京五四运动、组织马克思主义学说研究会等组织活动的片段，反映了他由一个莘莘学子发展为中国共产党播种先驱的心路历程。日记内容信息量大，涉及面广，有对时事政治的评论、读书的感受、对各种理论学说的分析，有组织开展罢课游行示威等革命活动的记录，还有与毛泽东等人交往的感受。记录不仅文采激扬，字里行间还浸透着感人的亲情挚爱，倾诉着忧国忧民、追求光明的革命情怀，洋溢着为共产主义理想英勇献身的大无畏的英雄气概，真实反映着一位杰出革命者成长的心理路程和励志故事。捧读王复生日记，有一些记录难于忘怀。他在大学日记的开篇即写道："奋斗为人生所必由之径"，表达了他作为一个革命者的坚定信念。他写道：为人不仅要建"小我"，更要重建"大我"，要有国家意识和民族意识；修身要惩忿窒欲、勤俭敬信，不能懒惰无为；对事

史海浪花 ——档案里的云南故事

业要移孝作忠，勤奋努力。这些高尚情操，充分体现了烈士的一种家国责任、一种信念坚守和一种革命奉献精神。对于我们今天形成优良品格、培养浩然正气依然具有十分重要的意义，是留给后人的一笔宝贵的精神财富，是不可多得的爱国主义教材。

二、红军长征过云南的印迹

长征，是中国工农红军震惊中外伟大壮举，是世界军事史上的奇迹，是一座耸立在人类文明历史上永远不朽的丰碑。云南是红军长征经过的重要省份之一。1935年和1936年，中央红军和红二、红六军团长征先后经过云南当时的33个县境，胜利渡过金沙江，取得战略转移中具有决定意义的胜利，留下了光辉的足迹。馆藏档案中有中国工农红军二、六军团贺龙发布的"中华苏维埃人民共和国川滇黔省革命委员会布告"，贺龙颁给夏拿古瓦的委任令，云南彝族革命将领罗炳辉将军的照片等等。另外，反映红军长征的档案有很大一部分是从国民党"追剿"红军长征过云南中体现出来的。这部分档案未列入革命历史档案范畴，但从另一个侧面反映了红军长征的行走路线和发生的战斗经过，展示了在长征中红军战士们不仅要以浴血的拼搏冲破四周强大敌人的围追堵截，还要战胜无数由奇险恶劣的自然环

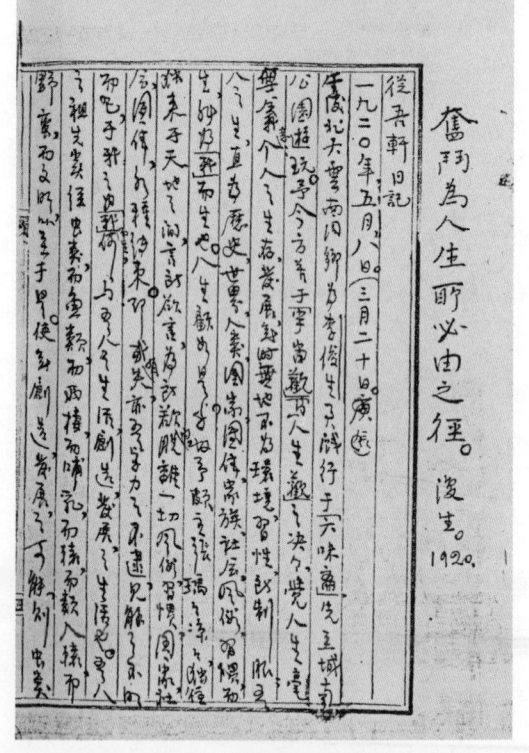

王复生日记

境影响生存的大无畏革命精神。无论是从正面还是反面遗留下来的红色印迹，我们都可以清晰地了解到中国共产党不折不挠的艰苦发展历程，这些给生活在和平年代的人们提供珍惜当下、不忘记初心的最好教育素材，值得今天纪念和传承。

三、中共云南地下党组织革命活动形成的档案

主要有云南地下党组织关于云南社会形势、党组织建设、武装斗争、党组织人事、经费、联络宣传等工作方面形成的报告、意见、请示和与中共中央往来的文电、信函，省工委书记郑伯克撰写的《云南地方党组织报告》，有"中国人民解放军粤赣湘边、闽赣粤边、滇黔桂边纵队成立宣言""滇黔桂边纵队玉皇寨战役情况报告""滇黔桂边纵队战报"，以及边纵党委形成的部分文件等。

中国人民解放军滇桂黔边纵队，是解放战争时期在中国共产党领导下的，由云南、广西、贵州三省20多个民族的优秀儿女组成的，战斗在西南边疆，极具代表性的一支敌后人民武装。这支部队是在滇桂黔地区早期武装斗争和中国共产党地下组织长期准备、艰苦探索的基础上逐步发展起来的，其革命斗争的历史，是中国共产党和中国人民解放军历史不可分割的部分。正是这支长期处于封锁割据游击战争环境中的敌后武装，远离主力，独立作战，浴血奋战，从敌后瓦解国民党统治。他们歼灭了为数众多的敌人，建立、开辟、扩大和巩固了大片革命根据地。他们深入国民党军队内部，开展军事策反工作，促使国民党官兵起义，推动了人民解放军军事斗争的迅速发展。他们配合南下野战大军，在追歼残敌、清剿土匪、解放大西南的过程中，加速了人民解放战争在全国的胜利进程。此外，还有中国人民解放军西南服务团的档案，包括邓小平动员干部去

中国人民解放军粤赣湘边、闽赣粤边、桂滇黔边纵队成立宣言

大西南工作的讲话，宋任穷关于进军云南的方针与任务的讲话，云南支队行军路线、供给办法、人员名册、武器弹药统计等形成的西南服务团工作的档案。

四、昆明解放档案

昆明解放，是在人民解放军完成三大战役之后。百万雄师横渡长江，直指南京，蒋家王朝的灭亡指日可待。以卢汉为首的国民党云南当局弃暗投明、选择跟随共产党。1949年12月9日夜间10时，卢汉将军率领全省军政人员，在昆明通电全国，举行起义，宣布云南和平解放。形成档案时间从1949年12月到1950年3月。其中有卢汉向中共中央毛主席、朱德总司令、周恩来总理及全军全国发表的起义通电，毛主席和朱德总司令在收到云南起义通电后的复电，毛泽东、朱德、叶剑英、邓小平、刘伯承等人给卢汉的指示电文，陈赓、宋任穷部队进入昆明城接管和建立政权的经过等等。还包括人民解放军政治攻势，战役战斗等军事斗争情况，城市解放后的接管政策、接管过程、各界反映，接管后的政权建设、城市建设、恢复和发展生产等方面的情况。再现了昆明起义、昆明保卫战、军事接管、新政权建立的历史。

中国人民解放军滇桂黔边纵队与昆明解放档案，真实记录了中国共产党领导云南人民夺取政权、建立新云南的历史进程，对于人们总结历史经验，探寻历史规律极为重要，是党和国家的宝贵财富。牢记这些记忆，有利于人们更加详细地了解中国共产党领导全国人民推翻腐败专制、建立人民当家作主新政权的历史过程，更加深刻地理解中国革命胜利的来之不易，更加切实地感受新中国不断发展前进的步伐，从而激发广大人民群众的爱国之情和建设动力。

五、"火花团"第一次宣言

在民国时期云南省政府秘书处档案中，有一份"火花团第一次宣言"，这是1928年中共云南地方组织领导下的青年组织发表的武装反抗国民党政府的宣言。"火花团第一次宣言"用当时教育不堪、家庭不幸、民不聊生、政府腐败等历史事实，揭穿国民党叛变革命、屠杀工农、屠杀革命青年的罪行，声讨当局的弊政和给国家和人民带来的苦痛与灾难。宣言号召云南青年团结起来，积极参加第三国际领导下的中国共产党云南分部，参加无产阶级革命斗争，参与民族自救运动，推翻国民党的反动统治。为缉拿发布宣言的共产党人士，国民革命军第十三路总指挥部、云南省政府随即下发了"关于严密查拿散布传单的共产分子并严加防范乱源致省民政厅的2187号训令"。训令要求军警监察处及宪兵司令部、昆明市政府严密查拿散布此项传单的人员，要求军、政、学各机关严加防范。此宣言附在2187号训令的附件中，客观上使得这份珍贵的档案得于保存下来。 此份宣言从其价值上看，是当时云南积极响应中共中央"八·七"会议关于武装反抗国民党的总方针的具体体现。"宣言"至今虽已有90年的历史，但今天读来，倍感当时中国共产党人对民族自救的紧迫感、责任感，以及为中华民族的解放的坚定信念。对研究中共党史、云南地方组织史有着重要的参考作用，对后人不忘历史、珍惜当下有着重要的历史意义和现实意义。

总之，馆藏档案里的这些红色印迹都十分珍贵。每一个青年人、共产党人都应该对这些记忆多一份敬重，多一份思考，不断从历史中汲取有益养分，努力工作，砥砺前行。

刊登在《云南档案》2018年第4期

清末干崖宣抚司银票

说到历史上银票的产生，人们首先想到的是官府、商人、经济发展、商品流通、内地、沿海、发达地区等等概念，但在云南省德宏州盈江县档案馆内保存的一份100多年前少数民族土司发行的银票——干崖宣抚司银票，却让人改变了观念和拓展了眼界。

银票票面右上角印有一位端庄帅气、身着傣族服装的土司头人半身像，左上角则印有一头傲立山顶的雄狮；票面正上方印有汉文"干崖宣抚准"，正下方则用傣文书写；票面正中右侧印有汉文"光绪三十三年造"、左侧同用汉文书写"新成银庄发行"；左右对称似二幅垂落的挂联，两联之间书写有"纹银十两"字样；整个票面四角有四个圆圈，上二角圆圈内有手写汉文"十"字，下二角圆圈内有手写阿拉伯文"10"字，以标明票面价值；银票呈长方形，四周及中围是具有民族特色的花团锦簇，尤其中围图案设计，有一飞鹿欲展翅飞翔，给人一

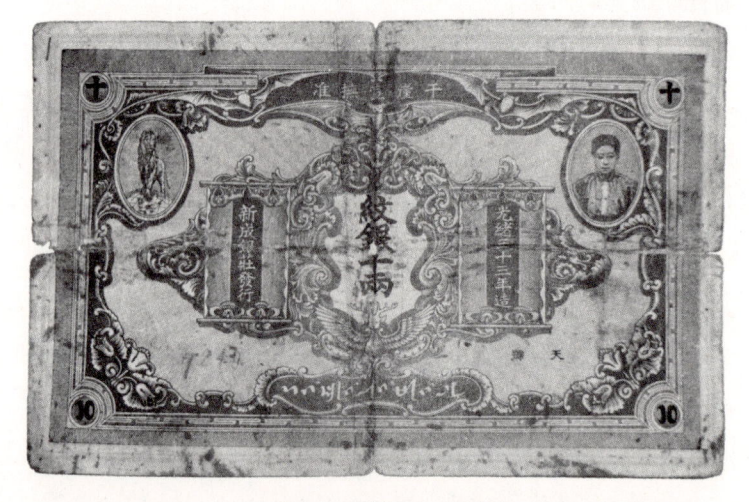

干崖宣抚司银票正面图案

干崖宣抚司银票背面图案

种富于艺术想象的美感。银票背面则用汉、傣两种文字印有"银票简章"。其长度与我们今天的百元钞相近，宽度则稍宽。

银票是社会政治经济发展的必然产物，清朝末年云南土司府大大小小有上百家，少数民族地区经济发展滞后，作为民族地区的这张银票是怎么产生的？什么人开办的新成银庄？云南那么多的土司府，为什么这种银票是在干崖出现而不是在其他地方？它与中国历史上的其他地区发行的银票有什么不同？这种银票的稀有性和罕见性引起了笔者的强烈好奇，笔者查阅了大量的档案和资料，并特意前往盈江县干崖土司府参观，到新城乡凤凰山麓刀安仁墓地进行了瞻仰。经过对墓地、墓表、墓志铭、土司府的实地考证和资料查阅，发现这张银票的背后有着特殊的背景，它不仅标志着当时干崖地区实业经济发展的状况，还记载着一代杰出土司刀安仁先生，从一个封建领主转变成为中国民主革命先驱的光辉历史。

土司是元明清时期中央政权于西北、西南地区设置，由少数民族首领充任并世袭的官职。干崖系地名，干崖土司设置于明朝永乐元年（1403），正统九年（1444）升为宣抚司，治所在今云南盈江县东北干崖镇的凤凰城内，属于傣族聚集区，与缅甸接壤。辖境相当今云南太平江流域，所辖面积一千六百平方公里。辛亥革命后改为干崖行政区，1935年改置盈江设治局。根据其家谱记载，干崖土司原姓郗，祖籍南京应天府，明朝洪武中期，郗忠国从军进入云南，后率兵进驻干崖，并与当地傣族通婚，其后裔与当地傣族王室和缅甸王族关系密切。因治理干崖有功，他于1407年得到朝廷赏识，赐姓刀，从此世袭为长官，管理干崖地区。共历26任、24代，计547年的历史。刀安仁就是干崖第二十四任土司。

刀安仁生于1872年，是盈江干崖宣抚使第23任土司刀盈廷掌印夫人所生的长子，被称为"混相"，即傣语"宝石王子"之意，是法定的土司继承人。刀安仁少年时期，其父十分重视他的教育，先后安排了傣族私塾教师刀洛勐和知今鉴古、学问渊博的白族教师蒋桂对其进行教育培养。1891年，刀安仁承袭父职，为干崖第24任土司和第21任宣抚使。同年，英国殖民者入侵干崖铁壁关一带，刀安仁率众迎敌，坚持八年抗英，多次将侵略者赶出国门。1904年，他赴缅甸、印度考察，与英国矿务专家约翰.斯密斯商议开发老陇中山铁矿，到暹罗（今泰国）、新加坡引进橡胶种植于凤凰山。回乡后创办干崖国民军学堂。1906年，又带领10余名傣族青年赴日留学，他一方面广泛了解日本工商企业情况，另一方面在积极寻找革命组织，认识了孙中山、黄兴、宋教仁等杰出辛亥人物。5月31日，由吕志伊介绍，孙中山主盟，刀安仁与其弟刀安文一起加入同盟会，成为云南最早参加同盟会的少数民族会员。1907年，日本政府驱赶革命党人，他被迫弃学，回国前和日本东亚公司签订了在干崖合资办工厂的协议书，购买机械设备，聘请了10多名日本专家和技工进行指导。1908年他回国后，大力兴办实业，发展地方经济，在干崖创办了火柴制造、印刷、银器、丝绸和纺织等工厂，开创了云南边疆民族地区兴办资本主义工商业、引进专业技术人才之先河。为了配合实业公司筹集和周转资金，改变易货贸易为货币贸易，促进商品流通，他在干崖开设了"新成银庄"，于清光绪三十三年（1907）八月发行银票。经营的对象除滇银外，还扩大到川银和川票。银票在日本印刷，票额为文银十两、五两、一两三种，便利了当地商业的往来。1909年，干崖实业公司初见成效。为进一步宣传"发展实业光复民族"的宗旨，刀安仁邀请南甸、陇川、盏达、芒市、勐卯、遮放、潞江和户撒土司到干崖参加观摩会，通过观摩会议，其在德宏地区影响不断扩大。由于刀安仁在发展实业的同时，积极组织反清活动，招来了清王朝的仇视。1910年初，清政府照会日本东亚公司迫使该公司停止合同。刀安仁到日本东京和公司商议无效，日方撤走了专家技术员，清腾越厅下令工厂停产，关闭国民军学校，使刀安仁创办的实业和教育被扼杀在发展的初期。尽管如此，刀安仁的新成银庄发行银票，把过去边疆少数民族地区以货易货的商品交换方式，融入货币流通的范畴，促进了商品经济的流通，对刀安仁开办的工农实业公司的产品经营和商品交易起到了积极的作用。更重要的是，刀安仁开设的钱庄，把现代商品经济的新思想、新观念带到了远离经济中心城市的边疆民族地区，让各少数民族群众在被动接受这一新生事物的同时，自觉或不自觉地与自然经济传统观念作了决裂。从其银票简章内容来看，也充分体现了上述的作用。简章内容为："本庄为交易便利起见，仿照内地都市商埠各银钱庄行，使纸票用代实银实钱，既便取携，尤易计算；本庄设总铺于滇南干崖城内，其他之繁盛市场均设有分铺，凡用本庄纸票者，无论总铺分铺皆可照数兑取实银实钱；本庄出入公平，童叟无欺，凡川银或钱来换票及川票来取银或钱者，皆按实数交易，绝不格外加减，其以银票折钱交易者，则照市价以为准则；本庄所出纸票与以□银为定，□皆□为实，资本经干崖土司承认担保，万一本庄有不幸事以致倒闭，可执票向该土司兑取银钱；本票具有特别记号，最足以杜假，实□□信用，凡行使本票者，须证明记号勿误。光绪三十三年八月，新成银庄奉白。"从银票外观效果来看，整张银票印刷和制作都非常精美，不仅有底纹，四边框式花纹图案设计都具有很高的艺术性。

除此之外，它还具有以下几方面的特点：一是具有民族性和独有性，用汉傣文字发行、有傣族土司人像的银票在云南乃至中国绝无仅有。二是深受中国古代汉文化影响。银票图案设计，除了使用汉字标识具有汉文化影响外，表现最深的就是图案中两种动物的选择。一种是左上角的雄狮，另一种是中间下方的飞鹿。狮子，在中国古代汉文化中是祥瑞灵物，象征吉祥，带来好运。同时狮子还代表正义，化戾气为祥和，驱魔避邪。因此逢年过节、重大庆典及各大商号、银行或机构开幕，甚至豪门酒宴都纷纷以舞狮打鼓助兴来增加热闹气氛，以图吉利。银票选用雄狮傲立左上角，除了表明银庄、银票的权威之外，也有银庄主人期求事业大吉大利的心愿。难怪时至今日，我们还能看到城市里的各大银行门口仍在沿袭以立一对石狮为标志的传统。鹿，在中国古代汉文化中是权力的象征，在古代生活中占有非常重要的地位。王公贵族都离不开它，帝王将相们甚至专门有养鹿的园林——鹿苑，供观赏或狩猎之用。《春秋》鲁成公十八年（前573）有"筑鹿囿"的记载。古人从日常生活中经常发生的事情、经常接触的对象中发现了社会政治生活中的某些共同事理。由于鹿是人们经常追逐捕猎的对象，于是，当人们目睹统治阶级对权力的追逐时，便很自然地联想日常生活中逐鹿捕猎的情形，并以此为喻，使鹿具有象征的意义。至此，"鹿死谁手""逐鹿中原"中的鹿，就再也不是一只自然的鹿，而是政治权力的代名词了。而干崖宣抚司银票上设计的鹿，不仅是一只鹿，而且是一只飞鹿，更彰显出银票设计者除深受汉文化影响外，还赋予了对未来充满希望与追求、渴望权威与吉祥的理念，寓意深刻。三是开创了云南少数民族土司府引用国外先进技术为我所用的先河。据许洪畅《试论孙中山对刀安仁评价的历史意义及其影响》一文中的考证，干崖宣抚司准印的银票，是由日本印刷而成。笔者从银票的品相、质地、印刷技术，从刀安仁先生开明土司的身份、日本留学、聘请日本技师回国办实业的经历，以及清末云南德宏地区缺乏银票印刷技术的情况分析，银票印刷出自日本是可信的。由此，干崖宣抚司准印的银票，是云南第一种在国外印刷，在国内民族地区使用的银票。也是云南省首次在银票印刷术方面，借用国外先进技术洋为中用的例证，对研究当时的银票印刷技术也有着重要意义。

干崖宣抚司银票，尽管使用时间较短和范围较窄，但它标志着当时少数民族志士的进步理念，不仅反映了当时云南傣族地区的经济发展情况和云南社会经济发展不平衡的状态，更反映出了中原文化与边疆文化，汉文化与少数民族文化的有效融合，也是中国、云南货币史的一个创新，客观上对当地少数民族思想文化的进步、对扩大商品的交流产生了积极的作用。

刀安仁先生不仅是一名有远见卓识的少数民族实业家，也是一名反清民主革命先驱。1911年10月27日，刀安仁会同云南同盟会员张文光在腾冲组织腾越起义，推翻了清朝在滇西的封建势力，并组织了滇西国民军都督府。刀安仁与张文光一起被公推为滇西国民军都督，刀安仁因此成为辛亥革命以来第一位少数民族（傣族）都督。云南腾越起义，比省城昆明举行的重九起义还早三天，成为云南辛亥革命首义，震撼朝野。

1912年3月,因遭云南军都督府中人诬陷,刀安仁被当时的军政府勾结南京临时政府秘密逮捕,先被冤囚于南京,后囚于北京。同年8月,经孙中山、黄兴、宋教仁等营救出狱,刀安仁任陆军部谘议官,中将军衔。但因身心遭到极大的摧残,他从此卧病不起,于1913年2月病逝北京,享年41岁。国民政府在北京龙泉寺为刀安仁举行了隆重的追悼会,追认刀安仁为陆军上将。孙中山为其写挽联"边塞伟男,辛亥举义冠遇春;中华精英,癸丑同恸悲屈子"。可见孙中山先生对刀安仁先生在辛亥革命中贡献的充分肯定,也反映了他与刀安仁先生的深情厚谊。

刊登在《中国企业档案》2017年第1期

战地记者笔下的中国远征军

中国远征军从1941年底组建，1942年3月入缅展开对日作战至1945年3月胜利回国，历时3年零3月，投入兵力总计40万人，伤亡接近20万人，立下了赫赫战功，在中国抗战史上留下了悲壮辉煌的一页。有关这段历史的著述数不胜数，而当年随军战地记者的相关报道，则显得更加具体、生动、翔实。

为真实报道这段具有历史意义的事件，国民政府当局及中外相关媒体纷纷派出记者，跟随中国远征军将士亲临作战一线、深入中印公路修筑现场和滇西反攻阵地，用笔和镜头呈现远征军将士的艰苦、英勇和战地风采。这些珍贵的报道，经过记者、作者的整理汇编，形成了一系列远征军抗战事迹专著、专栏、专刊，如中国第一位战地记者乐恕人编著的《缅甸随军纪实》、彭和清编写的《缅甸大战实录》、黄仁宇著的《缅北之战》、蔡力行编著的《中国远征军》、伯华编著的《峰烟缅甸》等等。其中，出版于1944年12月，由罗时旸编撰的《我们的远征军》，汇集收纳了缅北滇西战场上的战地记者在当时的《中央日报》《时事新报》《新民报》《大公报》《扫荡报》《商务日报》《新蜀报》《国民公报》等报刊上刊登的报道，分"生活与训练""战地风光""战斗纪实""英雄群相"四部分，共收221篇报道，涉及一千多个事件。报道这些事件的记者，

我们的远征军

有的是对史迪威、郑洞国、戴安澜、孙立人、廖耀湘等将军的采访，有的是在炮火声中对战场上受伤撤下疗伤战士的采访、有的是对日本战俘的采访，还有的是对战地附近市民、村民的采访和对战场的观感。这些采访报道，再现了中国远征军与盟国合作共同抗击日本法西斯、保卫中国西南大后方的传奇故事和可歌可泣的英勇事迹。该书作为青年丛书出版，被国民政府当局列为青年人了解这段历史的基础读物。可见，《我们的远征军》一书在当时青年中的普及性与影响力。如今保存在云南省档案馆的《我们的远征军》第二部——"战地风光"，计有80篇300余个事件，其中的每一个故事、每一个场景，至今读来仍历历在目、感人至深。

一、一条从战斗中诞生的公路——中印公路

中印公路是第二次世界大战期间中、美两国合作修建的国际军用战略公路，由印度的雷多经缅甸的密支那至中国的云南畹町再到昆明，全长1730千米。其中，印度雷多至中国畹町段长770千米，路经印度东北部和缅甸北部的亚热带山岳丛林地区，由美军工程兵部队配属中国国民党军队两个独立工兵团，并在当地民工协助下构筑。从印度雷多到缅甸的新平洋一段最艰难，筑路工程浩大，作业条件恶劣，要不断克服崇山峻岭、江河峡谷、高草丛林、沼泽泥泞、暴雨山洪、酷暑病害等重重困难。在有些路段，筑路人员不得不在日军航空兵、炮兵轰击和步兵袭击的条件下作业，被称为是一条从战斗中诞生的公路。

战地记者永炎在名为"扫荡L.D速写"中这样描写到："1942年盟军在缅甸转进入印，中英美联军在战略上决定以全力从远东抵抗中南半岛敌人以来，L.D（指印度雷多）便从一个处女的原始森林蜕变成为一个现代战争的富有隆重历史意义的ⅩⅩ战区，开始它孕育在胡康河谷以硬仗永远保持'有胜无败'光荣的中国郑洞国军ⅩⅩ师孙立人所部。这种由中华民国孩子们在印缅前线所创造的血汗作品，L.D占尽了这份荣光⋯⋯，华美路的开端，从L.D通过新平洋、孟关、越过许多河川、峻岭，这些郑军用血汗压平的道路和城镇，一直到今日最前线的瓦拉渣，以及不久我们所要占领的孟拱和密支那，这条用中国和美国远征军健儿们的血汗和泥浆而筑成的通道，不久将来还要透过野人山接通中国云南，作为远东反攻胜利的开端⋯⋯"。

中印公路修建之难，难于言状。1943年3月，中国驻印军孙立人将军的新38师114团即先行开进野人山区，掩护中美部队修筑中印公路。由于当时野人山上的原住民，处在村落不固定、半流动生活状态，有"人无定所、地无恒名"之说，他们三年必迁移一

次，并且人迁往何处，某村某里之名也随之他往，所以这些地方一直没有形成精确的地图。路线的测量十分不易：第一，在原始森林里，空中测量看不到地，地上测量看不到天；第二，大多无土人带路，全靠自己摸索；第三，补给困难，空投无目标，递送更困难；第四，再加上森林中因有毒的虫兽而生的奇奇怪怪的疾病。为筑好这条路，测量员、开山机、碾路机、卷土机、卡车司机、中美广大工兵和民工们不仅要防备日军的袭击、边战斗边修路，还要与丛林、泥泞、季雨抗争，与疟疾、潮湿、寒风、虫兽斗争。为保护筑路的顺利进行，作为先锋的114团遇敌作战、遇水架桥、遇丛林披荆斩棘，遇野兽刀枪对付。记者永炎在他随同史迪威将军深入前线，经历火线野餐、阵地一宿后感慨地写道："缅北战场是现阶段世界上最伟大的战场，中国军队在野人山上和胡康河谷、孟拱河谷到处开路，到处创造地名，创造历史，那种工作的艰辛是非人类智慧可能想到的，这并没有夸大之词。"

吕德润在《中印公路巡礼——人类征服自然》中还描述道："从雷多出发不久，便开始爬印缅交界的查培山，汽车在森林里走着S，越过一个山头，另一个山头又在迎着你，上坡时可看到挂在树尖上的云雾，下坡时可向矗立在青空的芭蕉告别。也许在这段山峦间可看到蔚蓝的天，可是拐几个弯便许落雨……美国修路、养路的黑白弟兄们沿途给我们打招呼，中国与美国的宪兵留心着过客，汽车团的大卡车成群结队地急驰，骡马团的弟兄们呼喊着马匹，美国的油管检查车来往穿梭。缅北新攻势开始的时候，中印公路的繁忙，令人想起了'车辚辚，马萧萧'的古句来……"。在丛林战中，敌我双方要么袭击战、要么遭遇战，飞机用不上，大炮力不足，"需要"是发明之母，远征军士兵发明利用大树为掩护堡垒、树岔为射击支点的方法，防守和破解日军的偷袭和进攻，中美工程兵随着战斗部队的推进也积极推进中印公路的铺设，并于1945年1月打通至中国畹町。

就是这样一条由中美官兵的血汗和智慧筑成的战地公路，被当时的工兵们、战士们根据不同的地名、意义、心境、译音呼出多样的名称。如雷多路、华美路、丽都路、到东京之路、史迪威公路等等，寄托着人们对中美友情的铭记、对反法西斯战争胜利的信心和对将领贡献的纪念。

二、缅北滇西战场上的英勇将士

缅北滇西战役是为抗日战争的大型战役之一，发生于1943年10月至1945年3月，是中国驻印军和中国远征军在美、英军的协同下，在缅甸北部和云南省西部对日军缅甸方面军发动的一次进攻性战役，是抗战以来正面战场唯一获得彻底胜利的大规模进攻作战。这次胜利不仅打通了中国与盟国间的陆上交通线，而且揭开了第二次世界大战亚洲战场盟军向日军反攻的序幕。在这场战役中，华美联军从将军到士兵无一不以坚强的意志和奋不顾身的英勇行为去夺取战争的胜利。

在缅北滇西反攻中，记者永炎在与史迪威视察缅北前线巡礼中，记叙到：当总指挥史迪威将军深入缅北前线指挥所，要求部队拿下拉吉时，随同的孙立人将军和李鸿上校劝说史将军，这是火线，不能在此多留，往安全地带转移，不然危险！史迪威却说：不行，如果团拿不下拉吉，我明天到彭少校那里去；如果营拿不下，我要亲自到连上去。接着他还说，如果连拿不下他要亲自到排和班上去。他的语气是那么坚定有力，不仅坚定自己，也激励将士。就这样，他和记者们不仅留在了火线上，一个新的、攻下拉吉的战斗攻势就这么形成了，阵地也如期攻下。

乐恕人在《随孙立人将军视察孟拱加迈公路——凭吊色汤战场》中记述周浩排长在色汤战役中的英勇事迹时，这样写道：色汤战役是为夺取孟拱、切断日军后援与后路的一次重要战斗，而小黄土山高地的争夺，又是这场战斗的关键。在断了日军后路的头三天中，由于总部没有及时来投掷弹药和给养，我军虽然抢到了敌人的弹药，可是枪弹不能用不同口径的武器，仍无用武之地。所以第二天敌人开始两面反攻，周排长率兵紧张抵抗，士兵不敢乱发一枪，后来弹药用完了，就连后备部队的弹药也收集了去，还是没有后续弹药补给，住守小黄土山的一排人，被敌人反复攻击。周浩排长在最后关头，发了一道命令："我们要死就同死在这个阵地上，谁要退我就枪毙谁，我退你们就用枪打死我！"就这样，全排弟兄坚持战斗，没有退缩，弹尽粮绝之后，与敌人展开肉搏战，周排长与他的弟兄们壮烈牺牲，全排殉职。在孟关大战中，还有三位英雄战士，一个是上等兵张全友，贵州人，战场上杀死三个日本军官和八个日本兵，救回两个班长，得到史迪威将军的表彰；另一个是一等射手周国泰，一枪打死三个日本士兵，抢得日军的重要作战命令，促成我远征军新22师的孟关大捷；第三个是上尉邹益卿，在我军包围孟关时，率全连包抄敌人后路，打到最后一颗子弹也死守阵地不后退，他两臂中弹仍坚持战斗，直到援军赶到。他们三人被当时的廖耀湘将军称为国家的抗战功臣。在进攻密支那城的战斗中，由于各方面的因素，七十多天一直未破敌阵，最后组织了110人的敢死队，夜间突袭敌人防线，才最终攻卜密城。

在滇西战场，中国远征军在陈诚、卫立煌、宋希濂将军的指挥下，强渡怒江，穿越高黎贡山，收复了腾冲、龙陵、芒市、畹町，把日本侵略者赶出了中国。一个美国记者这么记叙滇西战况：我是一新闻记者，到过很多战地，而山谷交错的滇西，是地形不利的战场，二十个月以来，无论天气还是地理上的困苦都算达到极点，也许只有新几内亚的欧文斯坦与班那海滩，以及那血迹斑斑的沼泽地还可比拟吧，唔！恐怕也不能比，因为这里气候的变化是从热带的炎热到寒带的阴冷。在这个布满幽影的战场上，在这个鬼怕人愁的地域，中国远征军在卫立煌将军的指挥下，攻击着日军的防线，这些防线包括了许多潮湿阴冷的壑谷和日军坚固的工事。尤其那些延绵不绝的山峰山坳里的羊肠小道，就是第二次世界大战中最艰苦最高的战场上唯一的交通线……尽管如此，第一次尝试性的会战，就有几万华军参加战斗，在收复腾冲、龙陵的战役中，他们虽受到新的训练、有了新的武器、用新的战术作战，但中国参战部队仍伤亡了百分之六十。这战场的激烈与艰难是很难想象的……滇西战役是抗战七年来中国军事史上最大战役了。七年来，中国军队只在局部战场上取得胜利，这次战役是第一次争取主动，进攻敌人，收复失地。它不仅是为了扫清滇西日军，重开滇缅路，并与史迪威麾下的盟军会师，打通中印公路，并南下收复日军的占领区。更是中国自十八世纪乾隆皇帝那段开疆拓土的进取时代以后进取精神的第一次复活，对于中国的未来关系十分重大。无论是宋希濂、周福成将军，还是三十岁就打了十五年仗、来自东北的上士辛万里这样的众多士兵，为了胜利，都表现出了不屈不挠的勇气和不可磨灭的意志。中国远征军中的英勇将士在缅北滇西反攻中，做出了让英美盟国盟军钦佩的战绩。

三、滇西反攻中的无名英雄

兵马未动，粮草先行，战争打的是后勤保障。在缅北和滇西战场上，有成千上万的中国百姓和华人华侨加入支持反攻的后勤保障中，有的组成运输队运送粮草弹药，有的当向导为远征军将士带路攻城，有的冒着枪林弹雨抢救伤员，有的还献出了自己宝贵的生命。这些无名英雄为中国远征军的胜利和世界反法西斯的胜利做出了重要的贡献。

美国《礼拜六晚报》记者蒋逊在视察怒江前线时写下的"咆哮的怒江"一文中写道：山地战一切都系于补给，我们经历过多少补给上的困难。在补给线上的工具有人力、骡马、牛畜，一切可能走动的东西都加以使用，有些骡马都难通过的地方，就要依靠力伕（同"夫"）两手两脚地爬行运送了。战地上每天发生的行军困难无奇不有，操典和教范再也没法收尽，甚至西方的普通军事长官想也想不到，只有中国伟大的力伕们是见惯不惊的，我想就是中国军队里苦战多年的指挥官也会咋舌。我看到成千上万的力伕们在怒江沿岸的泥滑的山路上爬上爬下，紧挨着峰崖在蠕动，那些胸襟的颜色会使你想到怪异的蝙蝠，你可以看见他们背上沉重的负担，每人压塌了的头顶上扛着百磅重物，差不多要压断了腰，可是比山羊还能走，比骡马还背得重，而且无论什么时候，你看见他们总是微笑或者是张齿大笑一阵来回答你。差不多没有一条小路旁边没有他们的尸骨——一件破烂不堪的衣服包裹着消瘦的肌体和嶙峋的饿骨。你得知道他们笑着玩着直到不能再走，一刹那内，他们不声不响地自己走到路旁倒下来死了。正如他们活着的时候那样平凡，那样寂寞，不带一点俗人气的繁文缛节。在中国，人数已定的价值必须整个地推翻而重新加以估计。有一次，一队力伕带着驮马试着爬过马面关的削壁去，雨下来了，大得使人睁不开眼睛，在泥泞蜿蜒的小径上，湿濡漆黑的混乱中，一百多匹驮马和一百九十几个力伕，摔死在了削壁下无底的深渊中去了……中国不可计算的力量就寄托在这些人这些苦力的身上，他们那挨饿的身体上显露着筋骨，几乎看不见肌肉，他们极端贫困的皮囊里面有着骄傲与尊严。怒江前线的战争，没有他们是不能支持的。就是这些艰苦卓绝的力伕的精神和中国军队的决心与勇气，加上美国的支助，使血战七年的中国，第一次争得了主动去反攻敌人。

记者彭河清在腾冲绮罗报道的《滇西征途杂写》中，分别以"涉险渡泸、别有天地、中外一家、为了胜利、两件法宝、悬梁惨剧、眼福不浅"等内容报道滇西战况，他总结道："滇西沦陷区的同胞全体动员，看见国军到来，如久别的家人，除了箪食壶浆之外，壮丁们连秧也顾不得插，都自动去送子弹，抬伤兵，老年的则担任向导，妇女在家里帮助军队碾米，小孩子做了临时通信兵，有时部队里火伕持枪上阵去了，民众则即来接替差使，他们也有在高黎贡山上运粮冻死的，也有在前线工作中弹牺牲的，但仍欣然前往。为的什么？一切为了胜利！！"

类似的报道举不胜举。从记者的笔下我们可以清晰地看到，二战时期中国远征军创造了一个传奇的时代，我们远征的健儿们，在广阔的缅北战场和滇西战场，用他们的血肉之躯和坚韧意志，创造了无数传奇的故事，他们的勋业将被镌刻在中华民族的史页上，他们的故事将永远流传在人间。

刊登在《云南档案》2016年第1期

档案故事
光绪二十九年的云南乡试

光绪二十九年的云南乡试

科举考试，是中国封建王朝通过设立各种科目公开考试选拔官吏的制度，由于采用分科取士的办法，所以叫作科举。科举制创始于隋，形成于唐，完备于宋，强化于明，至清趋向衰落，历经1300余年，对中国封建社会中后期的政治、经济、教育、文化观念和社会风尚有着重大影响。云南省泸西县国家综合档案馆保存的一套光绪二十九年（1903）的乡试考试卷，集中反映了当时考试的内容和要求。试卷考生是广西直隶州学廪生张润庠，因参加当年云南乡试而形成三场考试长卷，每场一张，共3张，每张试卷宽0.28米，答卷长度分别是3.7米、3.6米、5.4米，字数约有29200字，以论、策、义的形式答题，试卷内容齐全完整。该试卷至今已有113年的历史，对当代人进一步了解和研究清末科举考试制度、教育体制，以及对人才培养的需求具有重要的参考作用。

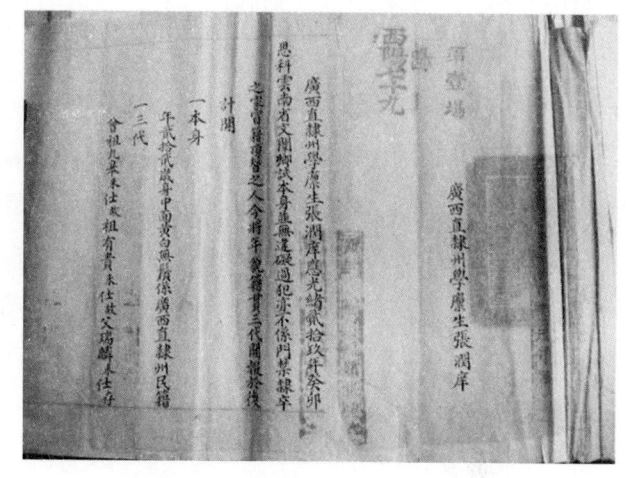

光绪二十九年张润庠乡试考试卷档案

正式的科举考试分为三级：乡试、会试和殿试。乡试通常每三年在各省省城举行一次，逢子、午、卯、酉举行，称正科；遇皇帝万寿、登基等庆典，增加一次，称恩科。如庆典之年适逢正科之年，则改是年正科为恩科，原正科改在此前或此后一年举行。乡试于八月举行，亦曰"秋闱"。届时，各省凡属本府省籍的生员（秀才）与监生、荫生、官生、贡生，经过科考、录考、录遗考试合格者，均可应考。乡试分三场进行，以初九、十二、十五日为正场，考生于每场正场前一日入场，后一日出场。考中的称为举人，举人的录取率受名额和参考人数的影响，每一科并不相同，一般在1%-2%之间，举人的第一名称为"解元"，第二名称为"亚元"。从该试卷档案中可以了解到光绪二十九年的云南乡试考试内容为：

第一场考史论：分别是《汉武帝罢黜百家、表章六经论》《唐太宗命京官五品以上，更宿中书内省，数延见，问民疾苦，政事得失论》《宋太祖欲尽令武臣读书，知为治之道论》《韩琦刺义勇，司马光力争之，王安石行保甲，司马光请罢之论》《滇边行省今昔不同，试举历代控制之方与地险易之势，博稽图籍以筹边备论》。

所谓"论"即对历代君王、圣贤、名家的观点进行评价和议论，并结合实际对之进行阐述。此场史论共五篇，主要考查考生关于治国治民的理念和观点。答题试卷长3.70米，其中第一题谈的是思想统治，汉武帝的"罢黜百家，表章六经"是中国历史上的一件大事。从此，儒家思想在文化思想领域里占了统治地位，成为中国封建社会的统治思想，长达两千年之久。第二题谈皇帝问政于官、官员问政于民的做法，目的是了解民间疾苦，了解民情，问政得失。这段话出自《唐太宗论弓矢》，原文：上谓太子少师萧瑀曰："朕少好弓矢，得良弓十数，自谓无以加，近以示弓工，乃曰'皆非良材'，朕问其故。工曰：'木心不直，则脉理皆邪，弓虽动而发矢不直。'朕始悟向者辨之未精也。朕以弓矢定四方，识之犹未能尽，况天下之务，其能遍知乎？"乃令京官五品以上更宿中书内省，数延见，问以民间疾苦，政事得失。大意是：皇上对太子少师萧瑀说："我年少时喜欢弓箭，得到好弓数十张，自认为没有比这些更好的了，近来把它们给造弓的工匠看，却说'都不是良材'，问其原因。工匠说：'木心不直，则木头的纹理都不正，弓虽然强劲，但射出的箭不直。'我这才明白先前的分辨不精了。我凭弓箭平定天下，辨别它还不能详尽，何况天下的事务，能够都知道吗？"于是命令五品以上的京官轮流在中书内省值班休息，多次召见，向他们询问民间的疾苦、朝政事务的得失。第三题考的是武官文化素质培养，宋太祖"今之武臣欲尽令读书"，着眼于提高禁军武将群体的文化素质，特别是对于儒家经典的相关修养，促使北宋武将群体由五代的"不知书"向儒学化方向转变，以加强对皇权的自觉效忠程度。第四题以司马光力挺韩琦刺义勇、反对王安石行保甲的史实，要求考生谈农村基层治理方略。"韩琦刺义勇"讲的是韩琦身为宰相，却始终以边事为念，他曾多次就边防问题向宋英宗陈说方略，建议在河北、河东、陕西等路"籍民为兵"，组成义勇军，三丁选一，于手背刺字，农闲练兵，战时防御，既可增强军事力量，也能减少冗兵军费。王安石的"保甲法"则是要求各地农村住户，不论主户或客户，每十家（后改为五家）组成一保，五保为一大保，十大保为一都保。凡家有两丁以上的，出一人为保丁。农闲时集合保丁，进行军训；夜间轮差巡查，维持治安。保甲法既可以使各地壮丁接受军训，与正规军相参为用，以节省国家的大量军费，又可以建立严密的治安网，把各地人民按照保甲编制起来，以便稳定封建秩序。第五题考的是云南边疆治理，需要结合云南实际，是理论联系实际的试题。考生在答题中引经据典，阐述自己强国富民治边的政治观点和管理理念。

第二场考东西方政治、文化、经济、军事、艺学，分别是：《东西诸国致富强之政，实与周礼隐合，试详加甄绎，引申其说，使学人知复古维新，渐化中西畛域之见策》《朝廷特设商部改订商约，应如何妥筹抵制之方，以收利权而裕度之策》《西人精研农学具有专书，中国地大民稠，宜设农学劝垦荒，采用西法，讲求树艺畜牧为殖民阜财至计策》《兵强固在器利，然将帅非人，利器无用，西水陆将弁出自学堂，故将皆知兵，兵皆识字，其练将之法，若何称名将者，几人宜仿其良法，实力整顿武备学堂，以储将才，而搜军实策》《各国皆用钱币，一时骤难仿行，宜广铸银元，精良昼一，以救国法之敝策》。

所谓"策"，也是古代考试的一种文体，多就政治、经济、军事问题发问，应试者对答。此场共考五策，答题试卷长3.60米。其中第一题谈中西文化异同及其影响，第二题考的是面对西方商贸发展态势，中国外贸、外交如何应对，第三题考的是如何学习西方兴农、强农、发展农林畜牧业，以达富民之策。第四题讲的是军事人才培养，谈如何学习西方建立军事院校，强兵储将，提高战斗力；第五题谈的是金融，如何建立健全货币政策，探讨救国良方。张润庠在试卷中提道："富为强之本，强为富之效"，当时中国贫穷，国力贫弱是中国不争的事实，并提出："农学兴则国富，农学废则国颓。"主张维新变法、兴商、重教、强兵、富国、利民。

第三场考《四书》《五经》，分别是：《因之所利而利之，斯不亦惠而不费乎，择可劳而劳之又谁怨义》《乐天者保天下义》《凡官民材必先论之论辩，然后使之任事，然后爵之位定，然后禄之义》。

"义"是中国古代一种含义极广的道德范畴，题中的"义"，是指有诚信的行为，是公器之为。大义兴邦安国，小义立信周遭，这三"义"是检验考生如何树立一种高尚的追求。三"义"答题试卷长5.40米，篇幅比前两场答题较长。考生从三个方面阐述了治国治民之道，选人用人之法。考生在文章中提道："盖治天下者，必使天下人之各得其所矣，何也，上能推惠鲜之德，下即蒙利劳之休，惠之治也"。如果这样，则能"顺乎天心以应乎人事，"而人民就"无敢逾越，"那么，天下就太平了。

历朝历代出题考试、选择人才，都会受到时代背景和社会发展需要的影响。从光绪二十九年的试卷档案中，一方面我们能深切体会到当时的世界形势、清王朝社会经济发展的努力方向、力求变法图强的愿望和人才建设的需求，另一方面也能清楚地了解到清代科举考试形式和云南乡试的情景。

云南首次在昆明举行的乡试，是明永乐九年（1411）的辛卯科乡试，28人中举。

解元是昆明沙浪里（今五华区沙朗乡）人洪诚。最后一次乡试，是清光绪二十九年（1903）的癸卯科，64人中举，解元是剑川人周钟岳。明代云南共举行乡试78科，2749人（包含参加应天府、顺天府等地乡试中式的云南籍举人）中举。清代云南共举行乡试97科，5646人（含参加顺天等地乡试中式的云南籍举人）中举。云南历史上举行乡试的考场之地，称为"贡院"。明景泰四年（1453），云南在昆明城内长春观旁建成贡院，当年的癸酉科乡试，云南有37人中举，贵州18人中举（明宣德四年至明嘉靖十三年间，即公元1429年—1534年，贵州的生员等是在昆明参加乡试）。后来，来昆明参加乡试的人增多至数千人，长春观旁规模过小的贡院难以适应，就于明弘治十二年（1499），选择今云南大学本部所在地新建贡院。云南的督抚认为：此地"地处拱展门之右，背负城墙，面临翠湖，居高瞰下，视若踞虎"，是难得的钟灵毓秀之地。乡试的主考官分为正主考和副主考，由朝廷挑选翰林院编检官或高于编检的翰林院侍读、侍讲等担任。除正副主考外，各省乡试还任用同考官帮助阅卷，同考官也称"房官"，各省8～18人不等。明清两代，主持云南乡试的主考官，有不少人还是状元出身。乡试场规极严，对试前、试后、场内、场外，皆严立禁令，贡院四周派军队分段驻守巡逻。对士子夹带防范尤严，进场时进行严格搜检。为防止夹带，规定士子必须穿拆缝衣服，单层鞋袜，皮衣不得有面，毡毯不得有里；禁止携带木柜木盒、双层板凳、装棉被褥；砚台不许过厚，笔管须镂空，蜡台须空心通底，糕饼饽饽都要切开。严禁考官交通嘱托，贿卖关节，严禁士子与员役协同作弊，违禁者严处。为避免考生找人替考作弊，试卷封面上还有对考生个人长相、面容、脸色、身高、家庭成员的描述，相当于今天的个人身份证明。如在张润庠的考试卷封面上有这样的表述："广西直隶州学廪生张润庠，应光绪二十九年癸卯恩科云南省文闱乡试，本身并无违碍过犯，亦不系门禁吏卒之家、冒籍顶替之人，今将年貌、籍贯、三代开报于后。计开：本身，年二十二岁，身中，面黄，无须，广西直隶州民籍。二代，曾祖九皋，未仕，故；祖，有贵，未仕，

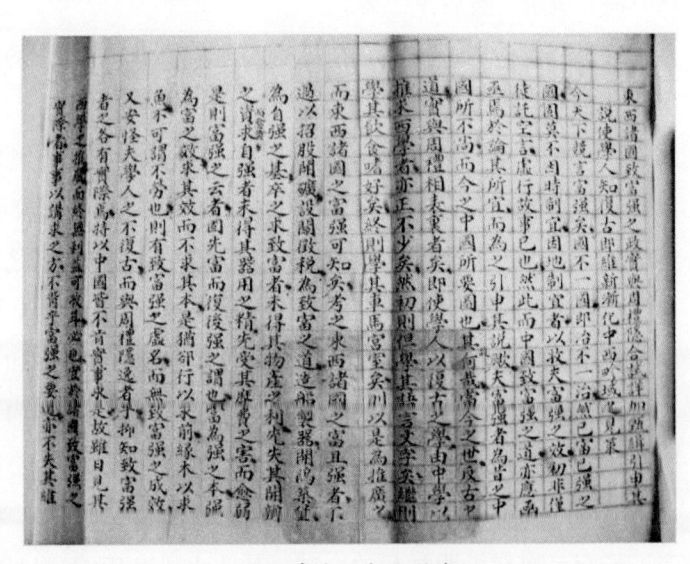

张润庠乡试部分答卷

故；父，瑞麟，未仕，存。"从这段描述中还可以看出，参加乡试的考生不能有犯罪前科，不能是门禁吏卒之家，更不能冒名顶替，足以证明当时乡试的严格性。

　　总之，科举制度的产生适应了封建社会政治发展的需要。由于科举考试公开进行，有规定的知识结构作为公认的主要录取标准，在一定程度上允许平等地公开竞争，扩大了官吏选拔途径，吸收大批中下层知识分子参加官府工作，这不仅改变了封建政权官吏的结构，使官僚队伍保持一定活力，而且有利于中央集权制的巩固和王朝的稳定统治。此外，考题内容涉及儒学四书、经济、治国、诗文、政治、国防、历史、法律、军事、自然、农业及习俗等等，有利于中华文化的传承和普及。当然，由于历史的局限性，科举考试同样存在封建官场惯有的人情请托、权贵干预等各种弊端，不能完全做到公正选拔人才，尤其形式内容的僵化，严重滞碍了社会思想文化的发展进步。但无论如何，伴随中国文明史1300多年的科举考试制度在中国历史上的确有不可替代的巨大作用，这使它成为中外以至今天选拔官员时仍有借鉴意义的一种制度。

刊登在《云南档案》2016年第4期

国立西南联合大学校歌《满江红》

"万里长征,辞却了五朝宫阙,暂驻足,衡山湘水,又成离别。绝徼移栽桢干质,九州遍洒黎元血。尽笳吹,弦诵在山城,情弥切。千秋耻,终当雪,中兴业,须人杰。便一成三户,壮怀难折。多难殷忧新国运,动心忍性希前哲。待驱除仇寇,复神京,还燕碣。"这就是由罗庸教授作词、张清常教授作曲的国立西南联合大学校歌。西南联大是中国近代教育史上的一个奇迹,在抗日战争的烽火中,她奋勇诞生,毅然挺立,不仅集中了一大批著名专家、教授和学者,做出了大量的研究成果,而且为国家培养和造就了相当可观的人才。西南联大在艰苦卓绝的环境中作"刚毅艰卓"的不懈奋斗,高举理想主义大旗,弦歌不辍。这首《满江红》歌词悲壮激昂,曲谱悠扬曲折,描述了西南联大学人的心路历程,彰显了中国优秀的文学传统,弘扬了可贵的大学精神,师生传唱,

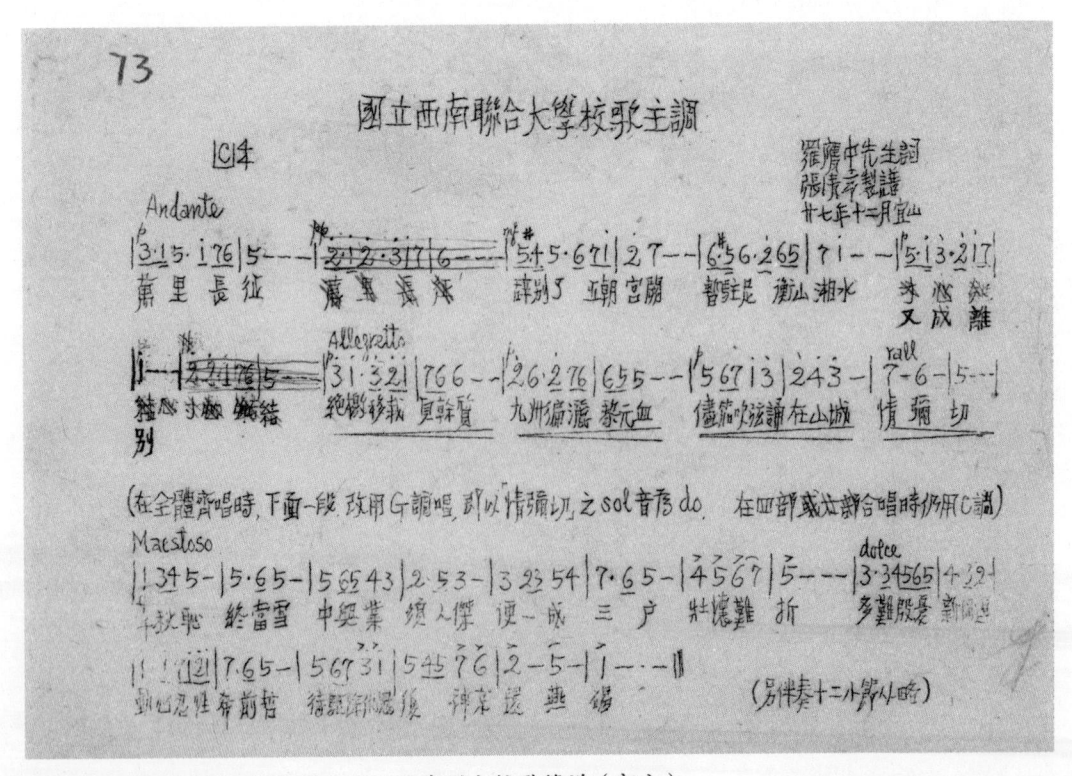

西南联大校歌简谱(部分)

催人奋进，至今已有77年的历史。

1938年7月3日，当时的教育部命令各校呈校歌、校训，由于西南联大于1938年4月成立于昆明，5月4日正式开课，学校初创，头绪纷繁，暂无时间考虑，联大常委会乃函复教育部"本校创立未久，校歌校训俟制成后当即呈部"，但教育部于10月3日再次以训令催促，并"限一个月内将办理情形及校歌校训呈报"。为此，10月6日西南联大召开第89次联大常委会，会上决定成立"编制本大学校歌校训委员会"，聘冯友兰、朱自清、罗常培、罗庸、闻一多为委员，并请冯友兰为该会主席。委员会成立后，西南联大虽偏居一隅，但人才济济，群贤毕至，诸多人士跃跃欲试，贡献佳作。其中罗庸写了一首歌词并配上曲谱，提交讨论，10月30日，校歌校训委员会开会，审查报送的校歌词曲，罗庸编写的《满江红》词曲，歌词经审定入选，但曲谱未被接受。期间，作为委员会主席的冯友兰先生也写下了一首现代诗体歌词《西山苍苍》，即"西山苍苍，滇水茫茫，这已不是渤水太行，这也不是衡岳潇湘。同学们莫忘记失掉的家乡，莫辜负伟大的时代，莫耽误宝贵的辰光。赶紧学习，赶紧准备，抗战建国，都要我们担当。同学们，要利用宝贵的辰光，要创造伟大的时代，要恢复失掉的家乡"。这样，校歌委员会就有了两首歌词，并进行了"征谱"活动。当时朱自清先生想起在国立浙江大学（时在广西宜山）任教的张清常教授，就把罗庸写的《满江红》和冯友兰写的"西山苍苍"两首歌词寄去，并写信嘱咐他为联大校歌谱曲，张清常将歌词反复吟咏，觉得《满江红》悲愤雄壮，正吻合爱国师生的情绪，适合做校歌，很快就把它谱成了男女声四部合唱曲，寄给了西南联大。同时，冯友兰先生作的词也由马约翰、沈有鼎二位先生各谱了一曲。经过修改、演唱，反复比较，1939年6月30日，校歌委员会开会决定采用罗庸作词、张清常谱曲的《满江红》词作为校歌的方案，随即具函向学校常委会呈报。1939年7月11日，西南联大常委会第112次会议决议通过，19日备文向教育部呈报，《西南联合大学校歌》正式公布。从校歌校训委员会成立至词曲提交通过，整整花了一年的时间。但所通过的《满江红》词，只用了20余天的时间，此词虽匆忙草创，却是笔墨畅达，充满血性、大气凛然，爱国情、爱校情凝于93字之中。《满江红》的词调本身声情激越，适用于抒发豪壮情感，传达出悲壮而坚决的情绪。至此后，这首校歌便伴随着西南联大学子，新生报到注册后，都会得到一页铅印校歌，可谓在校歌中入学、在校歌中成长，永久铭刻在联大学子的心灵深处。

一般来说，校歌是抒情性的，但西南联大成立于抗战艰难时期，面对复杂的世界和生活，传统的写作方式难于满足情势的需要，歌唱性的抒情诗歌也难于进行多维的关照与把握。因此，罗庸先生在作西南联大校歌歌词时，不仅抒情言志，而且转为叙事史诗格调。歌词以雄浑之气、慷慨之怀，展现了抗战烽火年代西南联大的奋斗历程。它把学人迁徙西南的征程称为"万里长征"，呈现出一种大格局、大视野、大胸怀。"绝徼移栽桢干质"中的"绝徼"指遥远的边疆，"桢干质"指大树良材，比喻把那些正在成长的国家栋梁之材，移栽到边远的地方去，免受日寇的摧残，保护起来，积蓄民族未来的希望。这是三所大学从北到南，在血与火中进行艰难转移的根本目的，彰显出了校歌厚重而深刻的灵魂。"九州遍洒黎元血""尽笳吹，弦诵在山城，情弥切"，使得校歌主题宏大、文思凝重，那种国破家亡的不可承受之重与沉郁顿挫的心灵歌吟，被诗词凝定下来，通过艺术表现而变成具有永久魅力的作品。"千秋耻，终当雪。中兴业，须人杰。便一成三户，壮怀难折"此句意为：即使战斗到只剩几里土地，几户人家，我们打败日寇的雄心壮志仍不折服不动摇，预示中国必将抵抗到底的信心和决心。"多难殷忧新国运，动心忍性希前哲"意为：值此国家危亡，人民多难之秋，我们必须振奋精神，坚定方向、休戚与共、绝地奋斗，学习前辈志士仁人，踏着他们的足迹，跟敌人斗争到底。充满了对民族的大爱，对民生的悲悯。体现学人的忧患意识、生命体验和爱国情怀，意境深宏，气象远大。可以想象，在环境动荡的战时高校师生中，这首校歌起到了多么巨大的鼓舞士气、凝聚人心的作用。

总之，西南联大校歌隽永厚重，在有限的篇幅中体现了宏大、深邃的文化历史画面，具有"史笔"的意味，所以它能承载历史的期待视野，并能穿越时空，余音绕梁，经久不息，不愧是一首展现"史诗"气魄的醒世华章。

刊登在云南民族出版社2016年11月出版的《档案里的西南联大》一书中

档案故事
云南古戏台楹联拾趣

云南古戏台楹联拾趣

　　为留住乡土记忆、传承历史文化，云南省档案局于2015年组织专门人员奔赴几十个州市县区，对分散在云南境内的古戏台进行了拍摄采集，并精心整理、编辑成《图说云南老戏台》一书。书中收录了云南古戏台140余座，以图文并茂的方式集中展现了云南老戏台的风貌。在捧卷展读的过程中，生动风趣的古戏台楹联给笔者留下了深刻印象。

　　由于特殊的地理与人文环境，加上中原文化和民族文化的影响，在云南高原上，至今仍保留着大量的富有地方特色的古戏楼、古戏台。这些古戏台，曾经是教愚化贤的阵地、文化交流的窗口、才艺展示的平台，也是群众娱乐休闲的场所，不仅凝聚着古代能工巧匠的聪明才智和审美情趣，也记录着戏曲数百年的兴衰沉浮。透过《图说云南老戏台》，人们不仅会被戏台那精美的设计、严谨的布局以及华丽恢宏的建筑所折射出的工

大理市双廊镇红山景帝祠戏台（任佩拍摄供稿）

匠精神所震撼，更会被古戏台上的楹联深深吸引。那些根植于中华民族精神文化之中形成的丰富多彩的古今楹联，构思奇特、妙趣横生。有哲理思辨、启迪智慧的，有教诲劝谕、诙谐调侃的，还有歌颂家乡、展望未来的，集文学和戏曲艺术于一体，闪烁着特有的文化光彩，呈现出耐人寻味的理趣之美和精深之美，给人一种高层次的审美境界。

笔者对《图说云南老戏台》中的楹联略做一番梳理，从内容看大致可以归纳为以下几类：

一、体现丰富的人生哲理，启迪智慧

如：会泽县钟屏镇云南会馆戏台的楹联："看弹丸地界驰骋千军万马征战沙场称壮烈；数片刻光阴纷呈古往今来讲评史事启愚忠"。大理市喜洲镇河矣江村戏台的楹联："戏中有戏静中看戏；人何挤人窄处让人"。宾川县平川镇新生邑村观音阁戏台："凡事留有余地开场过后有收场；为人须顾后上台结束有下台"。楚雄市子午镇茨龙美村周氏宗祠戏台："戏台方寸悬明镜；优伶衣冠启凡人"。类似的还有："无贪心无私心心存清白；不寻事不怕事事留余地"。"只几个角色能文能武能圣贤；不大点地方可家可国可天下"。"心远而知天地宽；气清更觉山川近。""忠奸善恶抬头便见矣；喜怒哀乐过眼皆空乎。""天地无私贵贱皆为角色；古今如梦往事只换衣冠。"等等，这些楹联寄托了惩恶扬善的朴素感情，并借古喻今，表达出一种穿透历史的深邃。

二、引经据典，弘扬传统文化

如澄江县右所镇洋潦源村关圣宫戏台："四十年正统空存有豪杰笃生大汉千古；三分国英雄几许留纲常不堕惟公一人"。楚雄市子午镇茨龙美村戏台："优孟衣冠启后人；舞台方寸悬明镜"。昆明市真庆观建筑群盐隆寺戏台："熬盐煮海胶州湾何不用京滇戏剧讴歌古史；移卤燃煤楚郡境更宜昆玉花灯咏赞新猷"。禄丰县黑井镇武家大院戏台："古镇崇台想当年优孟衣冠只教人回肠荡气；铜琶铁板欣此日春风桃李难禁我漫舞高歌"。大理市下关镇将军庙戏台："山鬼国殇邓子龙题诗解怨；京观庙食阁罗凤重义存恩"。大理市湾桥镇古生村戏台："伊古以往伊古以来善恶到头终有报；我生之初我生之后行缄知足辱无临"。"生气凛神威大义昭垂光汉志；遗文著阴骘名言灿列祖尼山"。这些楹联引经据典，宣传孝悌忠义，可以想象，人们通过戏台上的演出和台上的楹联，能充分感受到感恩惜福、善辨忠奸的启发和教育。

三、总结戏曲内容，劝说世人向善

如昆明市真庆观建筑群盐隆寺戏台："满台角色巧安排离合悲欢旨在劝人为善；一院笙歌细辨别正邪清浊方知处世立身"。如禄丰县黑井镇大龙祠戏台："来日方长莫贪喝彩生枝节；真假难辨且当登场在洞庭"。"说古唱今群贤毕至；演生扮丑逸兴遄飞"。大理市喜洲镇河矣江村戏台："七八尺戏台容尽天下故事；五六个角色演出人间风流"。易门县龙泉镇大龙泉戏台："鼓打三通帝王将相各登场忠奸贤佞演生死；弦拉一曲净丑旦生齐亮相离合悲欢唱古今"。洱源县凤羽镇林村兴文寺戏台："家传耕读乘闲时扮作生旦净丑；戏作君相结局后乃是士农工商"。"往事越春秋再现千古风流人物；当今犹胜古试看一代儿女英雄"。类似的还有"故意装腔世态炎凉；现身说法游戏文章"。"演尽人间悲欢事；唱出天上思凡情"。不难看出，人们把戏台比作世界，看成世界的缩影，楹联提示观者，戏是"做"出来的，或悲或喜，不免有假。而生活是实实在在的，或喜或悲，太多的虚伪，太多的心计往往会弄巧成拙。看戏不必过于认真，做人却来不得半点含糊。悠悠千载，人生和艺术的多少情结都凝聚在这浅显的楹联之中。

四、描绘戏曲优美意境，展现舞台效果

如会泽县金钟镇文昌宫戏台："雅乐悠扬名角声容惊海外；艺人荟萃梨园足迹遍民间"。大理市双廊镇红山景帝祠戏台："历代壮奇观千古英雄收眼底；高台尽欣赏丝琴雅调拓胃怀"。"纵观今岁英豪风流今朝几多慷慨；放眼红山胜景翠裹红装分外妖娆"。宾川县大营镇萂村戏台："衣着自由惟妙惟肖；笑谈随便谁毁谁誉"。姚安县光禄镇军民总管府戏台："古今人何处不相及；天下事当作如是观"。"雅颂遗韵汉唐风；丝竹留音天地乐"。宜良县北羊街乡广场戏台："演尽人间悲欢事；唱出天上思凡情"。类似的还有"雅韵风诗歌镜像；婉约心曲咏霓裳"。这些楹联，将风云多变的"小舞台，大天地"描写得活灵活现，极力体现了戏曲里的优美舞姿，让人不看戏也能领略音乐时而响碣行云、时而如高山流水的美妙及魅力。

五、描绘名胜风光，歌颂家乡美

如红塔区州城镇九龙池戏台："山色石色草色相当乎春色；风声树声水声更妙于歌

声"。"只一座戏台占尽九龙景色；问几人技艺能争绝代风流"。"九龙泉涌高山流水琴音妙；楼台叠翠明月清风笛韵幽"。大理市喜洲镇仁里邑村戏台："吴歌楚舞一曲升平苍山秀；舜日尧天八音雅韵洱海春"。"仁义之乡民风淳朴歌盛世；里弄为邑情趣典雅乐升平"。"桃源洞里咏霓衫众仙四聚；玉洱河边演角徵一曲三终"。建水县曲江镇桥头村魁星阁戏台："阁貌喜翻新倚茅岭面曲江水抱山环果真是无双胜景；人才期迭出登龙门开虎帐武乡文里莫辜负有此魁星"。"历代壮奇观睹胜败兴衰千古河山收眼底；高阁欣共赏任翻云覆雨是非功过后人评"。大理市双廊镇双廊街戏台："我上金梭寻来六诏千秋梦；谁凭玉几谱就双廊一曲歌"。"高阁凌空东傍碧萝真景色；琼楼面水南望金岛小蓬莱"。剑川县沙溪镇长乐村魁阁戏台："蹑足上层楼十里沙溪归眼底；翘首瞻杰阁三台星斗放毫光"。"渡学海游智宫喜看百花齐放朵朵争艳；攀高峰创奇迹欣瞻群星灿烂颗颗生辉"。"杰阁凌长空文光射斗继承先辈业绩桃李竞秀溪境外；高楼起乐地奎壁联辉仰观玉笔生花山河掩映图画中"。这些楹联通过简单而凝练的几个字，抒发了对家乡青山秀水的热爱之情，把云南大理的苍山秀洱海春、双廊的碧萝金岛、玉溪的九龙幽韵、沙溪的山水描绘得淋漓尽致，如烂漫山花，馨香沁人肺腑。

六、抒发农家情怀，描绘当地美好愿景

如下列几副戏台联，直率家常，意境优美，形象地烘托出人民群众的文化向往，看了让人备受鼓舞。如鹤庆县金墩乡高家登村柏树庙戏台："家国有情柏树迎春鹤阳风光今胜昔；神女无恙景观重修南诏史迹旧换新"。洱源县凤羽镇武庙戏台："金蛇起舞承先启后奔小康；龙腾虎啸继往开来新飞跃"。洱源县三营镇长营村戏台："党恩荡四海灵羊迎来欢歌舞春风；国策惠三农喜看骏马腾飞追美梦"。洱源县凤羽镇正生村戏台："着古装展现历史旧貌；演滇戏弘扬文明新风"。弥勒市弥阳镇大树村戏台："村落闻弦诵歌萃；国家致升平景象"。大理喜洲镇周城村戏台："古戏今唱唱当今政令通畅；老台新演演目下党风渐廉"。大理市双廊镇长育村文昌宫戏台："三年唱大戏歌咏潮涌情永；百年倡文风山青水清人亲"。"生旦净末丑娱神祇粉墨滇梆三千本；农林牧业富民生扬颂党恩一万年"。洱源县三营镇菜园村凌云阁戏台："巍巍玉屏二龙戏珠迎来南京先贤安居乐业数百载；琅琅书声满园风采喜看东亚英才科教兴国盛千秋"。

七、体现诙谐调侃，凸现对联艺术

如安宁市禄裱村张氏宗祠戏台："台上笑台下笑，台上台下笑惹笑；看古人看今人，看古看今人看人"。洱源县茈碧湖镇溪登村戏台："好上台也好下台，好好上台好好下台；看新戏亦看旧戏，看看新戏看看旧戏"。大理市双廊镇红山景帝祠戏台："两三步走遍天下；四五人百万雄兵"。大理市喜洲镇河矣江村戏台："现真性情恨奸臣咬碎牙齿；动假风流看丑角笑掉下巴"。楚雄市子午镇茨龙美村戏台："两三句道出古今事；六七步走遍万里程"。官渡区官渡镇螺峰村戏台："演戏唱文风风雨雨；观今揆古年年岁岁"。这些台联通俗易懂，不仅以其声调之顿挫抑扬和对仗之妃青俪白的联语特性为人们所喜闻乐见，而且还以其耐人寻味的哲理意蕴和极高的文化品位而为历代文人所青睐。

总之，云南古戏台楹联从多方面展示了戏曲的文化，蕴涵着丰富的文化内涵，凝结着云南边疆民族地区先民的楹联文化情愫，既有先民们生产生活的真实写照，也有当代人对美好未来的憧憬；既为古戏台建筑锦上添花，也能成为现代人的生动教材。这些众口流传历久不衰的艺术珍品，无疑是中华对联宝库中的璀璨明珠，在今天仍然有一定的欣赏价值和借鉴作用。

发表于《云南档案》2016年第6期

倭人入寇　史不绝书

——记馆藏《抗战建国大画史》与《中国抗战画史》

2015年是抗日战争胜利七十周年。70年前，中国人民经过14年浴血奋战，终于取得了抗日战争的伟大胜利。如今战争硝烟早已散去，我们对这段历史的记忆却没有因岁月远去而淡化，抗战中彰显的爱国主义、万众一心、牺牲奉献、与侵略者血战到底的民族精神，经过历史长河的洗礼和积淀，愈加清晰而厚重。正因为如此，70年来中国人民对于这场苦难的辉煌一直牢记于心，从1947年始，无论是官方还是民间都从不同的角度、不同的行业、不同的层面去记载、回忆、书写这段浴血荣光的历史。一方面讴歌壮举、告慰英灵，一方面警示后人、塑造担当。云南省档案馆就保存有一批反映抗战历史的书籍和史料，包括民国时期编纂的《抗战建国大画史》《中国空军抗战史画》《中国抗战画史》《我们的远征军》《青年远征军》等，还有近年来编撰的《日军侵华罪行实录》《南侨机工档案史料汇编》《血捍滇缅路》《滇军抗战密电集》《中国远征军史料》《难忘飞虎队》《抗战史料汇编——云南部分》《卢汉入越受降史料汇编》《滇军抗战阵亡将士名录》等等不下百十种。单是云南省档案馆馆藏一隅就有如此之多，何况全国呢？而在馆藏民国档案有关抗战的史料和书籍中，记录抗战历史较全面和系统的当推《抗战建国大画史》和《中国抗战画史》，其中"倭人入寇，史不绝书"的呐喊，时至今日言犹在耳，振聋发聩。

中国自鸦片战争至抗战时期，屡受外国列强侵凌，以至国势不振，民族失去自信，生活失去稳定。在这诸多列强中，日本尤甚。1894年7月，日本借口朝鲜问题，发动旨在吞并朝鲜、掠夺辽东等地的甲午战争，1895年，日军先后占领山东威海、辽宁鞍山、澎湖以及台湾的台北、台南地区，迫使清朝政府签订了中日《马关条约》和《辽南条约》，攫取巨额战争赔款2.3亿两白银，并割让了台湾，取得了新的通商特权。1927年6月27日至7月7日，时任日本首相的田中义一内阁主持召开了"东方会议"，专门研究制定对华政策，提出了"欲征服世界，必先征服亚洲，欲征服亚洲，必先征服中国，欲征服中国，必先征服满洲"的"新大陆政策"。1931年9月18日，日本在沈阳制造了震惊中外的"九一八事变"，在三个多月的时间里占领我东北全境，实行烧杀抢掠，日寇所到之处横尸遍野，中国无数同胞成为日寇铁蹄下的奴隶。1937年7月7日，日军悍然发动了"卢沟桥事变"，日本开始全面侵华。面对民族危亡和近百年来的欺凌耻辱，中华民族空前团结，同仇敌忾，积极抗敌。14年的抗战历程，曲折而艰难，抗战初期中国人民用血肉之躯和敌人的飞机大炮相抵抗，也曾从肉搏战中以小胜积大胜，以空间换时间，面临多次艰苦的战斗，但依然坚忍不拔、兀立不屈。据国民党官方记载，从七七事变以来，中日大会战二十余次，关系成败的重要战役超过1100余次，兵员伤亡3211418人，至于公私财产损毁、民众生命牺牲难计其数，可见抗战胜利来之不易。

云南省档案馆馆藏抗战资料《抗战建国大画史》和《中国抗战画史》就是在中华民族取得抗战胜利的背景下，以"倭人入寇、史不绝书"来警示后人牢记历史、勿忘国耻而写成的。书中翔实地记录和反映了从1931年"九·一八"开始至1945年8月抗战胜利，中国人民浴血奋战、战胜日本侵略者的历程。为了让更多的公众尤其年轻人了解这段历史，纪念那些为民族的独立和解放献出生命的先烈们，笔者特将这两部书做一介绍和评述，同时也借此表达对著书者的敬意和对先烈们的怀念。

《抗战建国大画史》初版发行于1948年3月，作者傅润华先生，集学者、史者于一身，精治文史。抗战八年中，遍访前线后防，收集了大量史料图片并加以研究，他与当时官方人士及将领联系广泛，编辑中收到各级将领的"作战回忆录""日记""战斗详报""建设概况"等等二百余篇材料，使得资料收集内容较为丰富。《抗战建国大画史》共分为史绩图片、史实叙述、分类史表、重要文献四大类，共有506页，四部综合，文图对照，形意俱现。其中，图片部分与文字部分各具系统，图片部分有250页，2000余幅照片；文字部分共十二编46章节，8表、256页、100余万字，分别从中日战争序幕、国土保卫战、长期相持战、中日战争结局、联合反攻、政治动态、国际与外交、经济动态、社会动态、抗战建国史绩分类专表、文化与教育、抗战建国文献选要共十二个方面编写。尤为珍贵的是，该书在"抗战建国文献选要"中选编了自"九一八"事变以来的重要文献77篇，包括各种宣言、协定、办法、声明、致辞，与中美、中苏、中共、国联签订的国际条约、换文、协议，以及国共合作宣言、日本降书等等，为我们了解当年那段经历提供了翔实的历史资料。该书的编撰得到当时国民政府中央各院部会、各战区、各省政府长官的大力支持，他们不仅积极提供史料，还惠予题词，使得该书成为当时官方认可的重要画史文献。

《抗战建国大画史》有以下特点：一是为中国断代画史尝试。图文相兼作画史，是随着世界摄影技术的发展和广泛使用被史学家充分利用，以期真实体现史迹的一种尝试。本书选辑史绩照片排列成编，又以文字做对比说明，先图后文，体例新颖。图片注意历史进展连续性，分类编纂精当，大量图片增强了该书的可视性和吸引力，让人饶有兴趣，深入细读。二是史料收集丰富，照片翔实。为达画史效果，作者在编撰前，利用丰富的人脉资源，分别从中国图鉴馆历年来拍摄和收集的四万多张图片及各摄影机构、摄影记者百余人手中提供的照片6万余张，共约10万张中精选了2000余幅。在近代中国断代史中，该画史是照片用量较大的史迹。可以说当时有关抗战的经典照片均收入其中，直到今天，许多被广泛使用的、为大众所熟知的著名抗战照片绝大部分源自这部画史。三是由于时代和政治原因，此画史反映抗战历史涉及不全面。如由于此部画史是当时国民党政府官方认可的文献，绝大部分国民党政治军事长官、著名人物、抗战将领25人都对该画史给予题词，所以书中对于中国共产党组织领导抗战的史实所着笔墨涉及极少。中国共产党领导的抗日武装作为抗战时期的一支重要力量，对抗战胜利做出了卓越贡献，作为一部抗战史没有涉及这方面的内容，显然很不客观公正。古谓"执中为史"，历史贵在公正、客观，本画史编辑中，未能按照"执中为史"的理念去书写，把中共作为反动方面的情况加以忽略，应是一大缺陷。

而《中国抗战画史》与《抗战建国大画史》相比，则不一样，它更具客观性和公正性。《中国抗战画史》作者曹聚仁、舒宗侨，一个是战地记者、史学家，一个是复旦大学新闻系的新闻摄影教授，后者还是抗日战争中《联合画报》的主编，抗战期间收集了许多新闻图片。抗战胜利后，二人一拍即合，他们用一年多时间编著了《中国抗战画史》，一个用文字，一个用图片，两人的合作可谓相得益彰。除了"联合画报社"

自行拍摄的图片之外，他们还从18个机构和一些个人手中收集了照片1万余张，并从中精选出1000余张照片及各种图表61幅用于画史附图，以照片辅助文字、又以文字贯穿图表，真实地记录了这场中国人民的伟大抗战。《中国抗战画史》面世于1947年5月，共十章74节，448页，40余万字，分别从引论、日本侵略序幕、抗战第一期、抗战第二期、胜利之页五个方面来编写，并附有"抗战史料评述""抗战将领一览""殉职将领一览""抗战大事记"四个附录。该书采用记事体裁，依年代的顺序，叙述要人大事的经过，同时又不忘以国家的经济状况、政治制度、海外事业为根据，进而论述到社会发展的种种。画史不仅记叙国民党组织领导的正面战场，也记录了中国共产党在华北、敌后、各游击战区组织领导的抗战场面。作者注重历史性，不看重其人物的地位，更看重人物在战事行程中的生活。他们认为一个士兵在战场上的表现，其重要性胜过一个将领的阅兵，目的是要告诉下一代子孙铭记住那场伟大的抗战场面。

《中国抗战画史》与《抗战建国大画史》相比，有以下几个特点：一是它不仅记叙了波澜壮阔的抗战军事史，还记录了当时中国面临的政治、经济、外交、国际动态及民众动员。尤为难能可贵的是，此书在国共内战已经白热化的1947年5月问世，作者仍能超越党派之争，秉持客观的态度，用不小的篇幅，将中国共产党领导开展的抗战史迹，也列叙其中。书中数百幅共产党、八路军、新四军的老照片就是最好的明证，可谓是我国第一部客观、公正、全面讲述中国抗日战争的史论。直到今天，这部史书依然广受读者欢迎，中国文史出版社分别于2011年、2013年两度再版发行。二是本书还配有对战争原因、过程、历次战役及其影响的详细说明，对读者了解这场战争的来龙去脉大有助益。三是该书由于客观公正，曾作为东京大审判时审判日本战犯的有力证据。当年军事法庭审判长石美瑜的案桌上立着的众多证据案卷当中，其中一本便是该书——《中国抗战画史》，可见其影响深远。四是该书是著名史学家曹聚仁先生和著名新闻学家舒宗侨先生在抗战胜利后强强联手打造的作品，被后来史学家评价其立论与视野至今仍然无法逾越。

总的来说，上述两部抗战画史，都是亲历过血火抗战的战地记者、史学者修纂于烽烟满地、国步艰难之中，既有惊心动魄的现场感，又有努力穿透历史表象的思考，文字与照片相互映照，极具研究价值和阅读价值。《抗战建国大画史》和《中国抗战画史》中写照的民族精神，记载的抗战史绩，不仅有利于保存实录，留传永久，播诸国际和澄清认识，也更能探源明辨，惕厉将来，对唤起民族的自觉和恢复民族的自信有重要的意义。

中国自古以来重视史志编纂，是世界上所存史志书籍最齐备的国家。我们今天对日本侵华、抗战历程"史不绝书",目的不是为了宣扬仇恨,更不是为了在世界范围内再提战争精神。我们的纪念,乃是为了在对历史的正确认识中,进一步提升这样一种认识:即中国抗日战争的胜利,不仅彻底挫败了日本征服中国、称霸亚洲的企图和野心,也从根本上改变了近代以来中国屡遭列强侵略的屈辱历史,实现了百年来中华民族独立和解放的梦想;抗日战争的胜利,进一步表明中华民族有同外来侵略者血战到底的气概,有自立于世界民族之林的能力;也增强了中国人的民族自豪感和凝聚力,成为中华民族走向复兴的新起点。

刊登在《云南档案》2015年第1期

独具特色的抗战新门神

农历春节是中国最隆重的传统节日，人们总以兴奋的心情迎接新春的到来，从而在历史上也产生了丰富多彩的民俗活动，贴门神便是过年不可缺少的事项之一。

门神系道教因袭汉族民俗所奉的司门之神。汉族民间信奉门神，由来已久。《礼记·祭法》云：王为群姓立七祀，诸侯为国立五祀，大夫立三祀，适士立二祀，皆有"门"，"庶士、庶人立一祀，或立户，或立灶。"可见自先秦以来，上自天子，下至庶人，皆崇拜门神。据《山海经》记载：在苍茫大海之中有一座度朔之山，山上有一颗大桃树，枝干蜿蜒盘伸三千里，桃枝的东北有一个万鬼出入的鬼门，门有上两个神人，一个叫神荼，一个叫郁垒，他们把守鬼门，专门监视那些害人的鬼，一旦发现，便用芦苇做的绳索把鬼捆起来，扔到山下喂老虎。于是黄帝向他们敬之以礼，岁时祀奉，在门上画神荼、郁垒和老虎的像，并挂上芦苇绳，若有凶鬼出现，二神即抓之喂虎。后来《山海经》这种以神荼、郁垒、虎苇索、桃木为辟鬼之神的信仰被人们承传了下来。

随着社会的发展和意识形态的变化，人们对于门神的要求，也越来越丰富，已不仅是辟邪免灾，还希望从他们那里获得功名利禄等，所以出现了文门神、武门神之分。武门神一般贴在大门上，为了镇住恶魔或灾星从大门外进入，所供的门神多手持兵器。武门神多取自中国古典名著中的英雄好汉，这些武艺出众、仗义疏财、精忠报国的英雄，妇孺皆知，影响面广，备受民间的崇拜。文门神也叫祈福门神，一般是贴在正堂屋及厢房门上的，这种门神并非门户的保护者，专为祈福而用，是为了能成就功名利禄、福寿延年。唐代以后出现的武门神以钟馗、秦琼、尉迟恭较有名，到了明代，武士门神像上，已常添画爵、鹿、蝠、喜、宝、马、瓶、鞍皆取美名，以迎祥址。以后更淡化了门神的祛邪义务，专事祈福，于是民间形成天官、状元、福禄寿星、和合、财神等为门神的风气。贴门神，作为道教和汉族民间共同信仰的守卫门户的神灵，人们将其神像贴于门上，用以驱邪辟鬼，卫家宅，保平安，助功利，降吉祥等，表达了汉族劳动人民一种辟邪除灾、迎祥纳福的美好愿望。在中国门神文化的历史上，值得一提的是，抗日战争期间，尤其是1938年上半年，随着上海、南京的陷落，武汉成为暂时的政治中心，同时也一度是中国抗战文艺和抗战美术的中心。全国各地大批的美术工作者云集武汉，以画笔为武器，创作了形式风格多样的美术作品，开展了声势浩大的抗战美术宣传活动，他们用画笔、刻刀为武器，开展了形式多样的抗战美术宣传活动，在宣传抗战、唤起民众、鼓舞士气方面发挥了重要的作用。为了宣传抗战，美术工作者绘制了大量的抗战宣传画。不仅在武汉、重庆，而且在晋察冀边区等地，随处可见宣传抗战的壁画、漫画及大量的标语，烘托出全民抗战的气氛。尤其是艺术家们把中国传统的门神文化艺术形式加以改革，并与现实需要相结合，注入抗战救亡的现实内容，创作了一批抗战新门神，在民间颇具影响和宣传力。当时全国一些地区许多人家里，门上的门神不再是古代的神荼、郁垒，也不是钟馗、秦琼和尉迟恭了，而是与抗战有关的各种门神。有国民党士兵的，有新四军、八路军战士的、甚至有美国空军飞虎队大兵的形象。有军民合作、抗战胜利的画面，也有展示抗敌战士英勇威武的形象。从众多抗日体裁门神的出现，可以看出，当外敌入侵时，抗日军人无疑成了中国百姓眼中的打鬼门神。

馆藏档案资料中就有一幅由张文元创作的以抗战士兵和飞虎队员为形象的抗战新门神，表现的是一位国民革命军新式陆军士兵和美国现代空军飞虎队士兵驱逐日寇的形象。左边画的是中国士兵，斜挎汉阳造，手执匕首剑，足踏日本狼，欲刺向脚下的日本小鬼；右边画的是美军飞行员，头戴航空帽，肩上佩戴着飞虎队队徽标志，手持苇索，也脚踏日本小鬼，挥拳斥指。两个士兵背面的四面旗帜，一边是中华民国的国旗，一边是美国的国旗，具有中美合作共同抗日的含义。并且这幅门神画像人物的姿态也是传统门神像的姿态，身后的四面旗，是中国传统戏曲服装中的靠旗，表示武将所穿的盔甲，

张文元创作的抗战门神

可谓古今结合、中西相应的作品。有趣的是，在"恭贺新禧"的下面有一段注解，这样写着：旧时的门神已经疲倦地睡着了，日本鬼子的恐怖侵入了千百万中国人的家，旧门神已经挡不住了。这个新的青年战士，这个美国战斗机驾驶员……他的精神就会保住你们全家老小的平安。这幅门神画在1945年春节，在重庆城中山路美国使馆新闻处一带的街面，家家户户门上都贴着它迎接新年。这套门神画是线条感强的木刻画，最早出现在抗战前沿的西北农村，带回大后方重庆后，用道林纸三色精致翻印出来，开本高约33厘米，宽约16.6厘米，在当时算是非常精美的印刷品了。因该作品以民间习俗中的门神形式，承载抗战救亡的内容，被印刷、张贴在千家万户，营造了"匹夫有责"的抗战气氛。画面上两位身材魁梧、浓眉大眼的抗日战士，炯炯有神的双目，似在怒视张牙舞爪的日寇，观之令人精神振奋，能让人增强抗敌的信心，安抚百姓心灵。张文元把严肃的战争主题与传统门神画的娱乐性结合起来，创造性地把革命化、民族化、大众化、国际化融为一体，成为当时具有影响、独具特色的抗战新门神，深受百姓喜爱。因此，被1947年曹聚仁、舒宗侨编写出版的《中国抗战画史》收录其中。

总之，传统门神年画是中国几千年民族文化的结晶，其中蕴涵着极为深厚的优秀文化传统，不乏传统的优秀品德，如爱国主义、惩恶扬善、敬老爱幼、勤劳勇敢等，是当代社会进行爱国主义教育的资源宝库，是研究中华民族向心力、凝聚力的珍贵文化。

刊登在《云南档案》2015年第2期

"火花团第一次宣言"

——民国初期云南革命青年的怒吼

火花团第一次宣言内容

"敌人围绕着我们,执着武器,强霸着政治的威力,虎狼似的向着革命的营垒加紧逼近,加紧威胁,加紧屠杀。

小资产阶级作背景的读书青年,徘徊在三歧路口的青年,鲜血还在脉搏里跳跃的青年,既没有决然参加真实的革命的队伍,可是分明的知道目前我们将面临的可怕的道路。

教育已经是不能再持续下去了,教师只以争夺饭碗为目标,有血性的青年是否甘愿受这奴隶式的教育,而教育的自身已经宣告破产了。

家庭的瓦解使一般意识单纯的青年们莫知所措,他们只见到局部的恶力、军阀、土匪或甚至或说是命运的作弄,而不知道这是经济根本变动的使然,这是帝国主义者和军

火花团宣言

62

阀、国民党、豪绅、资产阶级相互勾联成一片所使然。

这两件事实明显地在我们小资产阶级作背景的读书青年面前恫吓着,也可以说是我们青年末路的临头。

国民党,以前曾经领导过我们革命的国民党,现在已经走上了反革命的道路,他们在帝国主义者的面前下跪,屈服于帝国主义威力之下,甘愿做他们的走狗,联合国内反革命的豪绅资产阶级屠杀工农,屠杀革命的青年。

以前领导过我们革命的党,现在已经变成走狗去了,我们的出路唯有决然地站到无产阶级革命的战线上来,参加第三国际共产党领导下的阶级斗争,除此以外,我们只有投降反革命的势力去,去永远做他们的走狗,做他们的奴隶。尚有鲜血跳跃的我们,自称为革命青年的我们,倘若叫我们投降反革命的怀窝里去,是不愿意,不愿意,一千万个不愿意的。我们不投向反革命派,我们不犹豫地、坚决地参加第三国际领导下的无产阶级斗争。

几年以来的中国革命,牺牲了千千万万青年头颅,现在遗留下的只是更添加了一些痛苦,添加了一层压迫,我们若是不再起来作一次彻底的解救,参加无产阶级革命斗争的时候,我们将永远束缚在帝国主义者、军阀、豪绅、资产阶级的铁蹄下。

帝国主义的统治,已经掘好了他们的墓坑,资本集中在少数人的手里,无产阶级的数量一天天地加多,在城市做工的穷苦人,集合在工厂的附近,在乡下种田的农人,成了无产阶级革命的主力,只待我们革命的群众相互意识,打成一片,联合一击的时候,马上一爆发,就像一个大炸弹,即刻要崩坏这座帝国的魔宫。我们紧紧地挽着手,结成一个大炸弹,抛向帝国主义者的怀窝,最后,我们高呼:革命的青年结合起来,唤醒无产阶级的意识,参加第三国际领导下的中国共产党云南分部,破坏豪绅资产阶级的一切机关,加紧阶级斗争,无产阶级夺取政权,苏维埃胜利万岁,第三共产国际万岁!
火花团 十一月三日"

这是1928年中共云南地方组织领导下的青年组织发表的"火花团第一次宣言",现存云南省档案馆馆藏民国时期云南省政府秘书处档案中,这份宣言以传单的形式被投放在当时昆明的西院街和昆明邮务管理局门口信箱内,共有两份。宣言号召云南青年团结起来,积极参加第三国际领导下的中国共产党云南分部,推翻国民党的反动统治。为缉拿发布宣传单的共产党人士,国民革命军第十三路总指挥部、云南省政府随即下发了"关于严密查拿散布传单的共产分子并严加防范乱源致省民政厅的2187号训令"。训令要求军警监察处及宪兵司令部、昆明市政府严密查拿散布此项传单的人员,要求军、政、学各机关严加防范。此宣言附在2187号训令的附件中，客观上使得这份珍贵的档案得于保存下来。"火花团第一次宣言"用当时教育不堪、家庭不幸等历史事实，声讨当局的弊政和给国家和人民带来的苦痛与灾难，号召青年志士参加无产阶级革命斗争，参与民族自救运动。这份"火花团第一次宣言"的发现，对研究中共云南地方组织史有着重要的参考作用。

"火花团第一次宣言"产生的背景

俄国1917年十月革命和中国1919年五四运动爆发后，最先接受马克思主义和社会主义思想的云南籍先进知识分子张伯简、王复生、王德三等成为革命思想在云南的传播者。1925年秋，中共党员王复生、王德三、杨青田、李鑫等云南旅外进步青年组织"云南革新社"；1925年初，李国柱等革命青年组织"云南青年努力会"，推动云南革命的发展；1925年9月，中国共产主义青年团云南特别支部成立；1926年11月7日，在中共广东省委领导下，中共云南特别支部成立，这是中共在云南建立的第一个党组织。自此，云南各族人民开始了中国共产党领导下的新民主主义革命。在中共广东区委和中央直接领导下，又先后建立了中共云南特别委员会、中共云南临时省委和省委下属特区委、中心县委、昆明市委等组织。1927年，蒋介石发动"四·一二"反革命政变，大革命遭受惨重失败，云南也不例外，国民党云南地方政府积极响应，加紧对云南党组织的迫害。8月7日，中共中央召开"八·七"会议，确定了实行土地革命和武装反抗反动派的总方针。交通极为闭塞的云南，迟至11月才收到中央"八·七"会议文件，12月8日至9日，中共云南特别委员会，在昆明召开扩大会议，传达中央"八·七"紧急会议决议，批判了导致革命失败的机会主义，决定把云南党的工作重点转移到工农中去，实行土地革命，准备武装暴动。1928年1月成立中共昆明市委，负责领导市区内各支部工作。"火花团第一次宣言"就是在这样白色恐怖的背景下，共产党云南地方组织为揭穿国民党叛变革命、屠杀工农、屠杀革命青年的罪行，号召全省人民，尤其是青年人团结起来，为民族自救推翻国民党统治而发出的怒吼。在档案中虽无从查到火花团是否属于中共昆明市委领导的青年组织，但从宣言中提到"我们高呼：革命的青年结合起来，唤醒无产阶级的意识，参加第三国际领导下的中国共产党云南分部，破坏豪绅资产阶级的一切机关，加紧阶级斗争，无产阶级夺取政权，苏维埃胜利万岁，第三共产国际万岁！"的内容上看，足以证明它是中共云南地方组织领导下发出的武装暴动的革命号召，是当时云南落实中央"八．七"会议精神在宣传攻势上的一个具体体现。

"火花团第一次宣言"的价值与作用

由于中华人民共和国成立前中国共产党组织及其领导的人民武装、群众团体活动大部分处于秘密状态，斗争环境动荡不安，党组织屡遭破坏，因此民国时期反映中共云南地方组织的档案保留下来的较少。云南省档案馆馆藏革命历史档案主要有红军长征过云南、中共云南地下党组织及其领导的人民武装的活动、发展情况，王复生、王德三烈士日记、书信，中国人民解放军西南服务团云南支队形成的部分档案。计有246卷，约1200余份，只占馆藏总量的0.1%，弥足珍贵。馆藏革命历史档案的来源，主要是从全国、全省各地征集、接受个人捐赠，以及从民国时期的法庭审理、军警稽查档案中发现整理复印一部分组成，"火花团第一次宣言"即是从当时省政府秘书处档案中发现的。从时间上看，是目前省档案馆保存的共产党在云南革命活动的早期资料之一。因为，云南省第一个中国共产党组织——中共云南特别支部于1926年11月7日在昆明成立。而发表于1928年11月的"火花团第一次宣言"，则是在中共云南地方组织成立两周年的时间里出现，可见，是共产党在云南早期革命活动的鲜活资料和有力凭证，弥补了馆藏档案缺乏早期云南革命活动痕迹资料的不足。从内容上看，"火花团第一次宣言"在云南边疆民族地区传达了中国共产党的主张和共产党发展的状况，鼓舞了云南人民，尤其是云南青年，成为反映人民呼声、动员广大人民群众参与斗争的重要呐喊。宣言给敌人以震慑，给广大的人民群众以巨大的鼓舞，对民族自救起了很大的舆论宣传作用。从价值上看，宣言是当时云南积极响应中共中央"八.七"会议关于武装反抗反动派总方针号召的具体体现，对研究中共党史、云南地方组织史有着重要的参考作用。从对当前教育作用看，"宣言"至今虽已有87年的历史，但今天读来，倍感当时中国共产党人对民族自救的紧迫感、责任感，以及为中华民族的解放与自强的坚定信念。彰显了云南青年在白色恐怖的年代，不仅有一种坚定的理想信念，更有一种不怕牺牲的大无畏精神。展示分析"火花团第一次宣言"，对今天的青年人不忘历史、坚定信念、珍惜今天、增强国家责任意识，图强民族复兴也有着重要的历史意义和现实意义。

刊登在《云南档案》2015年8期

赤子功勋载史册

——档案视角里的南侨机工

海外华侨是抗日战争中的一支重要力量,当抗日战争爆发、中华民族面临生死存亡的关头,千百万海外华侨华人在民族最高利益面前凝聚在一起,表现出了高度的爱国主义热情,他们和全国人民一道,以拯救祖国的危亡为己任,慷慨出钱、出力、出人,纷纷加入抗日救亡斗争的行列,为抗日战争的最后胜利做出了不可磨灭的贡献。南侨机工就是这样一个伟大的群体,他们是华侨华人的杰出代表,在云南省档案馆馆藏中完整地记载着他们回国抗战这段光辉的历史。这段历史档案进一步揭示了南侨机工回国抗战的史实和感人事迹,对于全面把握中国人民抗日战争的历史进程、了解华侨华人在抗战中的重要贡献,以及正确评价历史重大事件有着深刻的历史意义和现实作用。为纪念抗战胜利七十周年,为贯彻落实习总书记关于"深入开展中国人民抗日战争研究,必须坚持正确历史观、加强规划和力量整合、加强史料收集和整理、加强舆论宣传工作,让历史说话,用史实发言"的要求,笔者从档案的视角,对南侨机工回国抗战事迹的历史与现实作用进行简要分析与评述,以便后人铭记历史、不忘过去,珍爱和平,开创未来。

首先,从历史作用看,南侨机工回国抗战档案是南洋华侨华人在世界反法西斯战争中反抗侵略、报效祖国、英勇献身史实的有力凭证,是研究中国抗战史、南洋华侨史和第二次世界大战史不可缺少的第一手资料,具有宝贵的史料价值,值得中国人民铭记,值得世界人民记忆。

南侨机工回国抗战档案是在第二次世界大战期间,在南洋华侨筹赈祖国难民总会组织下,东南亚国家华人华侨3000余人为支援中国政府抗击日本侵略回到中国,在滇缅国际公路上,不惧艰险、勇于奉献、抢运抗战物资过程的真实记录,这些记录由中国政府相关职能部门与南洋华侨社团往来的电文、公函、表册、照片、书信计850卷10000余份组成,形成时间为1937年至1948年,全部为当时原始记录。

其主要文档有:西南运输处与南侨总会关于南侨机工招募、训练、管理、运输、业绩、复员等方面的往来电文、公函;招募人员原始登记表、回国批次名册、照片、西南运输处对进行训练管理的指令训词；陈嘉庚有关募购车辆的函电；抢运物资记录；滇缅公路路况报告；有关机工牺牲抚恤训令电报；有关改善机工生活待遇的电文公函；有关南侨慰问团视察滇缅公路的电函；有关组建南侨机工互助社的训令章程；有关南侨机工复员的指令、登记表；以及南桥机工请假、求学的申请、补助发放的呈文等等。

档案史料证实：1927年6月27日至7月7日，时任日本首相的田中义一，主持召开了"东方会议"，专门研究制定对华政策，提出了"欲征服世界，必先征服亚洲；欲征服亚洲，必先征服中国；欲征服中国，必先征服满洲"的"新大陆政策"。因此，日军在侵占东北以后，于1937年制造了"七·七"事变，扩大对华侵略战争。1938年10月，日军占领或封锁了中国沿海的港口和海岸线，目的在于切断中国的国际通道，断绝外界对中国的一切国际援助，以实现迅速灭亡中国的战略目的。为阻止这种目的，中国政府一方面于1937年10月成立了"西南进出口物资总经理处"，另一方面组织打通一条国际运输线，即一条全长1154公里、连接中国西南边陲云南省会昆明和缅甸重镇腊戍再到仰光港口的通道，俗称"滇缅公路"。为保证大批国际援华物资运输的需求，中国政府需要招募大量司机和汽车修理工，于是，西南运输处主任宋子良代表国民政府行政院于1939年年初致函南洋华侨总会，商请总会领袖陈嘉庚先生在南洋各地招募华侨汽车司机和修理工。"南洋华侨筹赈祖国难民总会"是1938年10月10日，在陈嘉庚先生的组织下，由45个埠的168名华侨代表在新加坡发起成立的，推举侨界领袖陈嘉庚先生为主席，其宗旨为"联络西南各属华侨，研究赈灾方法，筹议救亡工作""筹款助赈祖国难民，并倡导集资发展祖国实业"。南侨总会积极响应，在南洋各属招募年龄在20至40岁之间，持有侨居地驾驶执照，能驾驶大型货车的司机和修理工。自1939年2月18日第一批"南洋华侨机工回国服务团"80人从新加坡启程回国，到1939年9月，相继有15批机工取道越南、仰光、香港三条线回国，总数达3200余人，这是海外华侨团体应祖国政府请求而派遣的规模最大的一支队伍。

南侨机工回国后，被编为10个训练大队，受训于设在昆明的"西南运输处司机训练所"。经过2个月培训后，绝大部分被集中组编为6个大队，驾驶卡车1200余辆，在滇缅公路上服役。他们夜以继日地抢运军需物资及兵员，组装维修车辆，共抢运了45万吨以上的军火物资，确保了抗战物资需求。为此，有1000余名机工献出了自己宝贵的生命。1945年8月抗战胜利，在陈嘉庚先生的努力下，国民政府开始组织南侨机工分别在昆明、重庆、贵阳等地登记复员，共计1000余名南侨机工登记复员返乡，另有1000余人因婚姻家庭原因留在中国。

南侨机工回国抗战档案就是在这样的背景和历史条件下产生的。这些档案分别保存在民国时期云南省社会处、军事委员会西南进出口运输总经理处、云南省侨务处、昆明海关、外交部驻云南特派员公署五个立档单位的卷宗内，反映着南侨机工这一光荣群体不畏艰难、报效祖国、奋战在滇缅公路上抢运抗战物资的具体细节。这一系列档案不仅记录了当时国民政府要人，如蒋介石、宋美龄、何应钦、宋子良与著名侨领陈嘉庚先生的往来文件，更记录了一批热血华侨为国献身的不平凡故事。南侨机工的英勇行为，不仅极大地支持了祖国的抗战事业，而且有力地阻止了日本欲占领中国、征服亚洲阴谋的实现，为世界反法西斯战争胜利做出了不可磨灭的贡献。它不仅为后人研究这条世界反法西斯战争的交通大动脉提供宝贵的信息，也是研究中国抗战史和南洋华侨史、二战史不可缺少的第一手资料，具有宝贵的史料价值。

这部分馆藏档案，已于2003年3月入选"中国档案文献遗产名录"。2015年3月，国家档案局与世界记忆工程亚太委员会在中国苏州联合举办的"联合国教科文组织世界记忆工程亚太地区工作坊"，专门为亚洲国家申报世界记忆遗产名录提供培训服务，来自越南、朝鲜、蒙古、缅甸、印尼和所罗门群岛等国的代表以及国内相关省份档案部门的代表向会议提出了各国、各地区的档案文献申请。云南省档案馆保存的"南侨机工回国抗战档案"受国家档案局的推荐提名，参加了"亚太地区工作坊"联合国专家的指导和培训。可见，南侨机工回国抗战事迹及其活动形成的档案，其重要意义不仅上升到国家记忆层面，还将上升至世界记忆层面。

其次，从现实作用看，南侨机工回国抗战档案为当代人勿忘历史、珍爱和平、弘扬抗战精神提供了良好的爱国主义教育素材，为增强年轻人国家兴亡、匹夫有责的使命感和责任感起到了重要的宣传教育作用。

历史是最好的教科书。习近平总书记在今年中央政治局第二十五次集体学习时提出："要通过多种形式的宣传阐释和主题教育活动，使全国各族人民牢记由鲜血和生命铸就的中国人民抗日战争的伟大历史，牢记中国人民为维护民族独立和自由、捍卫祖国主权和尊严建立的伟大功勋，牢记中国人民为世界反法西斯战争胜利做出的伟大贡献，弘扬伟大抗战精神"。云南省档案馆也十分重视发掘和发挥南侨机工回国抗战馆藏档案的史料价值和宣传教育作用。2009年为纪念南洋华侨机工回国抗战70周年，由中国国家档案局、新加坡国家档案馆联合主办，云南省档案馆具体承办的"南洋华侨机工回国抗战史料图片展"在昆明展出。展览以云南省档案馆馆藏的200余幅珍贵图片资料为主，100余件档案仿真复制件为亮点，并收入了新加坡国家档案馆、福建陈嘉庚纪念馆及部分机工及机工后代提供的图片资料作为展览内容，先后到北京、海南、深圳、新加坡、马来亚展出。这是国际国内首次以南侨机工回国抗战为主题进行的国家级展览，其中绝大多数档案资料是第一次向社会公布。与此同时，省档案馆又与福建陈嘉庚纪念馆合作，编辑出版了《南洋华侨机工档案史料汇集》，与昆明电视台合作制作了反映这段历史的配有中英文字幕的电视专题片《赤子功勋》，分别在电视台和展览中连续播出，引起社会各界的广泛关注和公众的热烈反响。中共中央统战部、中央电视台、国务院侨办网站、中国新闻网、新加坡《联合早报》、云南电视台、昆明电视台、《云南日报》、《昆明日报》、《春城晚报》、《生活新报》都以相当的篇幅报道这次展览的相关内容。自此以后，"南侨机工回国抗战档案"的利用率空前提高，南侨机工回国抗战英勇事迹知名度越来越大，由此在全国掀起了挖掘开发南侨机工历史和事迹的热潮。尤其是今年，为纪念抗战胜利70周年，申请展出和查阅档案的单位不计其数。各省、各级档案馆、博物馆、党政机关、高校纷纷向省档案馆申请提供相关档案图片进行展览教育活动。无论在何地展出都吸引无数观众，很多参观者看了展览都发自内心地说："不看展览还不知道这段海外侨胞的抗战史和爱国情"，"展览让我们震撼"。有的说："中国人应永记历史，才能不断发展进步"。还有的学者看了后感言："这样重要而有意义的历史细节与过程应该加强展示、教育国人奋发图强"。南侨机工回国抗战的事迹感染人、教育人，他们在回国抗战中所表现出的强烈的爱国热情和牺牲精神，充分显示了中华民族强大的凝聚力，是当今爱国主义教育和反侵略、爱和平的生动教材。

  第三、从人文的角度看，南侨机工回国抗战档案为机工家属和后代提供了同宗同根、血脉相连的强有力依据和美好归属感，增强了中华民族的凝聚力。

  中华儿女都有浓浓的寻根情结：我从哪里来？我的根在哪里？我的祖先有过怎样的经历？要回答这个问题，只有依据家谱或者查阅档案。70多年前形成的南侨机工回国抗战档案对于机工家属和后代寻根留本、清缘备查、增知育人、血肉联情提供了强有力的依据和美好的归属感。在这些档案中，有机工回国服务登记表、复员登记表、抚恤申请表等等，里面涉及有机工的姓名、年龄、籍贯、家庭状况、工作经历、技术经验、学历、原侨居地、南洋详细住址、永久通讯处、担保人姓名、资送机关、回国日期等等，记载着同宗共祖血缘世系人物和相关信息。在档案里的登记表上还粘贴有机工本人的照片，有家室的机工，也许是时间紧迫，来不及照标准像，有的是用夫妻二人的结婚照片替代，如张天赐、陈嘉森、李林、陈汉民等等；有的是用父子合影替代，如陈梧琴、蔡慧华；有的是用全家福的照片替代，如黄广源、李宽、梁玉珊、吴良顺、林文福等等。这些真实、生动的资料，为机工后代寻找亲人、续写家谱、族谱，提供全面的佐证和影像。2009年以来，来自广东、广西、海南、福建、贵州、重庆、云南等省、市、区的机工后代，先后组成了几十人的"查档团"，纷纷到云南省档案馆查找自己亲属的有关档案资料。当查到自己父辈、兄弟姐妹及亲人的照片和相关档案资料时,他们都深深感到血缘的延续和根脉的连接,个个感动不已。有的欢天喜地、奔走相告,有的喜极而泣,默默祈祷,整个查阅大厅洋溢着浓浓的喜悦和激动之情。70年前的南侨机工回国抗战事迹和记录这些事迹的档案,让当代人深深地体味着人类最基本的优良道德传统凝聚着厚重的民族向心力。

总之,南侨机工回国参加抗战的壮举,在华侨爱国史上谱写出了可歌可泣的壮丽篇章,他们在抗战中所建立的功勋将永远彪炳史册。我们研究历史、缅怀先烈,就是要从历史中传承这种无私无畏的精神和爱国情怀,从而增强发展的使命感和紧迫感,增强中华民族复兴的信心和定力,守护来之不易的和平,与世界上爱好和平的人们一道共同开创美好未来。

刊登在2015年9月14日《中国档案报》

一部特殊的云南省志

——《新修支那省别全志·云南卷》

去年在履行对全省各级综合档案馆进行档案资源建设、信息化建设、县级档案馆库建设及档案数字化"四项重点"工作督察中，发现在德宏州档案馆资料库房中保存有一套复印的《新修支那省别全志·云南卷》，让笔者意想不到的是该志书全是日文书写，是在20世纪40年代由日本人编纂的，由日本东亚同文会于1943年（日本昭和18年）出版发行。"支那"是近代日本侵略者对中国的蔑称，直到二战日本战败后，盟国最高司令部责令日本外务省不得再使用"支那"称呼中国，这一称谓才开始从日本政府的公文、学校教科书、媒体中消失。那么当时日本人为什么要来撰写中国的地方志？日本人撰写中国地方志说明了什么？又能给今天的我们带来怎么样的思考？

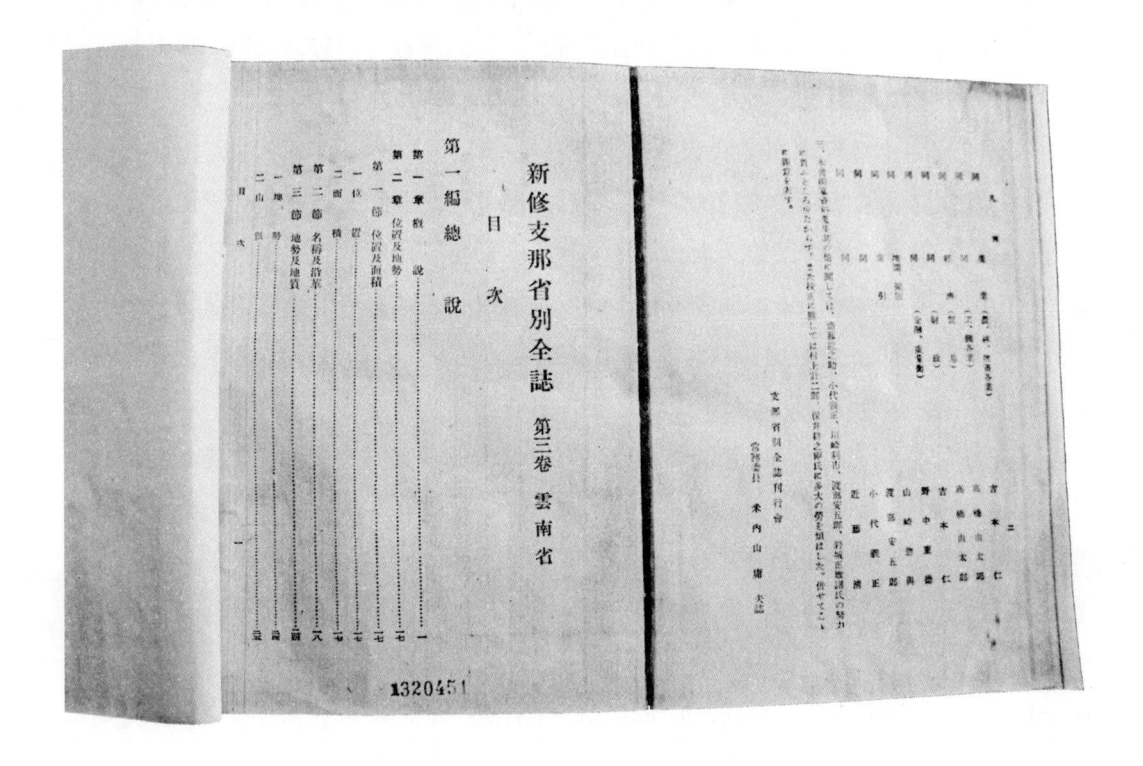

带着这一系列的问题，回到昆明后笔者便开始了查询相关资料，首先在省馆的馆藏资料数据库中查询是否保存有类似的史料，结果没有；到云南图书馆网站查阅，也没有找到相关内容。最后到中国国家数字图书馆网站外文文献数据库中查阅，查到了保存有日本人修编的中国各省志共24卷。还查到了复旦大学图书馆、河南大学图书馆里也有零星卷册保存的记录。随后笔者又查询了有关日本人在20世纪初编撰中国地方志的报道，终于查到一些关于《新修支那省别全志·云南卷》这部志书的来龙去脉。有震撼、惊喜，也有些悲哀。因为中国各省省志由外国人策划、调查、编纂，用外国语言在外国出版发行这是迄今为止绝无仅有的。

《新修支那省别全志·云南卷》的成书背景：19世纪中叶以来，西方列强出于殖民主义目的，运用近代实证科学方法，广泛开展中国地理、经济、政治、社会组织、风俗习惯、宗教信仰等领域的调查活动，参与其事的有传教士、商人、军人、学者。日本作为后起的资本主义国家，又是与中国有着深厚历史文化渊源关系的近邻，其对中国调查的强度颇有后来居上之势。就调查活动持续时间之长、调查地域分布之广而言，名列榜首的当属日本东亚同文书院的《中国大旅行调查》，这套志书正是这个时期的产物。

1898年，日本东亚同文会成立。1900年，同文会在上海设立了东亚同文书院，以招收日籍学生为主，此后四十余年间培养了大批所谓"中国通"，对中国进行全方位立体式的调查活动。自1900至1945年间，由东亚同文书院派出的学生五千余人以旅游访问等名义，先后遍及除西藏以外的中国所有省区进行所谓的调查，内容涉及地理、工业、商业、社会、经济、政治等多方面。

东亚同文会干事长小川平吉在《支那省别全志·序》（1917）中说道："上海东亚同文书院成立于明治33年（1900），迄今已18载。在此期间，各府县选拔优秀分子到上海接受培养教育，迄今已逾千人。每年夏秋分派即将毕业的学生到支那各省作实地考察。从山川城邑到人情风俗，从物资特产到农牧收成、水陆交通等，巨细靡漏，无所不包。彼等北渡黄河，逾阴山；西越秦岭、履蜀道、攀峨眉；南踏滇粤之区、历苗瑶之野，栉风沐雨，勇往迈进，足迹几乎遍布支那各省，调查稿件达20万页余。本书即以此调查报告为主，在旧方志基础上加以新的内容修订而成。支那自古以来重视地志，是世界上所存地理书籍最齐备的国家，上代有《禹贡》，汉代有《水经》，以后历代志书尚可举出如：《太平寰宇记》《大明一统志》《大清一统志》等，真可谓汗牛充栋，浩瀚无垠。然而至近世却无完整的地志著作问世，尤其是缺乏现实情况的记录，此不能不为国内外人士深感遗憾。本会编辑本书正是基于以上原因，补阙拾遗，以便于开展对支那的全面研究，应当务之急。而其大成工作，尚待来哲。"

东亚同文书院对《支那省别全志》和《新修支那省别全志》的编修，表面看似是"补阙拾遗"，做一件"好事"，但它的最终目的还是为日本的侵华行动做好前期准备，当好马前卒。在侵华战争中，同文书院的学员充当随军翻译、间谍等，为军方搜集和提供情报，直接参与侵华活动，这是借调研之名行不轨之谋、包藏祸心的明证。

臭名昭著的日本甲级战犯土肥原贤二为日本侵华做准备的行径可以说是东亚同文会所谓调研活动的最好注脚。国防大学金一南教授在他所著的《浴血荣光》一书里就写道：土肥原贤二早年与阎锡山是在日本士官学校的同学，20年代土肥原贤二到山西去，被统揽山西党政军大权的阎锡山待若上宾。土肥原贤二到了山西之后就要求在山西各地转转，开展旅游，阎锡山慨然应允。但是阎锡山万万想不到，他的老同学土肥原贤二就趁在山西"旅游"的功夫，把山西的兵要地理做了详细的侦查和记录。在雁门关一带，土肥原贤二甚至详细记录了重武器可以通过的路段，包括桥梁、道路、村庄和山路。1937年抗日战争全面爆发，日军最后向山西大举进犯，使阎锡山的晋北抗战化为泡影，全线溃退，日本侵略者凭借的就是20年代，土肥原在这一带做所谓旅游完成的兵要地志的考察所做的详细记录。

据查证，从日本明治末期到大正年间东亚同文会先后出版的《支那省别全志》共18卷，分别是：第1卷广东省（附香港澳门）、第2卷广西省、第3卷云南省（附海防）、第4卷山东省、第5卷四川省、第6卷甘肃省（附新疆省）、第7卷陕西省、第8卷河南省、第9卷湖北省、第10卷湖南省、第11卷江西省、第12卷安徽省、第13卷浙江省、第14卷福建省、第15卷江苏省、第16卷贵州省、第17卷山西省、第18卷直隶省（1928年更名为河北省）。

昭和16年（1941）起，东亚同文会又着手开始编纂新修订的《新修支那省别全志》，到日本战败前出了9卷，即第1卷四川省上册、第2卷四川省下册、第3卷云南省、第4卷贵州省上册、第5卷贵州省下册、第6卷 陕西省、第7卷甘肃省、宁夏省、第8卷新疆省、第9卷青海省。日本战败投降后，《新修支那省别全志》编纂出版工作才不得不终止，笔者在德宏州档案馆看到的《新修支那省别全志·云南卷》复印本就是属于新修订的版本。

本文介绍的《新修支那省别全志·云南卷》是1943年（昭和18年）8月出版，32开本，发行量1800部，东亚同文会支那省别全志刊行会编著兼发行，一宫房治郎任总编。全书有自然环境、人文、都市、产业资源、工业、商业贸易、财政、金融及度量衡、交通运输、邮政及电政、历史及名胜古迹共5编29章1216页。还有自然风光、人文风情的照片和各类地图，包括云南省公路图、设计图、乡村路线图、一些城市图、桥梁图、生产工艺图、人物图等等多达200余幅，涉及当时云南省133个市、县、设治局的民族、人口、宗教、语言、教育、风俗、气候、物产的基本情况及全省海、陆、空交通情况，可谓翔实具体、无所不包。

　　为什么日本东亚同文会在新修版本时会先选择属于中国边远地区的西南、西北省份，而不是从内地、沿海省份重新修编，分析原因可谓别有用心。首先，当时中国西南西北地区尚未被日军占领，因此全面了解与掌握中国西南西北地区政治、经济、文化乃至社会生活等方方面面，对于侵略者而言是迫切而急需的。其次，当时中国西南、西北地区属于边疆民族地区，交通基础设施落后，东亚同文书会在编修第一部《支那省别全志》时，不能像对中原一带和沿海地区省份那样方便了解各地情况，为了实现对中国的全面占领，必须对过去修编不足的全志进一步调查和细化。第三，由于国民政府战时迁都重庆，经济政治文化中心西移，国民政府开始重视西南、西北经济产业的建设与开发，西南成为陪都屏障和抗战后方，地理位置变得十分重要。全国资金、设备、人才一时大量流入西南地区，西南经济第一次进入全国经济发展的主流圈，尤其云南成为战时经济链条中的不可或缺的一环。当时滇缅公路、滇缅铁路的修建，飞虎队、驼峰航线的打造，兵工业、制造业的入滇等等都是国民政府重视西南开发建设的具体体现。防止中国西南西北强大后成为抵制入侵的战斗堡垒，加快对西南、西北的入侵进程必须优选重新修编中国西南、西北各省志。

　　一国的省级地方志书，由外国人而且又是侵略者来书写，这不能不说是一种悲哀，但更是一种警示，它不仅揭示着日本当局对中国的长期窥视和不良居心，也警示着中国人民不能忘记历史。《新修支那省别全志·云南卷》说明了日本在占领了中国沿海之后，妄图实现从沿海到内陆对中国全面占领的阴谋与险恶用心。不过从另一个层面来看，它倒是给我们留下了一部反映云南乃至中国20世纪三四十年代的人文景观、社会万象难得的历史资料。因此，这套志书也就因为其修撰的特殊时代背景、修撰者特殊的身份及其特殊的作用，成为中国志书中最奇特的志书，也是中国方志史上最奇特的事件。这部志书的编写目的虽然是为日本军国主义当局进行对华侵略而服务，但它以近代科学调查方法，实地走访研究，与当时中国传统编志重文献轻实地调查的方法相比，信息更加全面和翔实可靠，客观上它在云南地方志书修撰史乃至史料价值上，有着一定的补充参考作用，能让我们系统、全面、完整地了解当时中国、云南的实情，成为研究近代中国史、云南史的一部重要参考文献。

刊登在《云南史志》2014年第2期

民国时期中共云南地方组织及进步团体的刊物

"五四"爱国运动的爆发，促进了中国人民新的觉醒，先进青年更加清楚地看到国家命运岌岌可危，更加感到腐败黑暗的社会现状难以忍受，他们以救国救民、改造社会为己任，积极探索拯救中国的道路。五四运动后，各地青年纷纷成立社团，传播新思想的刊物有如雨后春笋大量涌现。在各种学说竞起争鸣的形势下，马克思主义在中国得到广泛传播，这促进了马克思主义和工农运动的结合，为中国共产党的成立在思想上、干部上准备了条件，为二十世纪中国历史的发展开辟了新的道路。地处祖国西南边疆的云南也不例外，民国时期，传单、刊物是中共云南地方党组织对外宣传工作的最主要工具。云南各地地方党组织和进步团体，积极创办各种宣传刊物，宣传科学、民主、反帝爱国思想，提倡新文化运动，传播马克思主义，积极宣传中国共产党反帝反封建的革命纲领，揭露云南军阀唐继尧横征暴敛、黑暗专制的反动统治，扩大党领导的学生抗日救亡运动的影响，探讨云南政治改革道路，对云南共产党的发展、革命的成功和人民的解放，起了重要的宣传和鼓动作用，为全国革命的胜利做出了不可磨灭的贡献。

本文通过馆藏史料和资料就民国时期中共云南地下党组织及进步团体创办的刊物及其影响做一介绍和分析，以便世人从另一个角度了解云南革命斗争史上刊物宣传的作用和为此做出贡献的先贤们，从而树立不忘历史、坚定信念、珍惜今天、促进发展的理念和信心。

一、宣传期刊的种类

从1919年到1949年，受五四运动影响，云南各界为传播民主与科学思想、传播马克思主义理论、传播共产党的主张、推动云南革命的进程，在各种进步团体和先进知识分子组织下，根据《中共云南地方组织史简编》《中共昆明党史大事记1919—1949》记载，民国时期在云南创办的各类刊物主要有20余种。其内容有转载《新青年》《每周评论》《语丝》《新潮》等进步报刊文章的《救国日刊》；有宣传科学民主爱国的《云南学生爱国会刊》；有探讨救国道路、宣传国际共产主义和工人运动的《滇潮》《曙滇》；有宣传共产党反帝爱国纲领、革新云南政治的《革新》《火山》；有团结进步青年、开展抗日救国运动的《救亡》《前哨》《南方》《学生报》《战斗月报》等等。宣传对象范围涉及各行各业，有针对在校学生、知识分子、社会公众宣传的；有针对工人阶级、文艺团体和妇女界的，还有针对各界爱国人士和云南地方上层人士宣传的，内容无所不包。具体刊名、发行时间、创办组织及部分代表人物列表如下：

序号	刊物名称	发行时间	创办组织	代表人物
1	《救国日刊》	1918年	云南救国团	张天放
2	《云南学生爱国会周刊》	1919年6月	云南学生爱国会	杨蓝春、杨开元
3	《昆明学生爱国会要刊》	1920年4月12日	昆明学生爱国会	
4	《滇潮》月刊	1920年10月25日	省立一中学生会	杨蓝春、张四维、姚宗贤、柯维翰
5	《曙滇》杂志	1923年5月	原昆明《救国日刊》团队	张天放、寸树声、戴时熙等
6	《中山演讲》	1925年春	云南青年努力会（每期销售量600份，出版15期后被迫停刊）	李国柱
7	《革新》半月刊	1925年10月1日	云南革新社，共出版7期	王德三、杨蓝春、李鑫、王复生
8	《云南学生》半月刊	1926年4月13日	云南学生联合总会（共出版3期）	李少竹
9	《日光》	1927年3月	中共云南特别委员会	王德三，编辑刘玉瑞
	《旭光》周报	1927年3月至4月间	中共嵩明支部	
10	《女声》月刊	1927年4月	云南省会妇女解放协会	
11	《昆明工人》	1927年7月	昆明总工会	陈祖武
12	《火山》	1935年11月	中共云南临时工作委员会（共出版5期）	
13	《救亡》	1936年11月	中共云南临时工委主持建立的秘密组织云南各界抗日救国联合会（共出版3期）	李剑秋
14	《前哨》	1937年9月	中共昆明支部（仅出了2期便被迫停刊）	李群杰、唐登岷
15	《南方》	1937年10月19日	中共云南临时工委（1941年1月15日停刊，共出版36期）	李立贤、李剑秋
16	《文化岗位》	1938年5月1日	中华全国文艺界抗敌协会云南分会	

续　表

序号	刊物名称	发行时间	创办组织	代表人物
17	《民先队刊》	1938年8月	中华民族解放先锋队云南地方队部（共出版了6期）	力易周
18	《前进》	1941年5月3日	昆华协进会	张崇安、杨开明、倪学礼
19	《战斗月报》	1943年8月	中共云南省工委（在昆明秘密创办，1944年停办）	刘浩
20	《新富民报》	1945年8月	地下党员李坤元（在富民县任教育局长时创办，每周二期，1946年底停刊）	李坤元
21	《学生报》	1946年1月19日	昆明学联	

二、宣传期刊的内容及影响

这些刊物虽然发声于祖国西南边陲，但是每一时期的内容都与国内当时的新文化运动、反帝反封建传统思想的革命潮流紧密相连、遥相呼应，为中国共产党在云南的创建、发展及革命的胜利发挥了积极而重要的作用。

在党的创建和大革命时期（1919年5月至1927年7月）。进步团体创办的刊物有十余种。其中，1918年由云南留日学生张天放组织的云南救国团创办的《救国日刊》转载宣传省外进步刊物的文章，为云南青年学生和各界爱国人士响应五四运动，投身反帝爱国斗争，做了舆论准备；1919年创办的《云南学生爱国会周刊》以"培养爱国精神、抵御外侮、提倡国货"为宗旨，大力宣传批反帝爱国主义思想，发表驳斥唐继尧政府禁止学生上街演讲游行和要求查禁日货的文章，提出了"自己的事自己来做，靠人是靠不住的""既知卖国政府是靠不住的，为什么不推翻呢？"等主张，成为昆明宣传新文化运动和传播新思想的主要刊物；《昆明学生爱国会要刊》以传播新思想、改良社会为宗旨，大量转载了外地报刊有关新思想新文化的文章，宣传反帝爱国，抨击军阀统治。《滇潮》月刊以改造社会为宗旨，研究社会主义学说，探讨国家的前途，这是昆明最早的社会主义研究组织，宣称"要做云南吸收新文化的导管，发散学生自治精神的机关"。《滇潮》积极向昆明各界介绍新思想、新文化，提倡用白话文写作，并经常刊登评论省政、探讨云南政治改革道路的文章，在学生中有着较大影响，由于《滇潮》刊载文章观点激进，引起云南当局极大恐慌。《曙滇》杂志积极宣传反帝反封建，发表许多介绍国际共产主义运动和工人运动、俄国革命和马克思主义的文章，对昆明先进知识分子进一步认识马克思主义产生了积极的作用。《中山演讲》以组织"唤醒云南青年，改造云南社会"为目的的秘密团体云南青年努力会,积极宣传孙中山的革命思想。《云南学生》半月刊、《旭光》周报指导成立嵩明中学学生自治会,并在"改善自己、领导社会"的口号下带领中小学生走进社会,开展革命宣传。《女声》月刊、《昆明工人》则是积极在工人和妇女群体中扩大革命宣传。《革新》半月刊阐明革新社的宗旨是:团结云南青年,砥砺训练,钻入社会中心,作根本的、实际的改造;组织社员学习马列主义,积极宣传中国共产党反帝反封建的革命纲领,揭露云南军阀唐继尧横征暴敛、黑暗专制的反动统治和穷兵独武、做"西南王"的狂妄野心;号召云南青年和人民团结、组织、武装起来,打倒帝国主义和军阀官僚,打倒唐继尧,完成国民革命任务、刊物以倒唐宣传、革新云南政治作为宣传内容。这些刊物的宣传从思想上为云南建立中共地方组织做了重要的舆论准备。1926年11月7日,云南省第一个中国共产党组织——中共云南特别支部在昆明成立。

土地革命战争时期(1927年7月至1937年7月),由于蒋介石、汪精卫相继发动反革命政变,大革命遭到惨重失败,云南地下党组织也不例外地受到严重破坏。由于云南地下党的工作重点开始转移到工农中去,所以这一时期的宣传刊物也大量减少,只出现了两种短暂的期刊:一是《火山》,1935年11月经中共中央特科同意,中共云南临时工作委员会在昆明成立,书记李浩然;12月临时工委创办秘密油印刊物《火山》,主要刊载党中央的文告和领导人著作,共出版5期。二是《救亡》,1936年11月中共云南临时工委根据斗争形势,决定由李剑秋主持建立秘密组织云南各界抗日救国联合会,团结进步青年,开展抗日救国运动,创办了秘密刊物《救亡》(共出版3期),宣传抗日救亡和党的抗日主张。尽管种类数量少,也展现了革命火种的不灭信念。

全面抗战时期(1937年7月至1945年8月)。1935年华北事变后,中国共产党发表了《八一宣言》,积极倡导建立抗日民主统一战线,呼吁各界各族人民团结进来,共同抗击日本侵略者,全国抗日民主运动日益高涨,实现第二次国共合作。加之1935年至1936年,中国工农红军一方面军和二、六军团长征二次过云南,扩大了党的影响,更广泛地播下革命的火种,鼓舞了云南进步分子的革命斗志,在这样的政治形势下,中共云南地方党组织开始恢复重建并得到发展。这一时期的进步组织刊物宣传也格外活跃和丰富,出现了7种在当时有影响力的刊物。即:1937年9月,中共云南临时工委及中共昆明支部以非党名义登记的公开刊物《前哨》《南方》月刊,积极宣传云南反对日本帝国主义侵略中国、反对国民党内投降派对日妥协投降的行径,宣传云南学生抗日救亡运动,扩大了党领导的学生抗日救亡运动的影响。1938年5月1日,在云南党组织的推动下,云南文艺工作者抗敌座谈会在昆华民众教育馆召开会员大会,成立中华全国文艺界抗敌协会（简称"文协"）云南分会，创办会刊《文化岗位》（1941年2月改称《西南文艺》），"文协"在大中学校指导开展文艺活动，举办文艺座谈，促进了云南抗战文艺的发展。1938年8月，中共云南特委为统一领导青年工作，决定将党的秘密外围组织"云南青年抗日先锋队"与西南联大学生中的部分中华民族解放先锋队队员合并，统称"中华民族解放先锋队"，设立云南地方队部，出版《民先队刊》，团结了一批进步青年，并为党组织培养和输送了骨干。1941年5月3日，中央机器厂成立昆华协进会，出版《前进》期刊，宣传抗日救国。1943年8月，中共云南省工委创办的《战斗月报》刊登中共中央发表的文稿、中央领导人的著作、延安《解放日报》社论和其他的一些重要文章。使党中央的声音及时传到昆明的党员和进步群众中，指导了他们的工作，同时《战斗月报》也将一些重要文章印成单行本，利用各种关系送给各界爱国人士和云南地方上层人士阅读，向他们揭露国民党顽固派的反共活动，宣传党的主张和解放区情况，推动更多的人为坚持团结抗战、民主进步而斗争。1945年8月，共产党员李坤元在富民县任教育局长时创办《新富民报》，宣传民主运动，评论政治形势，并积极宣传中国共产党反对内战、建立民主联合政府的主张。

解放战争时期（1945年9月至1950年2月云南解放）。抗战胜利后，初期虽然昆明的报刊略有减少，但报刊数量、种类之多仍然在全国省会城市中名列前茅。特别是受抗战时期云南人民民主爱国运动和全国形势的影响，在云南地下党的领导和民盟、民革等民主党派的支持下，加之云南地方实力派与国民党中央之间的矛盾可资利用，昆明的进步新闻事业非常发达。昆明的进步报刊电台之多，昆明进步媒体的言论之大胆，在当时的国民党统治区可以说是绝无仅有的。当时昆明被誉为"民主堡垒""民主圣地"，应该说昆明的进步新闻事业也功不可没。但随着国民党政府和军队在中原的溃败，蒋介石集团拟把云南作为"反共复兴"的基地，对昆明进步新闻媒体威胁其"反共复兴"基地计划极其恐惧和仇视，于是大力镇压爱国民主力量，云南一二·一事件、李闻惨案的发生就是典型案件。为此，以昆明为先锋，全国掀起了反对美蒋统治的爱国民主运动。蒋介石集团更加紧了对云南媒体的控制和打压。1949年9月9日，按照国民党国防部保密局局长毛人凤秘密成立的"整肃"机构即指挥部的统一部署，国民党宪兵、武装警察，在特务的指派和带领下分三部分对媒体执行逮捕和查封，在昆明进行"九·九整肃"，这是云南解放前夕国民党政府镇压民主运动的一次重大行动。大肆逮捕和疯狂迫害地下党员、民主人士及进步新闻工作者、工人、学生，成为轰动全国的一件大事。昆明的进步新闻事业因此受到严重摧残。这一时期进步刊物的数量和种类也很难在史料中可见，主要有昆明学联主办的《学生报》在反内战争民主运动中的记录。

三、刊物的特点及作用

分析民国时期中共云南党的地方组织及进步团体发行的刊物及其内容，主要有以下特点和作用：

1. 各种期刊发行是革命宣传的首要工具。革命的开展与成功，离不开宣传作用的发挥，宣传的工具在二十世纪一二十年代主要以报纸、刊物的形式存在，作为革命初期的中共云南地下党组织与进步团体，没有创办与发行报纸的条件，印刷节俭、形式灵活、内容集中、发行便利、转移方便的期刊形式自然成了其宣传工具的首选。

2. 期刊种类多、内容丰富、涉及领域广，保障了云南地方党组织在各时期任务的完成。从1919年到1946年共创办各类刊物20余种，有综合类，也有行业类。有在昆明省会城市创办的，也有在地方如祥云、蒙自、富民等地创办的。在白色恐怖的年代，能有如此多的进步团体和党的组织创办的进步刊物实属不易，不仅要有坚定的理想信念，更要有不怕牺牲的大无畏精神，才能做到前赴后继地进行革命宣传。

3. 期刊发行数量少、时间短、但影响力大，促进了云南社会的进步。从刊物的发行时间及数量看，每种刊物的时间最多6年，少的只有几个月，出版期数也是多则30余期，少则二三期。分析原因，除了五四运动初期和国共合作时期，部分刊物可以公开出版外，其他都是"地下"行为，受到国民党当局的打压和查禁。尽管发行数量少、时间短，但不同程度地在云南边疆民族地区传达了中国共产党的主张和共产党发展的状况，鼓舞了云南人民，成为反映人民呼声、动员广大人民群众参与斗争的重要喉舌。同时也反映了媒体宣传的生命力、影响力，不在于发行数量的多少，关键是要符合社会发展的需要和人民群众的心声。

4. 刊物宣传内容既突出重点又有地方特色。刊物根据革命斗争形势的进展，体现了与时俱进创办革命刊物的精神。从各类刊物刊登的内容看，中共云南地下党组织既配合全国斗争形势，又结合云南特点开展革命宣传，一方面通过宣传，使共产党的政策、路线、方针广泛地深入人民群众中；另一方面以客观的事实作为依据，采用灵活多变的方式揭露省政当局的弊政、报道云南革命斗争乃至全国革命形势发展及前线取得的胜利，这种宣传给敌人以震慑，给广大的人民群众以巨大的鼓舞，对云南革命的胜利和人民的解放起了很大的舆论宣传作用。

刊登在《云南档案》2014年第7期

云南省立昆华医院

云南省立昆华医院，是云南省最早的一所公立医院，从1932年6月动议到1939年4月1日成立，历经7个春夏秋冬。其中不仅凝聚了当时云南省政府主席龙云的夫人李培莲女士的遗愿，反映了云南省人民对健康诊治保障的需求与期盼，更体现了省政当局在国贫民弱、百废待兴，尤其在抗战初期国难当头、才财两乏的艰难时期，毅然坚持开启云南

中华人民共和国成立初期的昆华医院大门

人民健康与卫生事业发展的信心和决心，其作用与影响至今福泽后人。在云南省档案馆里保存的昆华医院历史档案资料静静地诉说着那几十年前医院艰难筹建与发展的故事。

十九世纪末，西方医学在我国沿海一带及内地已有较大发展，云南位于中国西南边陲，属高原地带，交通不便，民族众多，经济文化不发达，医药卫生更是落后，到二十世纪初，云南还没有一所正规医院。从民国初年起，作为省会的昆明才陆续建立了陆军、宏济、大法、甘美、惠滇等规模甚小的医院，且都是私立或属于英法教会所办，对民众的健康与疾病的诊治十分不利。1932年6月，当时身居云南省政府主席的龙云，其夫人李培莲因难产而谢世。临终前她留下遗言，将其首饰珠宝变卖作为基金，盼望筹建省立医院，以达云南人民健康保障所需。李培莲受新文化影响，具有民主思想，和民主人士多有交往。她与龙云共同生活十年期间，被称为龙云的贤内助，不仅为龙云整理文稿，在龙云处于滇军政治军事斗争的艰难时候，她以超乎女性的智慧、魄力和胆识，挽狂澜于既倒，扶龙云于将倾之境地。如1927年6月14日，滇军将领内讧，龙云受伤被擒获，史称"六·一四事件"。她不惜倾家之财，调兵遣将，奔走营救，使龙云得以脱离险境、得以主政云南18年。李培莲在诗词写作方面也颇有造诣，常与当时云南文化知名学者交往并有唱和之作，有20余首《红藕轩》诗词稿编辑石印成书。李培莲的离世，让龙云倍感哀伤，更对夫人的遗愿感受深切，他多方酝酿寻求支援，下定建立省立医院之决心。1932年10月，云南省政府309次会议，在龙云主席的提议下，正式议决成立一所省立医院。随即成立以省民政厅厅长朱旭为主任的筹备处，负责建院筹备相关事宜。拟订筹建费除龙云夫人首饰遗物变卖所得之国币5万元外，其余由筹备处向社会各界发起募捐，设备费则待医院建成时再由省财政厅拨国币10万元购置。募捐活动得到社会各界的重视与支持，许多社会名流纷纷解囊，捐款资助。期间筹备处主任朱旭病故，由继任的省民政厅长丁兆冠负责建院事宜，共筹集旧滇币336600元。在筹备与建设中，由于选址和设计问题，从1932年至1937年三次易址，才得于正式修建。第一次院址选择在大西门外胜因寺东侧（原昆明师范专科学校地址），便积极动工，1934年完工，但由于缺乏经验，选址处于学校区域，其设计又不符合办医院要求。经云南省政府411次会议议决，将建筑以原价转让教育厅，作为昆华师范学校校舍，医院院址由省民政厅另行选址，重新建筑。第二次选址在城南外警察学校即宝善街中段蔡公河，因地盘狭小不利发展而了结。直到1936年才确定在当时昆明城南外金碧公园为建院之地点（现今昆华医院地址），并扩大了建院用地范围，由云南卫生实验处处长姚寻源兼负筹建省立医院之责。为了科学设计医院功能用房，避免第一次设计不符合办医院要求问题的发生，筹备处聘请中央卫生署及上海的工程师基泰丁等提出设计图纸，聘请张以文来云南指导建

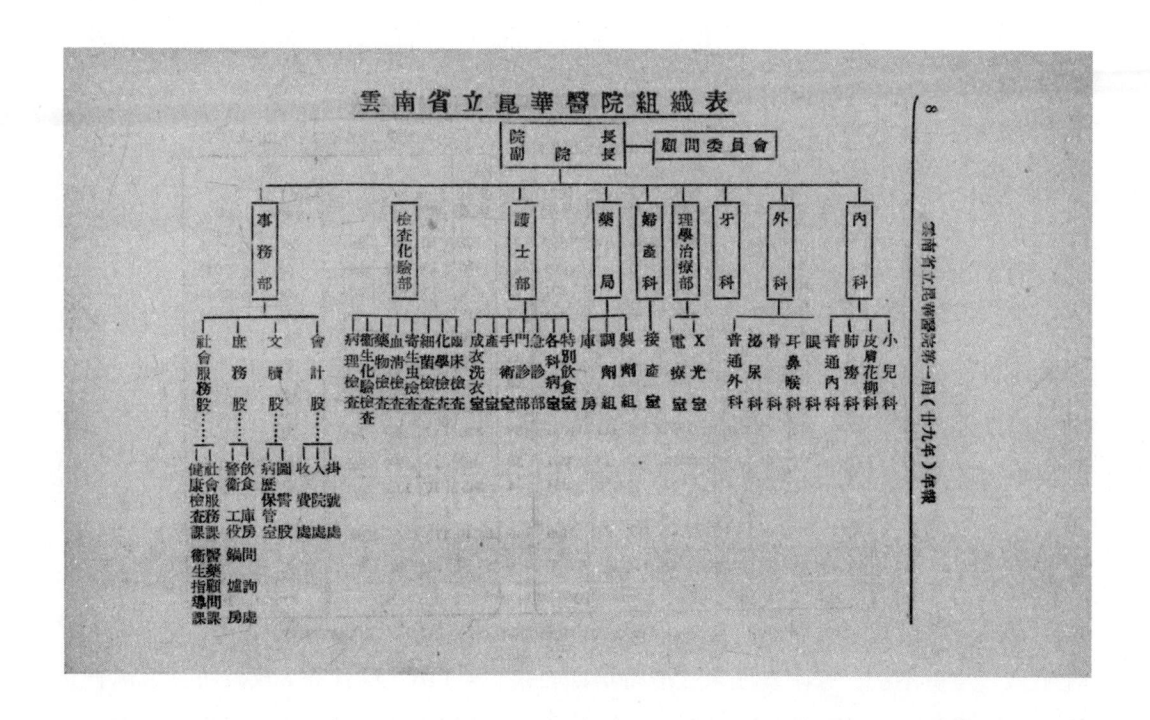

云南省立昆华医院组织表

云南省立昆华医院第一届（廿九年）年鉴

筑。1937年2月正式动工兴建医院，先后建成门诊部、住院楼、宿舍、食堂、锅炉房，以及以龙云夫人李培莲的书斋名命名的"红藕轩"医院纪念堂，共耗资387000银元。全部建筑于1939年初竣工，1939年4月1日正式成立，并开展全面诊疗工作。医院筹建过程中，经省府委员会1933年6月9日第340次会议议决，定名为"云南省立昆华医院"，昆华者昌盛也。从此，云南结束了无省级医院的历史，出现了我省最早的一所中国人自己办的省立医院。当时昆华医院职能是预防、治疗各种疾病，并与省医药卫生部门合作训练医药技术人员，该院隶属省政府，受民政厅监察指挥。设院长一人、副院长二人，筹备期负责人是姚寻源，主要负责医院的规划、建设、实施，以及医院设施设备的购置与医技人员的组织等前期工作。省立昆华医院正式成立后，首任院长由毕业于国立同济大学医科的秦光弘担任，副院长由徐彪南和毕业于上海震旦大学医学院的缪安成担任。建院伊始，医院设置了院长室、内科、外科、妇产科、牙科、药局、理学治疗部、护士部、检查化验部、事务部，120多个床位，各科部设主任一名，由院长提名遴选请省政府核委，具体负责各项业务工作。

时值抗日战争期间的昆明，敌机突袭频繁，医院除日常诊病之外，救济空袭难民、服务美国盟军内之中国同胞也成了昆华医院的一项繁重任务。同时医院还开办各种战时救护训练班、组织医疗救护队，接受上海医学院、同济大学医学院、河南大学医学院、贵阳医学院、省内各类医校学生的实习培养，还负责政府主要职员的保健、新兵、留学人员的体检和防疫接种等等任务。部分医师还受聘兼任云南大学医学院、云南军医学院、云南省昆华高级护士助产学校的教师、教授。历史资料显示,医院自成立起就成为云南省医疗中心和教学与保健基地。直至1940年建院一周年,全院职员增至85人,其中,医师25人、护士35人、事务人员25人。年门诊量23964人次,年住院人数1416人次。当时云南作为抗日战争时期的大后方,全国各地许多医学院校纷纷迁入,使得昆明云集了一大批出于高等学府,甚至留学国外归来的名医名流。年轻的云南省立昆华医院引人注目,应聘任职者甚多。他们当中的各学科专家徐彪南、陈王善继、陈祖蓥、徐声灏、周以敏、梁舒文、黄荣增、苏树言、程一雄、王承烈、王舜芝、缪安成、杨葆华等等成为当时医院的骨干。他们的医德和医术为医院的发展奠定了基础,为医院的盛名增添了光彩。到1944年,年门诊量升至29121人次,年入院人数达2900人次,病床150张、职员120余人。抗战结束后,许多来自省外在院任职的医务人员纷纷离开,另行谋职或返回故乡,医院职员有所减少,床位也减少至128张。1949年,时值建院十年,由于管理不善,经费不济,医院发展未能取得预期效果,8月16日经省务会议议决,云南省立昆华医院更名为"云南公立昆华医院"。由官办转为民办,接受社会力量资助和充实,脱离政府直属关系,由地方热心公益人士组成董事会主持,据此,医院实行董事会下的院务委员会制,废除了院长制。董事会由知名人士20余人组成,时任建设厅长的杨镜涵为董事长。1949年12月9日,卢汉起义,云南和平解放,1950年2月中国人民解放军进入昆明,4月15日,医院正式移交昆明市军事管制委员会驻昆华医院军事代表任慰农,7月又由军管会卫生接管部移交云南省人民政府,省政府交由卫生处(省卫生厅前身)主管。11月14日,省人民政府将云南省公立昆华医院更名为"云南省昆华医院",指令省卫生处处长王抗博兼医院院长,苏树言、徐彪南为副院长,医院原有的董事会和院务委员会停止工作。

  中华人民共和国成立后,医院开始了新的里程,科室设置逐步扩大、职工人数逐年增长、工作量逐年上升、业务技术不断发展提升。医院建院75年来,先后6次易名,每次易名都标志着医院的改革与发展。1996年9月25日,医院重新更名为"云南省第一人民医院",同时增设第二名称"昆华医院"。经过几代人的不懈努力,尤其是改革开放三十年来快速发展,昆华医院已建设成为一所专业人才密集、科学配置合理、设备仪器先进、临床教学共融、高度综合与高度专科结合、整体医疗水平较高的省级大型综合性医院。昆华医院是全国三级甲等医院、"百佳医院"和昆明地区"十佳医院",承担着医疗、教学、科研、预防、保健、指导基层、灾难性急救和涉外服务等繁重任务。到2009年止,医院除了总院外,还增建了金碧医院、安宁医院、世纪金源医院、金牛医院、红云医院、温泉医院等分院，确立并在践行昆华医院集团建设的奋斗目标。现拥有编制床位6160床，在编职工2018人，其中，高级职称专业技术人员382人；有医疗业务科室61个，含省内重点专科12个。

  数字彰显着发展，荣誉见证着成效。有着75年历史的昆华医院，无论是过去龙云夫人遗愿的成真，还是今天发展的辉煌成就，在云南医学史上都有着浓重的墨彩。如今的昆华医院始终秉承"勤奋、严谨、博爱、创新"的院训宗旨，坚持"以病人为中心，一切为了病人"的务实精神，从解决看病就医的基本民生问题着手，积极探索医院管理、建设和发展的新路，继续不断地造福云南人民，为云南卫生事业做出积极贡献。

  本文收入云南人民出版社2014年12月出版的云南记忆系列丛书——《话说云南老字号》

档案里的云南百年

——为纪念辛亥革命一百周年

档案是人类活动的真实记录，是人们认识和把握客观规律的重要依据。档案管理的历史源远流长。我国从汉朝就开始设置档案保存的机构，如兰台、东观、石渠，唐设史馆，宋、元为架阁库，明为皇史宬、古今通集库，清为内阁大库。重"史"的理念使得档案的保存和整理工作从未间断。中华五千年文明的传承，历朝历代档案管理工作功不可没。

云南省档案馆是省级国家综合档案馆，负责集中保存管理云南历史档案和云南省级现行机关档案，并向社会各方面提供服务。截至2010年底，省馆馆藏档案资料共有545个全宗（立档单位），计970995卷（件、册）。

经过百年的积累和历代档案人的辛勤努力，上百万卷反映云南地方政治、经济、文化、社会发展历史轨迹的档案资料得到科学管理和有效利用。为推动云南的发展，为爱国主义教育、为云南乃至中国近代史学的研究起到了极大的参考和凭证作用。百年来，历史变迁，风云变幻，档案里都有迹可循。为纪念辛亥革命一百周年，为展示馆藏经典，以及辛亥革命对云南的影响。笔者简要阐述档案里的云南百年，以便社会各界对档案史料用时有线，查时有据。

一、馆藏清代档案再现云南清末时期新学、科技、革命的浪潮和清政府的衰败，是研究云南辛亥革命起因的重要依据

馆藏清朝档案主要是同治六年（1867）至宣统三年（1911）云贵总督和布政、按察、交涉、提学使司，粮储、劝业道等机构形成的档案，计12000余件。

中法战争后，云南步入半封建半殖民地社会，在法国殖民者以强权取得滇越铁路经营权后，随着该铁路的修筑通车，云南社会经济文化等诸多方面都发生着巨大而深刻的变化。在殖民者血腥扩掠夺的同时，客观上云南地方亦呈现多元化的对外开放局面，

海外留学生的派遣，西方科技的引入，云南近代金融、交通、水电、电信开始起步，民族工商业开始萌芽。经济上，云南拥有全国第一座水电站，经济作物的广泛种植影响深远；政治上，腾越起义、重九起义及辛亥以来的历次革命浪潮，云南均处在风口浪尖，护国讨袁首义，云南更是引领风骚，享誉全国。这一切，在云南树立了一种不落人后的先进省份形象。另一方面，滇越铁路主权的丧失，七府矿权的出卖，镇压孙中山领导的革命党人的所作所为，民主、科学思潮在云南的掀起，也预示着清政府的腐败与无能，昭示着辛亥革命的必然和清政府的必亡之路。这部分档案是研究辛亥革命起因的重要依据。

二、馆藏民国档案是云南自辛亥革命以来护国、护法、军阀混战及云南抗战的真实记录，是研究辛亥革命对云南影响，以及民国时期云南政党与政治的重要史料

云南和平解放，民国档案得以完整接收下来，共有档案154个全宗300752卷，较全面地反映了云南自辛亥革命以后至1949年的历史。云南境内发生的一些在国内外有重大影响的事件，都与辛亥革命、五四运动的影响紧密相连。馆藏中有过云南反对封建的"重九起义""护国运动"的辉煌；记录着龙云、胡若愚、张汝骥、李选廷四镇守使联合推翻唐继尧统治的"二·六"政变；有反对英帝国主义武力侵略西南边疆的"班洪事件"；演绎过滇军中原抗日、血战台儿庄的英勇和滇西抗战、中国远征军赴缅作战、云南人民支援抗战的民主运动；有过修筑滇缅公路的动人诗章；也发生过民主斗士李公朴、闻一多倒在黎明前的黑暗之中的血腥惨案。从这片红土地的高山峡谷中相继走出过袁嘉谷、熊庆来、艾思奇、聂耳等一批传播现代文明圣火的莘莘学子。档案里对这些重大事件的起因、经过、影响都有较完整、全面的记录，其中不乏国内一些知名人士撰写的电报、文章、手稿，如护法运动中孙中山与唐继尧来往的密电，抗战时期滇军出师参加台儿庄、武汉保卫战时蒋介石、李宗仁、何应钦与云南省政府主席龙云的电文，"李闻惨案"发生后党内外知名人士周恩来、董必武、邹韬奋、马寅初等人的悼词、挽联手迹，云南和平起义前后云南省政府主席卢汉与中共领导人联系商讨起义的来往文电等。这些档案不仅是云南近代历史的珍贵记录，更充分体现着云南民国时期的政党、政治在中国近代史上的特点和影响。

三、馆藏革命历史档案数量虽少却再现着中国共产党为取得云南的解放进行了艰苦卓绝的斗争，对研究云南党史和云南解放有着重要的凭证作用

馆藏革命历史档案是中国共产党在云南从事革命活动中形成的珍贵档案史料。在革命斗争环境恶劣、党组织屡遭破坏的情况下，能保存下来的史料只有很少的一部分。省档案馆通过到全国各地征集、接受个人捐赠的方式，又从馆藏民国档案中整理了一部分，组成了中共云南地方党组织活动历史的档案，计1200余件。

从民国档案中体现的"九九整肃""李闻惨案"我们可以看到国民党的黑暗统治，从"一二·一运动""七·一五"反美扶日运动，我们又可看出素有"民主堡垒"之称的昆明学生及云南人民追求民主、自由的决心和不屈不挠的精神，从云南起义、昆明保卫战、滇南剿匪的历史档案我们可以感受到云南人民为新中国的成立所付出的努力和牺牲。

馆藏革命历史档案还包括红军长征过云南时的珍贵档案。主要有：1936年2月21日红二、六军团经过川滇黔时散发的《中华苏维埃人民共和国川滇黔省革命委员会布告（第四号）》原件及收集时拍摄的照片、底片；1936年5月红二、六军团经过中甸时发布的中华苏维埃人民共和国中央革命军事委员会湘鄂川滇分会委任令；富源县白水公社关于红军路过白水村情况回忆及红军遗留物品目录。

档案中同样包括云南地方党组织及其领导的武装活动情况档案。有云南地方党组织与中央和南方局来往文件；中共桂滇边、滇桂黔边、桂滇黔边、云南省工委档案；滇桂黔边区各党委及边纵编印的战报、政治读物；云南地方党组织领导下的群众团体、民主运动形成的档案；中共云南地下党组织工作回忆。王复生、王德三、张伯简的档案。中国人民解放军西南服务团云南支队的档案等等。

四、馆藏中华人民共和国档案显现着建国初期和"文革"时期国家建设的艰难与曲折，也反映着改革开放以后云南所焕发的勃勃生机和无限的活力

大量生动具体的历史资料，对云南在中国共产党的领导下加强民主、改善民生、实现中国特色社会主义的历程研究具有重要的参考作用。

历史同样真实地记录了中国共产党人在这片土地上所创造的惊人业绩。共计档案有237个全宗546040卷（件）。

中华人民共和国成立后档案集中反映了云南各族人民在中国共产党领导下进行社

会主义革命和社会主义建设的情况，特别是改革开放以来云南省在各个领域发生的巨变和取得的突出成绩。有中国人民解放军西南军区昆明市军事管制委员会接收旧政府、筹建各级人民政权、没收官僚资本、维护革命秩序的执政文献；有中共云南省委、省政府召开重要会议的详细记录；有政治建设和历次政治运动在云南的惨痛教训；有云南省各地建制、行政区划的设置和调整、民族区域自治州（县）成立、加强边疆民主与团结等问题的请示和报告；有工业交通、农林水电、基本建设、财政金融、商业贸易、劳动工资、国防科技、改善民生等领域取得长足发展的政策措施；有思想宣传、政治教育、新闻出版、卫生体育、文学艺术等领域欣欣向荣的历史记录。

总之，在这行色匆匆的百年历史里，云南省档案馆保存着一件件珍贵的、不平凡的历史和故事。从护国运动的第一枪，从云南第一个党支部的建立、红军长征过云南、到云南和平解放，以及在党的领导下云南少数民族跨越了几个社会发展阶段进入了社会主义社会的脚步，馆藏档案里都真实地再现着云南精彩的百年。

刊登在《云南档案》2011年第10期

民国时期一部务实的工具书

——《乡镇手册》

乡镇是中国农村地区的基层行政建制单位。乡建制，萌芽于春秋战国之际，定型于秦汉时期；镇建制，始于北魏，现代镇建制出现于清末。乡镇建制随着社会历史的变迁和时代的发展不断地演变。

在任何现代国家，只要管理达到一定人口数量都会设置政府。设置乡镇政府旨在维护本地秩序、发展本地经济、促进本地社会进步。中国设置乡镇政府并对其规范管理的历史超过半个世纪，自民国以来，进一步强化了乡镇的规范管理。在云南省档案馆馆藏中，就有一本1948年1月由云南行政月刊编审委员会主编，云南省政府发行的《乡镇手册》，32开本，490页，约26万字，属云南行政业书之一，具体编辑者为倪肇鹏。它详细反映了民国时期乡镇的机构设置、人员编制和工作内容，包括国民政府的法律法规、有关乡镇工作的方针政策、中央及云南关于乡镇基层组织工作的办法和措施。其中还收集了当时有关云南经济发展的有关资料和数据。是民国时期云南乡镇工作开始规范管理的一个具体体现。

《乡镇手册》的作用和意义，时任云南省政府主席的卢汉在题词中明确写道："一国之大，乡镇所积。乡镇自治，宪政基石。谁固其基，人人有责。涂辙宜循，视兹手册"。时任云南省政府秘书长的朱景暄在题词中写道："三十七年，行宪伊

《乡镇手册》中卢汉题字

始。如累高台，自基层起。宪政基层，乡镇是矣。乡镇何依，手册在此"。说明了中国乡镇的重要和编辑手册的必要。

该手册专供给乡镇服务人员，包括乡镇长、保甲长、乡镇公所干事、乡镇中心学校教育人员、保国民学校教育人员和乡镇民代表使用，其中内容具备了一切有关乡镇工作所需要的参考知识。目的在于提高乡镇服务人员的业务技能、知识水平和工作效率。

《乡镇手册》共分四编。正文之前印有中国行政区划图、云南省行政区划图、云南省公路交通状况图、云南省邮区分布图、云南省电信电话分布图、云南省各市县局面积统计表、云南省各县局户口统计表、云南省各县局乡镇保甲数目统计表。从图表中我们可以了解到，截至1947年底，云南全省有113个县，16个设治局，2个对汛区，1417个乡、镇、区，13061保，131081甲。此部分对于乡镇工作人员了解全省行政设置、土地面积、人口数目、行政区划变迁，以及云南的交通、邮政、电信的发展状态，树立全局意识有很大的帮助作用。

手册第一编"行宪须知"，是供给乡镇人员了解推行宪政应有的基本认识。包括"中华民国宪法"制定的经过，行宪的准备，宪法中的省县制度，选举和罢免等内容，从中可以明了宪法在一个国家的作用，省县的地位、责权和公民的权利。

第二编"乡镇业务"，是供给乡镇人员推行乡镇业务的方针及实施的具体办法。包括乡镇保的概念、权责与义务，如何办理乡镇户籍以及乡镇选举、乡镇教育、乡镇警卫、义务工役、田赋征实、征兵的具体方法和措施，如何建立健全保甲组织、如何建立乡镇财政、如何实施乡镇造产、如何推进乡镇合作社、如何改进乡镇卫生等等，在手册中都明确了相关政策和操作的方法程序，对于乡镇服务人员尽快适应乡镇工作有很强的指导作用。

第三编"法规汇编"，收集有八十六部中央和云南省制定的关于行宪法规、地方自治重要法规、乡镇组织法规、乡镇民意机关及选举法规、乡镇业务及其他有关法规，其中云南地方制定的法规有四十一个。所选编的法规都以最新适用或曾经修正者为主。这一部分对于乡镇人员熟悉掌握国家和地方的法律法规，增强以法办事的意识和能力有不可替代的作用。同时对于今天我们了解民国时期有关乡镇工作的法律法规，并通过这些法规研究民国时期执政者对农村工作的认识和作为有着重要的参考作用。

它包括《中华民国宪法》《国民大会代表选举罢免法》《立法委员选举罢免法》《国民大会代表选举罢免法施行条例》《立法委员选举罢免法施行条例》，还包括重要自治法规《各县级组织纲要》《地方自治实施方案》《县参议会组织暂行条例》。乡镇组织法规有中央颁布的乡镇组织条例、乡镇调解委员会组织规程，有云南省制定的各属乡镇公所、保办公处组织规程、办事细则、设备标准、乡镇保务会议规则、文书处理法、乡镇长交代办法。

乡镇民意机关及选举法规：有中央颁布的乡镇民代表选举条例、会议规则、成立县各级民意代表机关步骤；有云南省颁布的云南省各市县户长会议规则、保民大会组织规程、大会议事规则、乡镇民代表选举规则、乡镇民代表会组织规程、议事规则、云南省各县局改选乡镇长办法。

乡镇义务法规，包括管理法规：有中央颁布的户籍法、户籍法实施细则、保甲户口编查办法和乡镇保应办的三十四个事项；云南制定的云南省各属保甲户口编查法施行细则、乡镇户籍干事办事细则、保办事处户籍登记员办事细则、保甲规约实施办法。

教育法规：有中央颁布的乡镇中心国民学校设施要则、保国民学校设施要则、修正保国民学校及乡镇中心国民学校基金筹集办法。云南省制定的云南省国民教育示范区实施办法、云南省各县保国民学校及乡镇中心国民学校办理通则、学校造产实施办法。

经济建设法规：中央颁布的乡镇造产法、县各级合作组织大纲、县乡镇合作社章程、乡镇财产保管委员会组织规程、县乡镇营建实施纲要、乡镇临时事业费设置及动支办法、国民义务劳动法；云南省制定的云南省各县市局乡镇造产委员会组织章程、乡镇造产办法实施细则、云南省实施造林规则、林产管理规则、策动民力开垦荒地施行细则、促进家庭牧畜副业办法纲要、修正云南全省修整旧道暂行规则、云南省各县局公路修筑法、云南全省仓储施行细则、仓储监督管理营运办法、云南省各县市局合作金库保管贷放积谷规则、仓储监察委员会组织规程、云南省暂行捐房征收规程。

警卫法规：兵役法、妨害兵役治罪条例、兵役实施法、云南省各属乡镇保甲人员协助地籍整理办法；县警察组织大纲、警察保甲及国民兵联系办法、县各级卫生组织大纲、县卫生工作实施纲领。

烟草法规：中央颁布的禁烟法规：肃清烟毒善后办法、禁烟禁毒治罪条例、查禁烟种规则、举发烟毒案件给奖办法、云南省禁种鸦片后农业生产抵补办法草案；云南省制定的查产烟苗办法、云南省各县联合查禁种烟办法、省县连界地方联合查禁种烟办法、云南省各县局收毁罂粟籽办法、禁种罂粟有关人员职责奖惩办法。二五减租办法、二五减租补充办法。新生活运动规章、各乡镇新生活运动促进会组织大纲、倡导民间善良习俗实施办法、新生沽须知等等。

其中，乡镇保应办的三十四个事项是：办理户口调查及户籍人事登记、编组训练国民兵队、维护地方治安、预防天灾人祸、赈灾济贫育幼养老、办理国民学校及中心学校、调查登记学龄儿童及失学儿童、办理成人补习教育及职业训练、办理民众教育馆体育馆及其他民众娱乐场所、筹集国民教育基金、调查整理地方公有款产、调查登记公司荒山荒地、改进渔林畜牧、办理农产品改良运销、改进手工业、举办农工业产品比赛、兴办其他各种造产事业、兴修桥梁河堤堰闸池塘、修筑保护四境道路、修筑街市、架设保护乡村电话、创立合作社经营各种合作事业、协助调查地价、设立卫生所及保健药箱、提倡灭蚊灭蝇运动、取缔不洁饮食品、设置公墓、掩埋露尸露骨、禁烟禁赌取缔游惰、改良风俗革除陋习、奖励节约储蓄、调解纠纷、保护名胜古迹、其他乡镇保认为应行举办之事项。

以上部分是整部《乡镇手册》的重头，全手册490页，仅第三编就有403页。把法律法规作为重要内容汇编在《乡镇手册》中，对乡镇工作人员应具备的基本素质提出要求，反馈给我们的一个重要信息是，民国时期云南省政当局，在管理乡镇基层组织中，已经把法制作为一个重要内容来对待和建设，现代乡镇管理理念已经开始成为执政者的一种具体行为。

第四编"附录"，专门介绍云南人民企业股份有限公司概况，包括该公司筹备改组及成立经过、组织及规章、董事监察暨总副协理、现任职员名录、公司业务现状、未来的展望。云南人民企业股份有限公司是当时云南唯一的经济组织。对公司的介绍可使乡镇人员对云南企业状况有个基本的了解，对增强乡镇服务人员的经济发展意识有启示作用。

分析云南民国时期《乡镇手册》，从其编审者和发行者来看，它是一本属于政府行为的农村施政务实手册，是乡镇服务人员必备的一本工具书。它不仅再现当时中国乡镇政府设置的宗旨、要求和作用，还反映了国民政府的农村工作管理理念。它不仅对乡镇工作具有普遍的指导作用，还结合云南实际，具有很强的针对性。尽管现实当中，由于诸方面的原因，民国时期的乡镇政府没有如同手册中的要求发挥作用，其中的一些政策、方针、方法、手段由于历史的局限也具有其片面性和落后性，不以人为本。但是从另一侧面反映了云南当时的政治、经济及农业农村的发展状况和云南当局对规范乡镇建制的心愿和行为。作为一个边疆民族省份，其执政者能对其基层行政管理做出规范性的要求，在当时也不失为一种先进的管理理念。从其所汇编涉及的内容来看，该手册对研究中国基层组织史、云南地方史及中国地方法制建设史具有重要的参考作用。同时，对于今天提高对新农村建设的必要性和重要性认识，促进新农村建设的发展仍有一定的借鉴作用。

中国目前仍是一个农业大国，乡镇是中国农村的重要基层组织，也是我们国家建设与发展的基础力量。资料显示，截至2006年底，全国乡镇总数为34675个，街道办事处共有6355个。从1998年开始，我国乡镇处于大规模撤并过程之中，乡镇撤并是今后一个时期农村改革的一项重要内容。但尽管如此，乡镇作为一级建制仍将延续。作为共和国最贴近乡村百姓、规模最小、法定职责最清晰的政府，乡镇政府的行政有其特殊性。欲成为一个"现代"国家，我国也必须让绝大多数人民像发达国家的人民一样富裕。变"农村中国"为"城市中国"。党中央提出了"建设社会主义新农村"的任务，要求各级政府积极作为，向先进地区学习，帮助农民积累"社会资本"，自我组织，联合起来战胜贫困，实现中华民族的伟大复兴。为实现这一目标，国家制定了一系列方针政策措施，尤其鼓励大学生毕业到乡镇、到农村当新型农民和新型村官的号召，受到了大学生和乡镇基层组织的欢迎。但如何借鉴历史和前人的经验，使新时期的乡镇干部和大学生能适应新农村建设的需要，给新农村建设中的乡镇工作赋予新的内涵，使其管理更加制度化、规范化、科学化，是值得今人深入研究和思考的问题。卢汉先生在《乡镇手册》中的题词说得好："一国之大，乡镇所积。乡镇自治，宪政基石。谁固其基，人人有责"。

刊登在《云南档案》2009第12期

抗战时期的云南边疆民族政策

民族政策是掌握国家机器的统治阶级处理民族问题、调节民族关系的观点、态度、意图、方法、策略、措施和对策的总和及集中体现。是民族关系的调节器，不同的阶级、不同的时期有不同的民族观。

抗战时期，由于日本帝国主义对中国的大肆侵略，我国各民族和外国侵略者的矛盾成为当时的主要矛盾。云南地处我国西南边疆，民族众多，特殊的地理位置使云南的民族问题更加复杂起来。如何维护边疆民族的团结和稳定，共同抵御外侮，保证我国西南边土的完整，成为当时民国政府和省政当局的首要问题。民国政府和省政当局在处理这一特殊时期的民族问题过程中形成了相当一部分反映和记述云南少数民族问题和内容的档案史料，这部分史料保存在我馆民国时期省政府秘书处、省民政厅、省教育厅全宗里。它是云南省档案馆馆藏的重要内容之一，对近代云南民族史、地方史的研究有积极的参考作用，同时对西部大开发也有一定的借鉴作用。本文就根据馆藏的这部分史料，对抗战时期民国中央及地方当局在云南制定和推行的边疆民族政策的背景、内容作一简要分析和评述，以起抛砖引玉之用。

一、背景分析

云南地处我国西南边疆，西接印度、缅甸，南毗越南、老挝，有长达4000多公里的国境线，自古以来是一个多民族聚居的地区。少数民族分布占全省总面积的四分之三，主要居住在边境一线和腹地的广大山区，各民族经济文化发展极不平衡。云南的民族问题历来是一个较严重的社会问题，不仅关系着边疆民族的团结与稳定，又是国防重地。纵观历史，由于历史、地理诸方面的原因和大汉族主义思想的影响，在封建社会，统治者不注重边政，贱视云南边疆的开发与建设。尤其是清朝中叶以来，随着欧洲资本主义的迅速发展，帝国主义列强掀起了瓜分中国的浪潮。由于清王朝的腐败无能，云南也不例外地被划入了英法的势力范围。边疆民族地区被接连不断蚕食侵吞，我国西南屏藩主权丧失数不胜计。清光绪二十六年（1900），英缅军武装侵入云南茨竹、派赖等地，烧毁村寨，杀死边寨山官，掠夺茶山要地。清宣统二年（1910），又占领片马、岗房、古浪等地，并在滇滩、班瓦、哑口及明光、大哑口一带私立界桩，大修道路。民国以来，军阀混战，当局仍无暇顾及和重视边政问题，认为边疆民族是野蛮民族，对边民生活极少过问，致使云南边疆民族长期处于半开化社会。英帝国主义者借机更加紧了对云南边疆的侵略，进而占领户拱、作为其印缅公路线所经之地，占领江心坡，作为其凯视腾冲、永平的据点。民国二十三年（1934），又侵占班洪、班老地区，受英方唆使、鼓动、威逼，居住在边境一线的大量少数民族纷纷举家逃离边境，进入缅甸。这种不修边政，坐视民族问题不问，致使疆土不保、民生不安的局面，在全国引起了极大的反响。云南旅京同乡成立了滇缅界务促成会、后援会等组织，纷纷呼吁政府重视边政，解决界务，宣抚边民，保障边土。期间，民国政府及地方当局虽采取了一些调查宣抚云南各少数民族的政策，但由于没有从根本上认识到民族问题的重要意义，也就提不出解决这一问题的全面纲领和具体政策。

1937年，抗日战争全面爆发以后，国内形势骤转，华东、华北大片国土相继沦陷。特殊的地理位置使云南成为抗日战争中极为重要的大后方。云南不仅担负着支援前线的重任，而且在滇南、滇西还直接面对着日寇的侵略，担负着正面作战的重任。面对日本帝国主义的大肆入侵和复杂的民族关系，云南的边政问题、民族问题不得不再次提到了当局的议事日程。但是，在抗战爆发前，由于种种历史原因，政府对云南各民族的基本情况掌握不到位。云南究竟有几种民族，各民族的分布情况如何，其社会政治、经济、文化情况怎样等等一系列基本问题尚未得到深入调查研究。经营开发边疆民族地区的方案便无从着手。边地一些土司、土官、土民由于缺乏国防观念和国家民族意识，在日军的唆使、悠惠下，不断出现民心外向的危情。于是，团结云南各族人民共同抗日，稳定地方秩序，防止帝国主义者的利用，开发云南边疆支持抗战，成为云南抗战时期社会政治生活中的头等大事。这就迫切要求政府对云南各民族的历史、政治、经济、文化及其分布有一个全面的认识，并在此基础上提出一整套团结各民族人民，发展各民族经济的可行方案。基于以上种种内忧外患，民国政府及省政当局制定和推行了一系列经营开发云南、增强抗战力量的边疆民族政策。

二、政策内容

（一）政治

反对外来侵略，对外谋民族独立，对内求民族融合、团结，强化中华民族整体意识，保证边疆的完整与安全，是抗战时期的一项重要的民族政策。

1. 设置"云南省苗夷民族问题研究会""云南省边疆行政设计委员会"等组织，管理、研究边疆民族事务。其职责包括：网罗专门人才，从事调查边区各民族生活、经济特产、山川地理、国防界务、行政组织诸实况，拟具边地革新具体方案；收集历来边区行政档案、各县地方志书、有关边地著作及边区物产标本、民俗物品等等，以借研究；与边区各县建立通讯网，使边地动态能随时迅速传达；与地方干部训练团取得联络，对召集来省受训之各县局行政人员加受边疆课程，使其对本省地区有正确认识，拟具边疆县区具体实施计划；逐渐划出边疆地区，实施新政，以达在民族地区宣传政府"德威"、普及文化教育、促进边疆开发、谋求"汉夷民族"融合的目的。

2. 在云南全省进行大规模的少数民族调查研究活动。1938年，民国政府行政院、内政部、外交部、军事委员会及省政当局都发有有关边区民族调查的训令、指令、通令、咨文，要求对西南地区，尤其是云南少数民族的种类、分布、户籍、人口、语言、文化教育、边民历史、生活习尚（包括衣、食、住、行、婚丧礼俗、宗教信仰）等情况进行全面的调查，并根据调查材料对云南民族族别、分布、社会组织、制度、经济生活、文化现象、变迁、历史源流以及边地的开发等等问题进行深入的研究。这一政策的施行，使当时云南的民族研究成为抗战时期中国民族研究的重要组成部分。由此形成的一批云南民族志著述和有关云南民族问题的专题论文、调查报告、纪实报道及开发建设边疆民族地区的方案，成为后人研究云南地方史、民族史的珍贵史料。

3. 注重建立政府在边疆民族地区的威信。1939年，民国政府颁布了关于"为团结整个中华民族，边疆同胞应以地域区称为某地人，禁止沿用苗、夷、蛮、獞、猺等称谓"的训令。1941年，国民党五届八中全会又通过了《关于加强国内各民族及宗教间之融合、团结，以达成抗战胜利、建国成功之施政纲要》。省政当局根据云南情况也制定了"云南边地党政教育设施计划"，主要内容包括：

对于边疆各民族一切设施应本平等立场，与内地人民一视同仁，培养其自治能力，改善其生活，扶植其文化，以期潜移默化，确达各民族精诚团结共赴国难之目标；对于边疆一切设施以尽先为当地土著人民谋利益为前提，党政教合作，相互并进，以期境进其身，达到改善其生活及政治组织的目的；尊重各民族之宗教信仰及优良社会习惯，协调各民族之感情，以建立"国族统一"之文化；对边民应不分畛域、种族予以党义及现代化公民常识的训练，以坚强其信仰，增进其国家民族观念和爱国意识；移风易俗，注重移民，提倡汉夷通婚，以收同化之效；边疆地方政府及各级边政机关应适应环境情形，尽量以任用各民族人士为原则，其优秀者特广选拔，使其参与中央党政，以收集思广益之效。

培养边地党务、政治、教育人才,吸收边民中优秀分子及对边地工作有兴趣与勇气者,分别送往党务干部训练班、行政人员养成所及师资训练班等培训,灌输边地工作知识能力,毕业后派赴各地工作。慎选边官,提高其待遇,任用廉明干练、谙熟边地情形以及勇于边地工作的官吏从事边政;拟订并实施优待边官方法,鼓励前往边疆工作,选派边地政务视察员巡回视导。由省政府于每年考绩期间指派高级视察员分区视察督导,或由民政厅经常指派视察员分赴边地轮回视察,就便采察民情以补书面考核之不足,而作改革政治之参考;设置腾龙边区督办,集中权力,由省府委派干练长官办理边政,以增行政效率;起用边地优秀土司头目,委予地方乡、保、甲长职务,官民协力,共谋政务之改进;重视国防建设,调查沿边山川、河流、地理险要、村镇位置,并绘制详细地图,顺应边民个性,训练边防战士。

(二)经济

1. 发展交通。迅速开辟边疆各地之主要公路、铁路,修筑各土司所在地之市、街及其佃户所在地之通街,以及村落来往之道路和与各属联络之道路,使边区接触外界文化,加强内地与各民族之间的经济文化交流。

2. 消灭疟疾瘴毒,扫清开发边疆的障碍。向边民宣传防疟治瘴知识,培养边民卫生习惯。充实边区卫生院、所设备,加强边地人民的身心健康。

3. 移民屯垦。奖励并保护内地人民自由移至边区从事开发,疏散北方沦陷区难民前往边地经营发展。

4. 调查边区矿苗,开发矿产资源。由官商集资组织边区垦殖公司,经营边区矿产开发事宜。

5. 提倡种植。由县府备办苗种分发给人民,规定每家种植数量,倘有死亡自行补种,待有收获时,大部分归人民,小部分纳入政府。

6. 提倡畜牧和小规模工业。在滇西北、东北由于气候寒冷土质贫瘠,不宜农耕种植。维西、德钦一带虽雪季较长,但有数百里草原不受冰雪影响,是天然牧场。抚导牧民改良牲畜交配品种,预防治疗兽疫,使牲畜死亡率降低;发展皮毛、肉食罐头加工业。

7. 组织消费合作社,改良边民固有经济生产技术。利用特殊水利条件,提出在虎跳峡、澜沧江、大盈江上游修建水力发电厂,开发水利资源的设想。

（三）文化教育

1. 设置"云南省教育厅边地教育委员会"机构，负责统筹、设计、监督、考核边疆教育事项。在边地三十一个县局内设置教育特约干事。负责调查边民生活、边地语文、设学环境，搜集边地教材、外国人在边地办学情形，各县教育推行情况，边教存在的实际问题及改进意见。推荐当地优秀青年当任劝学员，劝解边民接受教育。

2. 扩大边疆教育机关，推广边区中小学教育。在德钦、腾越、缅宁、镇康、车里、开远等地设立简易师范学校，开办四班三至二年的师资训练班，并附设小学。在中甸、维西、福贡、碧江、兰坪、泸水、梁河、盈江、潞西、莲山、陇川、瑞丽、镇康、镇越、澜沧、沧源、六顺、宁江、佛海、南峤、江城、金平、河口、邱北、富州、砚山等县局设立小学。并举办一至二年的师资训练班，培训地方师资力量，发展边区教育。对山岭重叠、住户稀散，儿童及成人不便集中的乡村，设置流动学校。对边地学生和民众进行国民教育和社会教育，加强国家民族和国防意识。

3. 提高边地教师待遇，改善教学条件，选拔边地优秀青年送省升造，优待边区入学学生。恢复并增设被日寇破坏的各边地学校设施，收容失学儿童和失学民众，推行国语教育。

4. 保存边民勤苦耐劳、诚朴强健、经济生活独立、男女平等的固有美德，逐渐改善边民生活生产方式，传授新技术、新知识，以提高边民经济文化生活水平。

5. 加强对边疆民族问题和民族关系的理论研究。组织了云南民族研究会、边疆文化研究室、民族文化书院、西南文化研究室、云南边疆语言编译机关，创办了《世益报》的"边疆周刊""宗教与文化"专栏，成为开展云南民族研究的主要阵地。对云南边疆的开发、民族的分类、分布、土司制度、社会组织、经济生活、体制、民族文化、边疆教育、民族历史进行了深入的调查研究。在学术界产生了巨大的影响，并在一定程度上为开发云南边疆民族地区奠定了理论基础。

三、简要评述

在旧中国漫长的历史发展过程中，就某一时期和局部地区来看，有少数封建王朝和封建政府代表人物，为了政权的稳定，为了维护其统治阶级的政治利益和经济利益，曾在国内民族问题和民族关系方面，采取过一些符合当时历史条件和民族状况的有益政策、措施。抗战时期民国政府和省政当局在云南采取的一系列边疆民族政策算是一例。它符合历史发展趋势，具有值得肯定的一面。

首先，它在旧中国经营开发云南边疆的历史上，有着举足轻重的作用。自古以来，由于云南地处边隅、民族众多、交通不便等历史、地理诸方面的原因，历代统治阶级对边地民族问题不加重视，极少对边区进行积极的经营和开发。一贯推行任其自然、怀柔羁縻政策，使云南边区、民族长期处于落后状态和半开化社会。而抗战时期所采取的一系列边疆民族政策，如在政治、经济、文化教育方面建立专门管理边政的组织机构，大规模进行民族调查研究和开发工作，从不同角度全面系统地深入到云南民族社会各个方面，这在云南历史上尚属首例。尽管有些政策措施并不一定可取，在抗战时期及其以后亦未得落实施行。但它对开发云南边疆、增强边民国家民族意识、巩固国防、加强各民族之间的联系，仍起了积极的作用。

其次，它在云南学术界掀起了云南民族研究高潮，成为云南民族研究史上的一个新的里程碑。虽然其中绝大多数研究未能以马列主义作为指导，制约着研究成果的科学性和客观性，却全面拓展了中国民族研究的领域，把云南民族介绍给了学术界。从此以后，云南民族研究成为中国民族研究中重要的组成部分之一。这一时期的民族研究取得了一系列重大成果。如方国瑜关于南诏不是傣族建立的国家，江应樑关于凉山彝族奴隶社会、傣族封建大地主制度等等观点，迄今已成为历史定论。此外，这一时期的云南民族研究的勃兴，造就了一大批致力于民族研究的人才，如方国瑜、江应樑、杨履中、杨竞秋等，充实了研究力量，为云南民族研究的进一步发展奠定了坚实的基础。

第三，以同化代替高压的民族政策，加强了民族之间的联系与交流，团结与融合。移民屯垦使大量的汉族进入云南少数民族地区，他们把内地先进的生产技术、文化知识带给边区各民族，帮助边民改进生产方法，提高生活水平；提倡汉夷通婚，可以逐渐化除汉族与少数民族的误解；培养边地优秀青年、发展边地教育，促进双方的信任。这一系列措施对民族交流团结起了积极的作用。

但是，抗战时期民国政府在云南采取的边疆民族政策，作为国民党统治阶级在民族问题上意志的体现，不可避免地存在着许多历史性局限。如虽提倡民族平等，一视同仁，但在实际中，仍推行大汉"国族"思想，歧视边疆民族；优待少数民族上层统治者，压迫各少数民族人民；利用少数民族的纯朴、厚直、耐劳，搜括民财；大部分边官不勤边政，各项政策得不到全面推行和落实；在各种工作报告和生活中，歧视边民的词语屡见不鲜。这些都体现出了民族之间的不平等关系。

发表于《云南档案》2005年第3期

《中国德宏傣文古籍目录》概况

傣族是云南独有的少数民族之一，截至2000年，傣族人口110多万，占全省少数民族人口的8.35%。主要分布在云南省的西部和南部边疆，主要聚居区有西双版纳傣族自治州、德宏傣族景颇族自治州、耿马傣族佤族自治县、孟连傣族拉祜族佤族自治县。临沧、澜沧、新平、元江、元阳、金平、华坪、大姚、禄劝、景东、景谷、普洱、思茅、腾冲、龙陵、沧源、江城、河口、西盟等30多个县也有傣族散居或杂居。傣族是一个跨境民族，它与泰国的泰族、老挝的老族、缅甸掸邦的掸族、印度阿萨姆邦的阿洪泰有着渊源关系。傣族历史悠久，其文化不仅传承着自身及泰、老、掸的精华，还积极吸取了汉文化和印度文化，成为多元一体中华文化的重要组成部分。在长期的历史发展过程中，傣族先民留下了浩繁的历史文献古籍。由于种种原因，这一珍贵的文化遗产并没有受到应有的重视，绝大多数古籍散存民间和民间寺庙中，许多古籍已经损毁和遗失。为了保护和抢救现存的老傣文古籍，云南大学人类学系尹绍亭教授和日本东京外语大学国立亚非语言文化研究所的唐立教授酝酿策划了"老傣文抢救保护项目"，并决定与德宏州民语委合作，以德宏州为试点，开展对老傣文的抢救工作。通过一年多时间的努力，共普查老傣文古籍2000余种，经考订筛选，完成编目近900种，并于2002年编制出版了《中国云南德宏傣文古籍编目》。为使傣文古籍得到真正有效的抢救和保护，尹、唐两位教授又与云南省档案馆取得联系，请求利用档案缩微技术和设备对德宏傣文古籍进行缩微抢救。在局馆领导的支持下，省档案馆派出了专业技术人员对之进行了有效的抢救，共抢救傣文古籍资料262册，缩微胶片23盘、拷贝46盘，拍摄54732个画幅，其中母片23盘和《中国德宏傣文古籍编目》已移交省档案馆保存。

这部分傣文古籍，其内容极为丰富，涵盖了傣族历史、傣族地方史、傣医傣药、傣族文学、礼仪、天文、语言、占卜、咒术、佛经及其他十大方面。其中，以历史和文学居多，分别有40册和138册，占总数的15%和52.6%。历史类的主要内容有：傣族史、傣族地方史、遮放史、芒市史、双江傣族史、果占壁历史、姐勒佛塔史、五座佛塔史、勐卯历史、傣掸历史渊源、佛教史、创世纪、佛祖生平、曼德勒王、瑞丽弄安佛塔史、八僧侣的身世、风平佛塔史、解放战争时期的傣乡、日占时期的傣乡、英法文傣族史译文等等；文学类的主要内容有：招魂词、山洼颂词、细塔选妻、召维托雅列、敬供自己头颅的阿銮、五个神蛋的故事、老五吞斧子、三时香、花牛、蛇王、巨鼠时代、国王十六梦、召细塔出家修行、功德书、千瓣莲花、五颗金蛋、九颗宝石、给姑娘的情诗、人变猴的故事、后母、白象、七头七尾象、张四姐游仙记、柠檬公主、国王三下河东、尚坐游历记、娥并与桑洛、傣族古代诗词贺集、宝马阿銮、羚羊阿銮、蚂蚁阿銮、弹弓阿銮等等。其中，民间喜闻乐听的佛祖下凡人间转世投胎各种动物、各层次人物的阿銮的轮回经过故事，在文学类中内容较多。

这部分傣文古籍虽说是缩微胶片，但尤为珍贵，从收集情况看，它主要是长期散存民间又广泛被广大傣族群众所熟悉、喜爱、使用的古籍经典。主要从德宏州的芒市、盈江、瑞丽、梁河等县的傣族寺庙和傣族村寨百姓手中收集而来。属于私人和寺庙所有，有的甚至是家传的珍贵古籍，不愿示人和征购。所以经过编目和对原件缩微拍摄后，又返还民间，恢复其原来的保存和使用形式。因此，集中缩拍的傣文古籍难能可贵。

从内容来看，上至天文，下至地理，中及人事，有历史故事也有神话传说、有占卜又有医药、有古代也有近代，无所不包。比较系统地记录了德宏地区傣族的政治、经济、文化等各方面的发展历程，是一种独具特色的民族文化。它蕴涵着傣族人民的文化价值、民族精神、人格力量和审美情趣，是研究云南民族史、地方史，尤其是德宏傣族历史、傣族文化的第一手资料。

从文字情况看，每一种民族文字的形成，每一种民族文字记载的历史档案资料都是各民族世代积累的智慧结晶。傣族是一个具有悠久历史文化的民族，历史上就创造了自己的文字。我国的傣族历史上有过五种不同形体的文字，即傣泐文、傣那文、傣崩文、金平傣文、新平傣文，均称"多傣"（to tai）即傣文。这些文字中在国内较通用的有傣泐文和傣那文两种。傣泐文流行于西双版纳及孟连、景谷等地，傣那文流行于德宏及耿马等地。这次抢救的傣文古籍就是较具特色和代表性的傣那文，对研究傣族文字的发展有积极的参考作用。

从馆藏情况看，建馆四十多年来，由于多方面的原因，虽地处民族地区，但本地区民族文字的档案资料收集征集保存的极少。少数民族档案，尤其是用少数民族文字书写的档案资料收集和抢救一直是一个弱项。之前，馆藏傣文档案资料只有零星的5、6册。如此系统、规模和丰富的傣文古籍抢救和保护，并收入馆藏，尚属馆史上第一次，弥补了馆藏空白，丰富了馆藏内容，改善了馆藏结构。

总之，在经济全球化、文化趋同化，人们越来越重视民族文化遗产保护的形势下，利用现代技术加强对本地区民族文化、民族古籍的保护和抢救，应是档案部门义不容辞的责任。抓住机遇，充分利用社会资金，整合社会力量，协调一致共同抢救，也是保护民族文化资源，丰富馆藏的一个有效途径。

刊登在《云南档案》2004年第2期

百年树人的见证

——清末《元江直隶州师范传习所同学录》

在云南省档案馆馆藏资料中，珍藏着一本编制于1911年的具有近百年历史的《元江直隶州第一期师范传习所同学录》。在浩如烟海的馆藏档案史料中，如不经意，常被人忽略，捧来细研，却能再现清末"维新运动"以来云南教育的改革及新学在云南的影响。

清末，随着束缚人们思想的科举制度（旧学）的废除，新学在全国各地普遍创办起来。云南从1902年起开始在昆明创办新学，改昆明五华书院为高等学堂。1903年添设了初级师范学堂，1906年又设立了师范传习所，专门培养小学师资。之后又先后创办了许多学校。为适应社会发展的需要，全省各府厅州不甘落后纷纷响应，积极开展劝学活动，倡办新学，也先后成立了师范传习所和国立、县立、乡立小学堂。从云南新学的发展情况看，首先着重开办师范学校，目的在于培养师资，发展中小学，尤其是着重培养小学师资。有史料载："光绪三十二年（1906）三月二十四日准学部电开，方今振兴教育，以小学堂为基础。而教育亟需养成，故师范尤要，应请迅将省城师范名额，尽力推广……现在请以全力注重师范……"。又载："光绪三十二年（1906）因预储小学师资，于省会及各府直隶厅州均饬令各办师范传习所一所。设于省会者以6个月毕业，设于外属者以一年毕业，……传习所毕业生分优等、中等两级，优等者充高等小学堂教员，中等者以专充初等小学教员为限……"。可见，当时社会对小学基础教育师资的培养给予了高度重视，也反映了当时对教育师资的迫切需求及对教育改革的迫切愿望。

元江直隶州师范传习所就是在这样的大环境影响下，面对元江教育改革的需要，于1910年底成立的。为保证教育质量，该传习所由省署委会泽人己酉科拔贡生高培宗担任正教员，委本地人云南师范简易科毕业生胡从让为副教员，元江直隶州知州李荫农为传习所监督，五品衔岁贡生云南自治研究所兼教育官练习所毕业生张思谨任视学，廪生彭松华为庶务。据同学录载，该传习所第一期考取学生50名，毕业学生42名。年龄最小的20岁，最大的52岁，分别来自元江直隶州所属的州城及邑字碑、洼垤、青龙厂、他克、因远、甸索、邓耳、漫来、乌山、紫铜龙、迤萨、都堵、安品、大哨、安仁、屏禀等十六个少数民族乡村山寨。从学生来源地及其姓氏可知，生源中的民族成分除汉族外，有少部分傣族、彝族和白族。这在当时少数民族仍受汉族为"国族"思想歧视的时代实属不易。考取传习所的生员均系当地有相当汉文化基础的人。按旧科举制的称谓，生员的学历有岁贡生、增贡生、廪生、附生、增生、附贡、童生、文童等等。其中有的曾就读于昆明省会师范学校、省立实业养成所、桑蚕学校、法政学校、教育官练习所，在该班生员中可谓人才济济。由于推广新学要求紧迫，师资紧缺，传习所第一班学员只学习了六个月就毕业，随即奔赴各乡里创办学校、倡导教育。该期毕业学生有：徐皑（字晓初）、杨艺林（字懋材）、张增荣（字仁阶）、何文斌（字癸源）、师文伟（字学富）、李尚芬（字庆元）、杨永康（字清四）、刘庭椿（字树堂）、周维藩（字价人）、何自新（字德昌）、李子煌（字少崧）、张思咏（字子相）、彭松华（字瑞卿）、徐仲康（字福三）、杨毓芳（字耀清）、火家修（字庭献）、温之儒（字席珍）、火楹（字敬斋）、张嗣兴（字耀先）、张毓椿（字季山）、瞿彰显（字秉仁）、

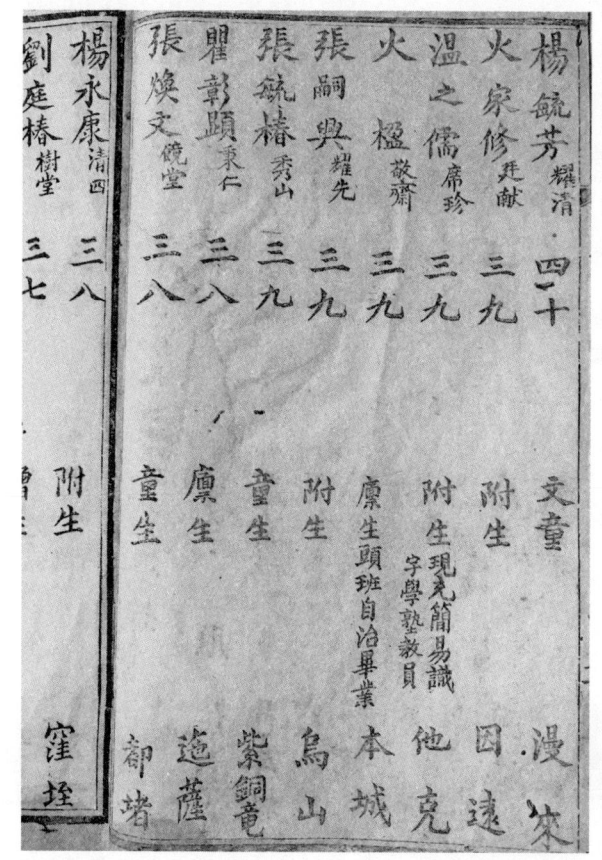

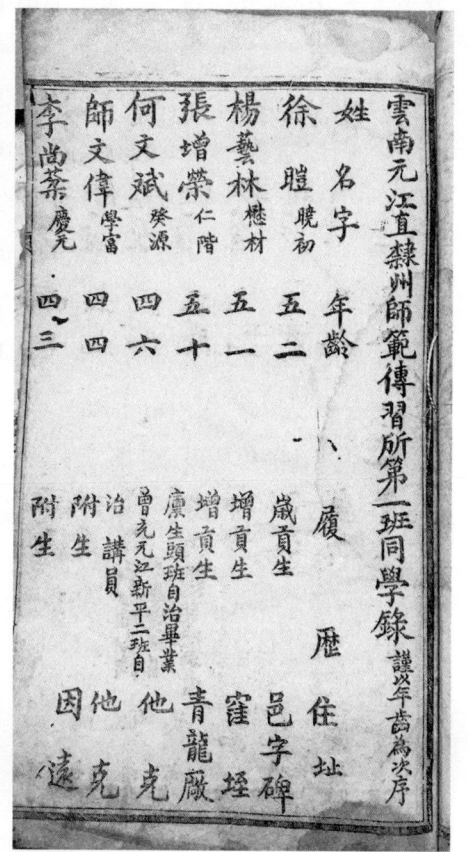

元江直隶州师范传习所同学录

张焕文（字镜堂）、刀兆福（字桢堂）、李应芳（字清芬）、温之琼（字佩卿）、关景禧（字少海）、温之锦（字绣文）、梁朝选（字佐廷）、许士兴（字耀廷）、杨崇致（字宝二）、张儒珍（字聘三）、翟光华（字耀南）、李世桢（字质卿）、杨文辉（字熙堂）、杨家学（字鲤庭）、张煜耀（字焕彩）、胥儒林（字鸿文）、余清修（字琴轩）、孙书翰（字西园）、李朝相（字尽忠）、王文凤（字鸣歧）、廖学礼（字尊同）共42人。虽然只有42人，但他们是元江清末民初新学的第一批教育师资。该同学录虽称第一期，实际上也是唯一的一期，因当时元江直隶州府财政贫弱，学校经费难筹，再加上清政府于1911年被孙中山先生领导的辛亥革命所推翻，第一期学员毕业后师范传习所随即停办。

尽管如此，作为元江直隶州第一期新学教育师资，对当时元江属地的教育尤其是民族地区的教育仍起了积极的促进作用。该班学员回归故里后，积极倡办教育并唤起百姓重视教育的意识，对民族地区的发展和后人的培养做出了积极的贡献。据了解，该班中的一名来自大山深处的彝族学员，名张焕文，毕业回到彝乡都堵村后，为解决少数民族学生学习汉语在语言和理解上的困难，自编教材，采取双语（汉语、彝语）教学的方式，在彝族山寨积极倡办教育。培养了一批基本了解汉文化的彝家子弟。他所居住的都堵村的彝胞，教育子女读书学习的意识在以后的几十年中与其他村寨相比尤为突出。据不完全统计，仅解放初期至60年代，出自该村考入国家大中专以上院校的彝家子弟就有8人次，其中，考入云南大学政治系的元江第一位彝族大学生就是其长子张全昌。这对一个地处偏僻、信息闭塞、经济贫乏落后、汉语言不通的民族乡村来说，也实属不易。区区一个直隶州级师范传习所的毕业生几十年后的影响尚能如此，何况其他41名学员回到故里后对元江当地教育的影响，更不用多议。而全省范围内新学的普遍创办、各种人才的培养更是对近代云南的政治、经济、文化教育的发展与进步起了积极推动作用，可谓打下了人才、思想基础。这正应验了"十年树木、百年树人"的古训。

在同学录的序中有一段对教育重要性认识的记载，实在耐人寻味，"原夫文明进化端赖学堂，而学术纯正唯仰师资，故西人有言，师范者教育之种籽，国民者教育之生产物也，如其种籽不佳则生产必不善，断未有育鸥鸨而卵凤凰，林枳棘而成桢材者，师范之关系不綦重哉……"。百年前人对教育重要性的理念如此深刻，作为当今的现代人还有何理由不为振兴教育、科教兴国多作努力。打开尘封的历史，但愿人们能从中得到启示。

发表于《云南档案》2000年第4期

馆藏民国时期有关云南少数民族调查史料盘点

在云南省档案馆保存的历史档案中，有一部分1934年至1949年由云南省政府秘书处、省民政厅、省教育厅形成的云南边疆少数民族调查研究史料（以下简称调查史料）。这批珍贵的民族史料，具有较高的研究和参考价值。本文仅从云南少数民族调查研究史料的形成、内容、价值和作用，作一简要分析评述。

一、调查史料的形成

民族问题历来是关系国家社会政治稳定，经济社会文化发展的重大问题，在旧中国，历代封建统治者把社会动乱的根源归结为少数民族的不安分。在中央设置管理民族事务的机构，在地方设置统治少数民族的机关，对少数民族实行民族歧视、民族压迫和镇压，致使民族矛盾、民族事件、民族斗争此起彼伏，历年不断，各级政府在处理大量的民族问题中，由此形成了大量的民族档案史料。

云南地处我国西南边疆，民族众多，少数民族人口总数1000多万，占全省总人数的三分之一，分布地区占全省总面积的四分之三，主要居住在边境一线和腹地的广大山区，政治、经济、文化发展极不平衡。纵观历史，在封建统治时期，不注重边政，贱视边疆民族地区的开发与建设。尤其是清朝中叶以来，随着欧洲资本主义的迅速发展，帝国主义列强掀起了瓜分中国的浪潮。由于清王朝的腐败无能，云南也不例外地被划入了英法的势力范围，边疆地区接连不断地被蚕食侵吞，中国西南屏藩主权丧失数不胜计。1900年，英缅军武装侵入云南茨竹、派赖等地，烧毁村庄，杀死边塞山官，掠夺茶山要地；1910年又占领片马、房岗、古浪等地，并在滇滩、班瓦、哑口及明光、大哑口一带私立界桩，大修道路。民国以来，军阀混战，当局仍无暇顾及和重视边政，认为边疆民族是野蛮民族，对边民生活毫不过问，致使边区长期处于半开化社会，英帝国主义借机更加紧了对云南边疆的侵略，进而占领中方户拱，作为其印缅公路线所经之地，占领江心坡，作为觊觎腾冲、永平的据点。民国23年，英方又侵占中方班洪、班老地区。受英方唆使、鼓动、威逼，居住在边境一线的大量少数民族边民纷纷举家逃离边境，进入缅甸。这种不修边政，坐视民族问题不问，致使疆土不保，民不安生的局面，在全国引起了极大的反响，人民纷纷呼吁，要求政府重视边政、解决界务、宣抚边民、保障边土。云南旅京同乡会成立了滇缅界务促成会、后援会等组织，呼吁政府重视边政边民。基于这种内忧外患，国民政府蒙藏委员会于1934年发文，令西南各省进行少数民族调查，发文总字号第112号记载："查我西南各省，苗夷杂处，种族甚多，生活习尚各有不同，为团结国内各种民族，为防止帝国主义者之利用，对于苗夷民族各项情况，实有深切明瞭之必要，兹经制定调查表式，拟请住有苗夷民族之各县政府，认真调查，确实填报，俾作施政之参考……"这是民国时期云南少数民族调查活动的开始，也是这部分史料形成的最初原因。这次所调查的内容包括：民族种类、户籍、人口、语言、教育情况、生活习尚（包括各民族衣食住行、婚丧礼俗、宗教信仰）等内容。1937年抗战全面爆发，日本迅速占领我国东北和沿海各大城市，截断了我国的外援物资进口通道，云南特殊的地理位置、地理条件成为我国西南国防重要区域和全国抗战的重要后方。由此，云南边疆民族问题再次提到了当局的议事日程。为制定宣抚边疆民族方案，增强抗战力量，稳定后方边陲，国民政府内政部于1938年又密令通饬西南各省在原调查基础上对所属各少数民族状况从速调查上报。内政部渝民字第1036号密咨中载："查，西南各省，汉夷杂处，自古多事，明清以来，苗变层见叠出，考厥原因，实由当时政府忽略宣导边官，措施失当，坐令民族之间情感隔膜，有以致之。值此全面抗战期间，有关地方秩序之稳定，民国之团结，在在俱关重要，对于苗夷等族极因势利导，予以组织训练，使其效忠党国，借以增强抗战力量。本部现拟编订安抚苗夷方案，唯恐不明情形，将来实施困难，特制定西南边区民族调查表式，咨请查照转饬所属苗夷等族聚居各县，从速调查填报汇转，以重要政……"此次调查活动，较前次规模更大，范围更广。国民政府行政院、内政部、外交部、军事委员会都发有有关民族调查的训令、指令和咨文。填报要求也更详细，为增强抗战兵员，调查较前更侧重于男女人口数目，壮丁数目和开化情况，尤其是对各民族居住省、县、乡、村，18岁至45岁的男丁数目、知识程度，以及对边区民族工作经过情形，要求填报详细，不得笼统。这一时期是民国时期云南少数民族调查活动的高潮，形成了大量的少数民族调查史料。这项民族调查工作，从1934年到1942年，历时8年。随着调查工作的结束，省政当局意识到，对于民族众多，种类复杂，又地处边疆的云南，"欲谋汉夷民族之融合，抗建伟业之完成，必须熟悉情形，对苗夷民族问题详加研讨，使期化导，联络感情，似非一纸具文呈转所能了事，即如政府德威之宣传，抗战建国之重要，教育文化之普及，生活习惯之改良，诸端究应如何，方适合于苗夷民族区域之推行，而迎合其心理，使之了然，政行无阻，在在均有研究之必要……"（教育厅、民政厅呈文）。于是，省政府责成民政厅、教育厅、财政厅联合组织"云南省苗夷民族问题研究会"，专门对云南各民族的政治、经济、文化诸方面进行切实的研讨，并要求制定宣抚边疆民族的具体办法。在这一过程中，一些政府官员和热心边疆民族问题的学术界人士，为谋民族出路，也积极进行大量的边疆民族社会调查研究工作，撰写了大量的有关民族的专题论文、纪实、报道、调查材料和开发建设民族地区方案。由此，也涌现出了许多民族问题专家，诸如方国瑜、江应樑、杨履中、杨竞秋、戴沐群等等。1943年，民政厅成立了边疆行政设计委员会，专门负责组织研讨边疆民族工作。从1934年至1949年，云南史学界形成了一股研究民族边疆问题的热潮，它为后来云南地方史、民族史研究的发展奠定了重要基础，也为民国时期各种民族调查史料的形成创造了条件。

二、调查史料的内容

这部分史料主要保存在云南省档案馆馆藏民国时期云南省民政厅、教育厅、省政府秘书处的全宗档案里。案卷质量基本完好，案卷目录已录入计算机管理。主要内容有：

（一）各级政府有关少数民族调查的各种训令，指令、咨文、公函、呈文等政务、公务文件

主要有行政院、内政部、外交部、蒙藏委员会通饬云南省政府调查所属少数民族状况、咨文，省政府转发饬请各县遵办训令；民政厅关于呈报、补报、更正、催报各县少数民族调查表的指令；各县局遵办呈文；省政府转发内政部咨送广西省政府临时参议会关于宣抚苗倮各族以利抗战而挽危局方案咨文；省民政厅、教育厅关于组织成立云南苗夷民族问题研究会报告及省政府指示，行政院关于为团结整个中华民族，对边疆同胞应以地区称为某地人，禁止沿用苗夷、蛮、猺等称谓的训令；教育厅关于调查各县藏苗等族之学龄及失学儿童数字、分布地区，以拟编边疆教育实况的训令和各县遵办呈文；立法院边政委员会关于征集有关边疆资料训令；民政厅关于选送少数民族"优秀人才"到省入学培训呈文及省政府指示，以及各县呈报学生名册。

（二）各地上报形成的有关少数民族调查材料

分别有昆阳、宁洱、大关、凤仪、马龙、峨山、华宁、彝良、罗次、石屏、中甸、嵩明、玉溪、牟定、宾川、元江、南峤、晋宁、江川、呈贡、永平、澄江、缅宁、景

东、建水、祥云、绥江、通海、富州、邓川、大理、弥渡、保山、河口、大姚、景谷、龙武、碧江、泸水、连山、潞西、瑞丽、鹤庆、镇康、镇越、华坪、澜沧、陇川、德钦、宁江、宣威、蒙化、丽江、墨江、云龙、宜良、双柏、维西、会泽、昆明、西畴、罗平、开远、姚安、新平、元谋、车里、易门、永胜、路南、曲靖、寻甸、陆良、腾冲、禄丰、镇源、屏边、盐津、禄劝、蒙自、沾益、昭通、富民、安宁、鲁甸、镇南、平彝、顺宁、永善、镇雄、兰坪、剑川、个旧、云县、武定、马关、广南、曲溪、师宗、邱北、河西、楚雄、弥勒、泸西、巧家、盐丰、江城、思茅、昌宁、沸海、盐兴、漾濞、砚山、威信、盈江、贡山、梁河、麻栗坡、沧源、宁浪、六顺等125个县、设治局、对汛督办上报的《西南边区民族调查表》《云南苗夷民族调查表》；有部分县局上报的《云南傣族人民调查表》，内容包括属性、种类、人口数目、散布区域、与汉族及其他民族的百分比，特殊活动情况（外国人传教情况）；《各县藏苗等族学龄儿童统计数字表》，包括分布区域、民族种类、学龄儿童数、在学儿童数、失学儿童数、备考；《川康滇边区各族生活状况调查表》，内容包括族别、人口、面积、教育程度、经济状况（主副食、通货情况、特产、物资）、武力概况（枪种、弹药）、归化程度等；《南峤县边民生活调查表》，包括本县沿革、边民名称及数目、边民历史状况、语言文字、宗教信仰、婚丧礼俗等；《治理宁浪建议书》，包括沿革、气候、土地及农作物，民族及户口、矿产、过去情况、近年来情况，今后对策要点（解决夷务以维治安、开发矿产以裕民生，建筑公路以畅交通）；《云南少数民族人口调查表》，包括县别、民族名称、人数、合计、全县人口、少数民族占全县人口百分比，占全省人口百分比；《屏边县边民生活习俗调查概况》《云南现存土司调查登记表》，包括县别、土司名称、设置年代、现任土司姓名、年龄、性别、经历、承袭日期、何种民族、所辖面积，管辖人口数、户数、每年收支财赋及学校所数、识字人数、土司以下行政组织概况等内容。

（三）政府拟定颁布的有关宣抚治理边疆民族的政策、法规、报告、调查材料汇编

1. 有行政院编制、颁布的《改正西南少数民族命名表》，包括改正的原则、依据、要点、改正凡例；《改正虫兽偏旁名字对照表》，改正表中所收虫兽偏旁命名系参考的官书和私家撰述书名、期刊名称；《关于加强国内各民族及宗教之融合团结，以达抗战胜利建国成功目的之施政纲要》《广西省参议会关于宣抚苗猓各族，以利抗战而挽危局方案》《修正提倡国人考察边境办法》《西南边务大事记》第7至第22期。

2. 有各级政府官员和云南省民政厅边疆行政设计委员会组织编撰的《云南边疆概

况》《云南民族人种之概况》《云南沿边各县土民分布今昔比较研究》《滇越边境设治概况》《滇越边境政治报告、民族分布》《西南同胞教育刍议》《云南省边民分布上下册》《爨文边民故事读本》《大小凉山开发方案》《云南居民生活状况调查表》《云南边民汇撰志》《云南边民种属分布》《边疆行政人员手册》《腾龙边区开发方案》《考察报告》《云南边疆建设首要问题》《滇康边区盘夷实况及治理方案》《政务督导员调查报告》《设立中缅边区及卡拉山区特派员行政公署意见书》《川康滇边区边务设计委员会组织规程》《云南省民政厅边疆行政设计委员会征集边疆文物办法》《云南边区县局组织基层干部自治训练办法》等等。

（四）新闻媒介有关民族研究论文、民族调查、民族事务消息的报道剪辑

1. 有《中央日报》刊登的社论《云南边疆建设之急务》《奖励赴边区瘴区工作，省政府规定优待办法，并划定边区及瘴区范围》，报道《中国边疆学会滇分会在腾冲成立》。

2.《民意日报》刊载的社论和文章有《边政需要改革》、《云南边疆建设之重要性》，纫秋的《云南民族概况》，方国喻的《土司之地位》、《遣发整编军余屯守边疆私议》，李希哲的《建设思普区刍议》、《卡瓦山》，严子的《边民的话》，戴沐群的《漫谈边县民选与民意机关的建立问题》，胡希乾的《清政府剿办凉山夷匪，以贯彻禁政而安边民》；特约记者马堃的《宝山藏富人饥馑，夷胞礼佛话"堆沙"》、《乏马危坡挥汗土，澜沧物价比天高》、《卡瓦人民苦杂苦，英人欣羡宝藏丰》、《原始森林翁郁甚，南峤沃土待耕耘》、《蛮烟瘴雨走红河——河口至蛮耗纪行》；通讯报道《沧源夷卡代表昨向卢主席献旗、致敬》、《民政厅拟定计划开发边疆》、《滇南蕴藏开发有望》，社论《提高夷胞生活水准》、《边胞与国家》、《边胞教育的理论与实际》、《边疆开发与国防建设》、《整顿三省边区》、《略论思普边区县级财政》、《严禁派伕以恤边民》。

3.《云南日报》刊载有社论《云南的边疆问题》，黄主安的《滇康边区概述》，杨履中的《猛乌、乌德——滇边土地甲午后割据安南》，柏开基的《中甸见闻录》、《喇嘛教及其制度》、《峨山风土文化》，杨太和的《中甸的古宗族》，胡庆均的《今日的边疆问题》，李家瑞的《云南分省的简易办法》，吴泽霖的《战后的边疆问题》；媒体报道有《教育卫生、建设、边民三大要求》、《中央军委会军令部边务委员王玉玺抵昆，考察云南边疆情况》、《民政厅派普怀隐考察腾龙边区，并拟定开发之方案》、《边地十一土司昨晋谒卢主席并提出具体要求五项》、《改进边疆吏治，民厅慎选边官》、《德钦组织裕边公司发展边区商业》。

4.《正义报》刊载有暮鼓的《路南倮夷研究》、《碧江纪要》，短评《救济滇西》等等。

三、调查史料的价值和任用

乌兰夫同志在全国少数民族地区档案工作会上曾明确指出少数民族档案的作用"在伟大的社会主义革命和社会主义建设时代，把这些宝贵的档案财富大量地收集和整理起来，不仅对于用来研究我国各民族政治经济文化的发展情况、制定和推行党的各项方针政策、加快我国的社会主义建设具有重要意义，而且对研究我国各民族的历史，留传后代，教育后代也有极其宝贵的价值。"

馆藏云南边疆少数民族调查史料与其他档案一样，具有档案的凭证、依据和信息价值。它是民国时期云南边疆少数民族状况、民族问题的真实记录和反映，由于历代封建统治阶级对西南边疆民族地区、民族问题不加重视，在档案中留存下来的史料很有限，编史修志和从事民族研究工作的人，只能从历代官修史书或私家藏书中参考到零星材料。由政府积极倡导组织，全面系统地对西南边疆民族情况进行大规模的调查、研究、报道，在民国时期尚属首例。因此，云南省档案馆馆藏这部分民族调查史料对今天开发边疆、振兴云南有着较为重要的历史价值和现实作用。

首先，这部分史料内容丰富、翔实、齐全完整。全省除了几个因无少数民族或少数民族汉化较深，难于辨别的市、县报经省政府批准免报之外，其余120余个县局均按要求呈送，并对上报项目不完整，上报内容不符实情，虚报、估报、缓报或笼统上报者给予通令批评，并返回原地重新详查补报，因此，史料可靠性程度较高。与其他少数民族档案相比，这部分史料较为系统完整。从各级政府发布各种少数民族调查的训令、指令，各县局遵令实地调查，形成呈报材料到对材料加以研究探讨都有详细的记载，它为研究云南地方史、各民族发展史提供了可靠的历史依据。

其次，这部分史料突出地反映了民国时期云南各少数民族的种类、名称、分布区域、人口数目、衣食住行、婚丧礼俗、宗教信仰、语言文字、文化程度、教育情况，内容极为丰富，有利于我们今大了解当时各民族的发展情况，研究云南各民族的民族性格、民族心理素质、民族风俗，以继承和发扬各民族的优秀传统和提高民族素质。

再者，这部分史料集中反映了国民政府和省政当局对少数民族的态度，采取的方针政策、施政建设的措施，以及对民族矛盾的处理方法和当时民族关系的发展变化，对我们今天了解民国时期的民族政策，分析其不合理因素，为现实服务有很好的借鉴任用。

总之，云南是一个多民族的边疆省份，民族分布地域宽广，云南政治、经济、文化的发展无一不与民族关系、民族问题、民族政策有关。要振兴云南，必须先振兴各民族，要振兴各民族，必须了解各民族的历史和现状。馆藏民国时期云南少数民族调查史料是了解和研究当时民族政策、民族问题和云南各民族发展状况的第一手史料，重要而不可多得。

刊登在四川《民族》1997年第11期

追忆木本水源　纪念植树先贤

——龙云倡建植树先贤纪念碑始末

植树造林、保护环境是我国的一项基本国策，绿化城市、美化环境是当今城市建设的一项基本要求。古人云：一年生计种谷，十年生计种木。可见，古往今来，植树造林乃是关系国计民生之大策，而专门讴歌、颂扬那些遗爱在民、造福子孙的植树先贤，并为他们树碑立传，以增强国民环保意识的人，在中国历史上并不多见。但在20世纪30年代，云南昆明城南关外的金汁河东岸聚奎楼下，曾建有一座规模较大的纪念碑亭，该碑亭高8.1米，宽10.2米，碑厚23.3厘米，形象较为壮观。它就是当时云南省政府主席龙云为纪念和表彰省河堤植树先贤而积极倡导建造的"岑崔二公种树纪念碑"。修建该纪念碑，时值抗战爆发，国难严重时期。工程从1935年酝酿、调查、设计、招标、施工到1939年竣工，共花了近四年的时间。但在这4年中，龙云除了忙于公务、政务、国事之外，仍多次催促、询问，偏偏不忘建碑之事，可以想见，龙云对关系国计民生的植树造林给予了高度的重视和肯定，他的这种见识与精神是值得我们当代大力提倡和发扬的。

据馆藏史料记载：1930年代，昆明所属区域内的河流包括：金汁河、银汁河、盘龙江、玉带河、宝象河等等，河堤两岸绿荫葱葱，排列苍郁，堤树成林，放眼望去，每条河流仿佛一条条绿色的玉带，指导省会昆明点缀得分外清新。到了假日，闲暇的人们玩耍于凉爽的树林之中，堤树风景成了市民度假休闲的好去处。1935年4月间，省主席龙云公务之余到河堤两岸散步，被这一景象深深吸引并感动了。他感慨道："这岂非风景天然，其数量之多，树之成材，价值之巨，更无论矣。因念植树先贤，费尽若干心血，始有此种遗荫，似此功泽在民，如不加以表彰，何足慰先民，应追念木本水源……"于是，4月15日随即下令，责成省民政厅、省建设厅合行办理，要求两厅咨询地方耆老，印证此项植树造林始于何时，出于何人提倡督促，查明后拟定表彰办法上报核夺，以便每年植树节纪念或祭祀馨香用。

为落实此项工作，民政厅、建设厅自当年5月，组织有关人员遍查旧存档案，以及省县志书，访询地方耆老。调查结果为：有史可查的是从元初，云南改建行省量，平章

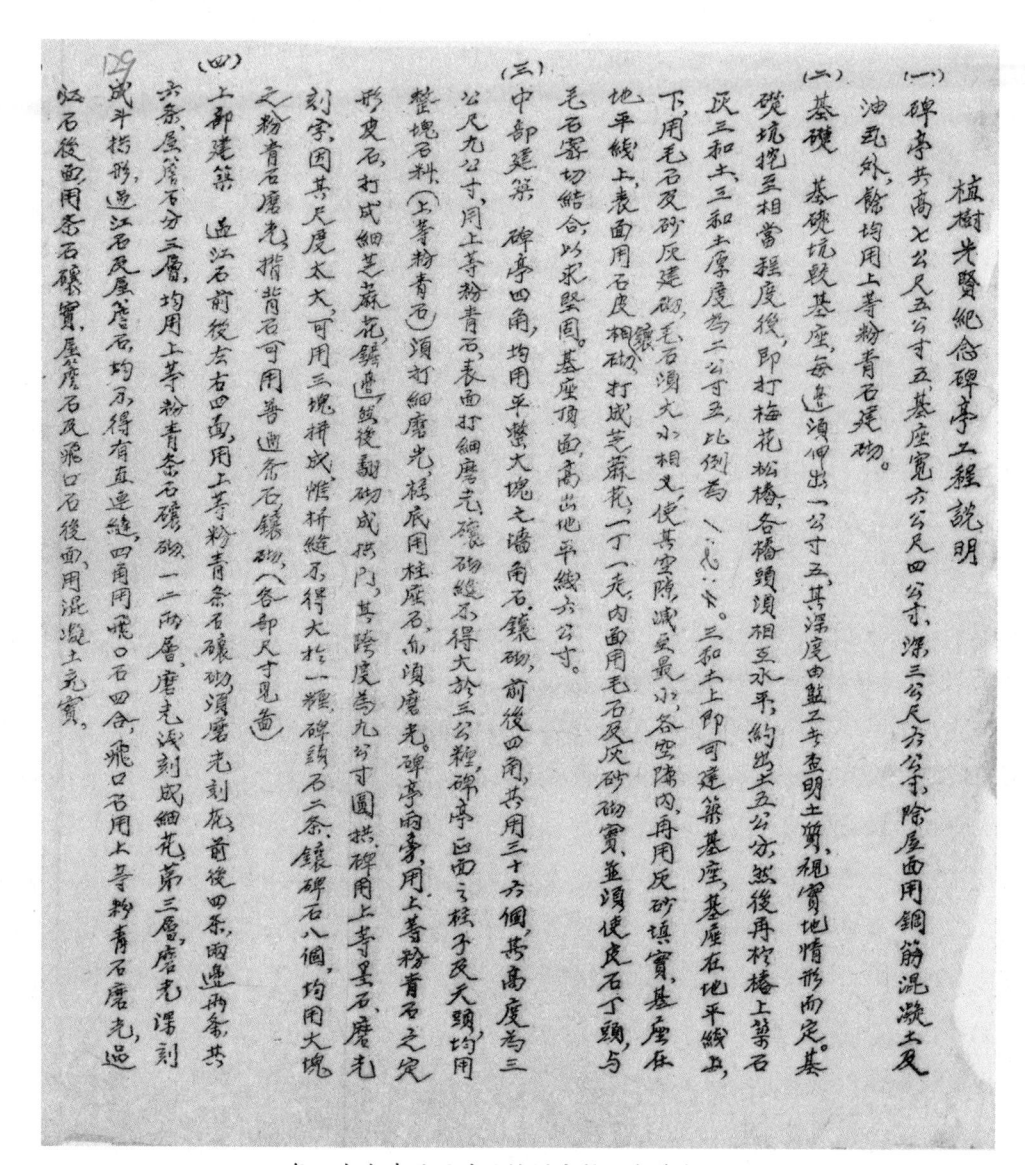

1935年云南省建设厅关于植树先贤纪念碑亭工程说明

赛典赤·瞻思丁在云南经修水利时，在昆明城东北，修筑松花坝水库，疏浚水源，并修建省会六河，筑堤建闸，灌溉民田。为维护河堤，在各河两岸种植树木数百万株。赛典赤·瞻思丁将筑坝修河之事奏请朝廷之后，曾得到元世祖的优诏奖许。到了明、清两代，如明景泰中总兵官沐璘、当事人康熙时巡抚王继文，修浚六河时又对河堤树木进行了增补。清咸丰、同治年间，由于昆明迭遭兵燹，河堤树木全部被摧毁殆尽。光绪初年，又经云贵总督岑毓英，督率粮储道崔尊彝兴修水利，重新提倡种树，并加以保护，严禁砍伐，才使河堤树木得于成林成材。经考评查明，倡导河堤植树先贤后，省民政厅、建设厅将表彰办法具文会呈省政府。"伏想省会河堤，提倡植树，始于元之赛典赤，但明清两代步其后尘者，亦不凡名贤，如仅就有可考证者列表表彰，似不无挂漏，且历代植树先贤，如赛典赤诸公，德泽在滇，均早已报功寺内，崇祀馨香，已是名垂不朽。若为表彰植树余荫起见，拟请于省会各河堤择定适当地点，建立云南省会各河堤植树历代先贤遗爱纪念碑或用铜标，即仍将奉令咨询所得事略附刊于碑或标之内，以资景仰，而符表彰……"。由于岑毓英、崔尊彝为堤树成林成材直接倡导者，经省政府秘字第427次会议议决："崔岑二公，丞应建立大规模之碑亭，以纪念之。其地点应在聚奎楼或者古幢公园附近，择一适当之处，碑之高应有一丈，宽六尺，厚六寸以上，其亭之式样由建设厅拟给，呈核后再凭拨款修建。"于是，省建设厅奉令着手调查选址，腾地面，本着龙云碑亭"力求坚固，使能传之久远"之意，经过再次悉心设计碑亭式样和各种石样尺寸、数量，拟具投标办法，于1937年8月31日至9月20日进行招标。由于开标结果最低价超过核准经费数额，时值抗战爆发，经费吃紧，追加困难，为力求适合原定经费，随即取消了第一次投标，另于10月27日至11月10日进行第二次招标，最后由工头陈云庚承揽建造。该建筑于1938年2月动工，1939年3月全部落成。纪念碑用三块墨石合成一块高3.2米，宽2米，厚23.3厘米的大石碑，用粉青石磨光作镶碑石，碑头石、天头石和柱子，用粉青石磨光刻花，作过江石和三层屋詹石，墙壁石用不规则形之芝麻花皮镶砌，石级石条52米，整个碑亭高达8.1米，宽达10.2米，共用经费当时新币14656元。碑的正面刊镌有"遗爱在民""岑崔二公种树纪念碑"等字样，碑的背面刊刻有建碑表彰植树先贤各缘由。所有碑亭上刊镌的文字，都粘贴赤金，工程竣工后，省政府专门派员进行了验收，并进行了落成典礼。四年来，虽处在抗战时期，公事繁忙，但在龙云积极倡建下，省会河堤植树先贤纪念碑顺利落成。这些功在当代、利在子孙的历代倡导植树先贤，是值得我们永远纪念的。只可惜，如此规模且具有很大纪念意义的碑亭，由于时过境迁，加之诸多方面因素，已被历史的长河所淹没，倘若存在，它将会成为昆明独特一景，更会给后人留下更多的启示。昆明是一个有着"春城"美誉的城市，独特的自然条件便得昆明常拥有一份春的气息。但目前省会河流的严重污染，水土沙化，堤树糟伐，使得昔日的"绿色玉带"变成了羞辱春城的污水河。每一个公民市民，应该从中得到启示和警示，爱护环境，人人有责，珍惜环境，春天才会常在。也才对得起历代植树先贤。

注：原省会河堤植树先贤纪念碑在今拓东路中段与东站1路车站之间，金汁河旁。

发表于《云南档案》1997年1期

壮志千秋

——为纪念抗战胜利五十周年

  在改革开放的大潮中，我们迎来了抗日战争胜利五十周年，在国泰民安、人民生活水平有了很大提高的今天，也许一些国人，尤其年轻人，已经把具有无比重大意义的抗战搁置一旁，或只剩下一抹淡淡的记忆了，但是抗战的业绩，抗战的精神应该是万古不灭的。胜利的抗日战争，始终能够给予我们宝贵的启示，永远值得们讴歌赞礼。

  中华民族在世界史上占有历史悠久的光辉幅页。五十年前，十四年伟大的对日作战，为中华民族带来了前所未有的大时代，维护生存这一庄严而单纯的感召，使得全中华民族的生命力空前地激化、锐化，整个民族不遗余力地投入战争烈火中，一场场大战斗，大动荡构成了一首瑰美无比伟大不朽的史诗，而史诗中最突出的部分是在喋血万里的疆场，在火线上，千万个不愿做奴隶的健儿们，面对凶残的敌人，狂呼怒吼，英勇作战，高度集中反映了中华民族的情感。云南修僻处中国西南角，在八年的抗战中也谱写了光辉的历史篇章。

  1937年7月，卢沟桥事件发生之后，蒋介石政府在中国共产党提出统一战线联合抗日的主张和全国人民一致要求抗日的浩荡声势压力下，被迫宣布对日作战，并在南京召开会共商抗战大计。云南省主席龙云应召参加，返回昆明后，为支持抗战，奉命将滇军1、2、3、4、5、7、9旅共十四个步兵团组编成国民党陆军第六十军，卢汉任军长，将滇黔绥靖公署所属的八个团（队）组编成陆军第五十八军，孙渡任军长。于1937年10月和1938年8月先后从昆明、曲靖出发，经贵阳出滇抗战。1938年10月，鲁南会战后，又从六十军和五十八军中各抽出一个师在湖南长沙组成新编第三军，加强对日作战力量。

  抗战期间，云南为抗战出动了三个军的兵力，共计二十二万人，先后参加了震惊中外的鲁南台儿庄战役，三次长沙会战，以及赣东、常德、长衡、鄂北、湘浙赣粤边区等诸项战役，其中，在鲁南会战中，我滇军六十军，表现了英勇的气概，与日军进行了激烈的争夺，坚持了二十七天的阵地战，在抗战中第一次给日本侵略者以沉重的打击，粉碎了敌人渡过运河威胁徐州的企图，对鲁南战局起了一定程度的稳定任用。滇军五十八军，这支坚强的抗战队伍，参加的战役最多，抗战的时间最长，从其牺牲的惨烈，部队意志的坚决，可以窥知中国抗战精神的全豹。据馆藏档案史料记载，在抗战中我出征滇军抗战官兵，为了国家的安危、民族的存亡，同仇敌忾，奋不顾身，英勇作战。一八三师五四八团中校副团长李绍昌，在台儿庄战役中身受重伤，几成残废，当时一些同仁好友，劝其还乡休养，均遭其严词拒绝，并说"吾辈军人既以身许国，当以马革裹尸为荣幸，况当此非常时期，正军人报国之时，一息尚存，此志岂容稍懈"。创伤稍愈，该副团长又复请命奔赴前线杀敌，未料，被敌机轰炸阵亡。一八三师三十三团，少尉排长李世荣，奉命潜伏通城大沙坪公路附近袭击敌人汽车，不料行至途中，与敌人游击队遭遇，该排长身先士卒，一人击毙敌人二十余人，夺获三八式枪三支，掷弹筒一个，激战2小时，不幸胸部中弹壮烈殉职，垂危之际，仍对下属大呼："杀尽鬼子！杀尽鬼子！"第三军第七师独立团少尉排长李炳，于1938年9月在河北陈各庄之役中，除击落敌军轰炸机一架外，又奋不顾身，带着十余粒手榴滚至敌人坦克车下，将车炸毁，自己却身成肉泥壮烈牺牲。诸如此类英勇忠烈、精忠报国的事迹举不胜举。据史料统计，五十八军自1938年8月1日从昆明出发抗战至1945年9月14日南京受降止，为国殉职的官兵达八万人之多，而六十军只在鲁南战役中阵亡的官兵就有12911名，全军伤亡官兵达半数以上。其中，团职以上干部，五四二旅旅长陈钟书、1083团团长莫肇衡、1082团长严家训、1078团团长董文英、1080团团长龙云阶、陈浩如相继阵亡。

在我馆保存的旧云南省政府秘书处、人事室、国民政府军事委员会委员长昆明行营参谋处，以及省民政厅的档案材料里，就详细记载着日寇对我国的侵略暴行和陆军第六十军、五十八军、新三军出滇抗战、英勇悲壮的事迹。主要内容有：日军对中国烧、杀、抢掠、奸淫致使中国同胞流离失所的侵华照片资料；国民党政府有关抗战的训令，全国各地抗日救国电文，各种宣传；参加抗战滇军各部队作战情况、各项战役报告，反扫荡战斗详报、敌我态势图、阵中日记；滇军部分将领人物卡片、受伤阵亡官兵调查表、审核表、请恤、给恤、续恤报告、批文，部分参战阵亡官兵姓名、籍贯、遗族住址、部队番号、阶职、阵亡时间及地点，死亡事由种类、阵亡烈士安葬办法，抗战损失统计等等。这部分档案内容，较详实地记载了日本侵华实证和滇军在抗战中的战斗史实，以及善后抚恤事宜，真实地反映了云南抗战的贡献，是当今研究中国抗战史、滇军史不可多得的宝贵材料。时值抗战胜利五十周年，为纪念阵亡忠魂，为警示后人不要忘记为今天的幸福生活而抛头颅、洒热血的抗战将士，也为了各有关部门、学术界人士的方便利用，云南省档案馆目录中心从档案史料中将出滇抗战阵亡官兵的姓名，包括籍贯、住址、阵亡时间及地点，通过收集、鉴别、选录出来，组编成册，并将六十军、五十八军、新三军的战斗情形、阵中日记、详报，复制集中地组卷，形成抗战专题材料。遗憾的是，在出滇抗战阵亡官兵纪念册中，能够考证有姓有名有住址的，只有3550余人，还有成千上万的无名英雄无从查找。尽管如此，滇军官兵在抗战中那种英勇无畏，精忠报国的爱国主义精神是永远值得我们纪念和学习的，他们的精神永垂青史。

发表于《云南档案》1995年第4期

民国后期滇西边区的土司制度

滇西边区是指潞江西岸沿江而下，包括勐板、盏达、干崖、南甸、户撒、腊撒、勐卯、遮放、芒市等十一司属，南北长约一百二十公里，东西广约一百三十公里，居高黎贡山西南，横断山脉的末峰，峦连亘间有盆地、峡地，面积约一万五千平方公里，人口约五万户、二十余万口的地区。边界线自西北康、印、缅接界处，南下江心坡、片马、腾龙地区，东向经镇康卡瓦山、沧源公明山，长达二千余里。滇西边地区域辽阔，各种民族杂居其间，在这里，历史上曾出现过许多大大小小的土司土官，他们的统治一直沿袭至云南解放前夕。

土司制度是历代封建中央王朝在少数民族地区行使国家权力的一种政治制度，我省土司制度历史久远，有远在唐宋以前的陇川宣抚使之祖——多忠，他随诸葛武侯南征有功，为当地民族敬服，被封为酋长；耿马安抚司之始祖—罕昏，于唐朝即受封各土知府；其他土司大多是明朝初期受封。清初沿袭明制，加封土官治理边民，清雍正时，采用云贵总督鄂尔泰改土归流的建议，在西南各省开始了大规模的改土归流运动。川、黔、滇中、滇西北、滇南大部分地区逐渐实行，大部分土官均为流官取代。而滇西边区由于地处边隅，交通不便，执行鞭长莫及，为了统治的方便，政府故未对之进行改流，保留了滇西区域诸土司。民国以来，云南地方当局沿袭旧制，并在滇西各地同时设置县、设治局，在继续利用土司进行统治的同时，逐步把土司辖地划归行政区域范围，并寻机继续推行改土归流政策，明令各地土司仅为各地土民的代表，不得越权干预其他政务。1934年，为促进本省土司地方行政建设，云南省政府、省民政厅颁发训令，规定《三年实施方案》，废除土司制度。但由于滇西边地，土司根深蒂固，盘根错节，更加之抗战暴发，日军入侵滇西，为安定边区秩序，辅助军事运输，维持边地局面，当局又令各土司充任该地乡、镇、保、甲长，致使云南省政当局在战前规定的三年实施方案未能彻底贯彻落实，反而使滇西土司制度在某种程度上得以巩固。一些大土司借机加强势力，瞒上压下，私通邻邦、戕杀政府官兵，侵吞军粮和各项公款，劫掠"国军"武器，排挤政府统治力量，阻挠政令，破坏禁烟要政，非法扩充私人武装，把持税收，奴役百姓，从事走私和贩毒等不法行为。一些小土司，表面上虽不敢违抗政府，但却暗中阻挠，使得一般人民"只知有土司，不知有县局"。土司武力大者拥有枪支千余支，小者亦有数十支。从云南警备司令部向云南省政府、省民政厅呈报的滇西土司调查表中就可以看出，滇西各土司的管辖范围和武器装备规模，数量不少。

　　基于以上情形，抗战胜利后，政府再度提出实行改土归流，废除土司制度，裁局设县，实行新县制，促进边区建设的政策。云南省民政厅于1945年9月发布训令，通令有土司的各县局，调查所属土司的实际情况，拟具废除土司制度的计划，以便全省统筹办理。云南省第六区行政督察专员李国清、沧源设治局长樊汝平、盈江设治局长陈本昌、芒市安抚司代办方克光等县局长纷纷调查拟具上报，深得政府重视，所呈内容主要包括两大类。第一类，列举土司所犯罪行，陈述废除土司制度之必要性。第二类，撤销土司政权实施新县制的方法和步骤。它分为激进快速解决办法和缓进办法。激进办法主张在滇西边地进驻军队，使用武力监视、控制各土司，并截断国境交通及局与局之交通，使各土司不仅无法遁入缅境，且无法与其他土司取得联络，甚至无法召集其部属，必要时利用驻滇空军助威，派人调查土司武力，解除土司武装，强迫土司及其属官、家眷迁移内地，清理所属财产，裁局设县，实行新县制。缓进办法则主张从政治、教育、实业、卫生、交通着手，在政治上厘定新县制计划，限期实施、考绩、详查户口，健全保甲组织；培养干部（包括教师、医务人员、农业技术人员）；在教育方面，普及识字运动，创办国民小学、中学和职业教育，提高边区民族素质；在实业方面，成立农业推广所，倡导植树、垦荒、饲养牛、马、猪、羊、鸡、鸭、兔鸽等家禽，提倡小手工业，推广各种土特产品；在卫生方面，设立医院、诊所，宣传一般卫生常识，加强边地人民身心健康；在交通方面，开修公路，发展交通，使边工接触外界文化，逐步废除土司制度。

　　民国时期，尽管国民政府一再地提倡对滇西土司制度进行改革和废除，但由于受历史因素、地理条件的影响和制约，无论是激进办法还是缓进办法，都没有得到有效实施。滇西大部分地区的土司制度仍然残存到解放初期。从档案史料中反映出来的滇西边区土司制度，具有双重政治的特点，一方面既有自己独特的一套内部管理体系，同时又受制于中央政府行政管辖的一面，它是云南在历代中央王朝统治下，在政治、经济、文化方面与祖国内地密切联系和不断发展的结果。

发表于1994年《云南档案史料》第3期

南侨机工颂

——记抗战时期滇缅运输线上的南侨机工

说到民国时期的西南运输处，人们会想起闻名中外的滇缅公路。这条1938年至1941年被称为"抗战输血管"的运输线，曾有多少抗战健儿为此谱写了无数可歌可泣的历史篇章。南侨机工就是一例，他们在这条抗战运输线上写下了我国华侨史上光辉的一页。在云南省档案馆保存的"军事委员会西南进出口物资运输总经理处"和"旧云南省侨务委员会"的历史档案里，清楚地记载着这一段不朽的历史。

南侨机工的诞生

1937年7月，抗日战争全面爆发后，为了抵抗日寇的大肆侵略，中国急需大量的人力、物力、财力。为支援祖国抗战，以陈嘉庚先生为首的一批爱国侨领，在新加坡组织成立了"南洋华侨筹赈祖国难民总会"，并在南洋各地展开爱国救国募捐运动。各地华侨积极响应，尽其所能捐款捐物，争相表现爱国之情。所筹资金由"南侨总会"向美国购买了一千余辆汽车，无偿捐赠给了祖国，以后又陆续捐赠了几百辆。

1938年9月，日军攻占了广州，负责办理英、美、苏等盟国援华物资内外转接运输工作的西南运输处，由广州迁至昆明。当时作为我国唯一国际陆路运输线的滇缅公路的军运，不仅需要大量的汽车，更需要大量的熟练司机和修理工。于是，运输处主任宋子良先生电请陈嘉庚先生在南洋华侨中代为招募。陈先生了解到这一情况后，立即在新加坡、马来西亚、印尼等地成立了"南洋华侨机工回国服务团"。在陈先生及其他侨领的积极倡导下，分散在马来半岛北婆罗洲，荷属东印度群岛（今印度尼西亚）、菲律宾、泰国、缅甸、越南等地的华侨青年，爱国热情几乎达到疯狂的程度，纷纷响应，踊跃报名，毅然决然地参加了"华侨机工回国服务团"。南侨机工就这样在我国华侨史上诞生了。

这些参加回国服务团的华侨青年，大部分是司机，有些是修理工、电工、焊工、

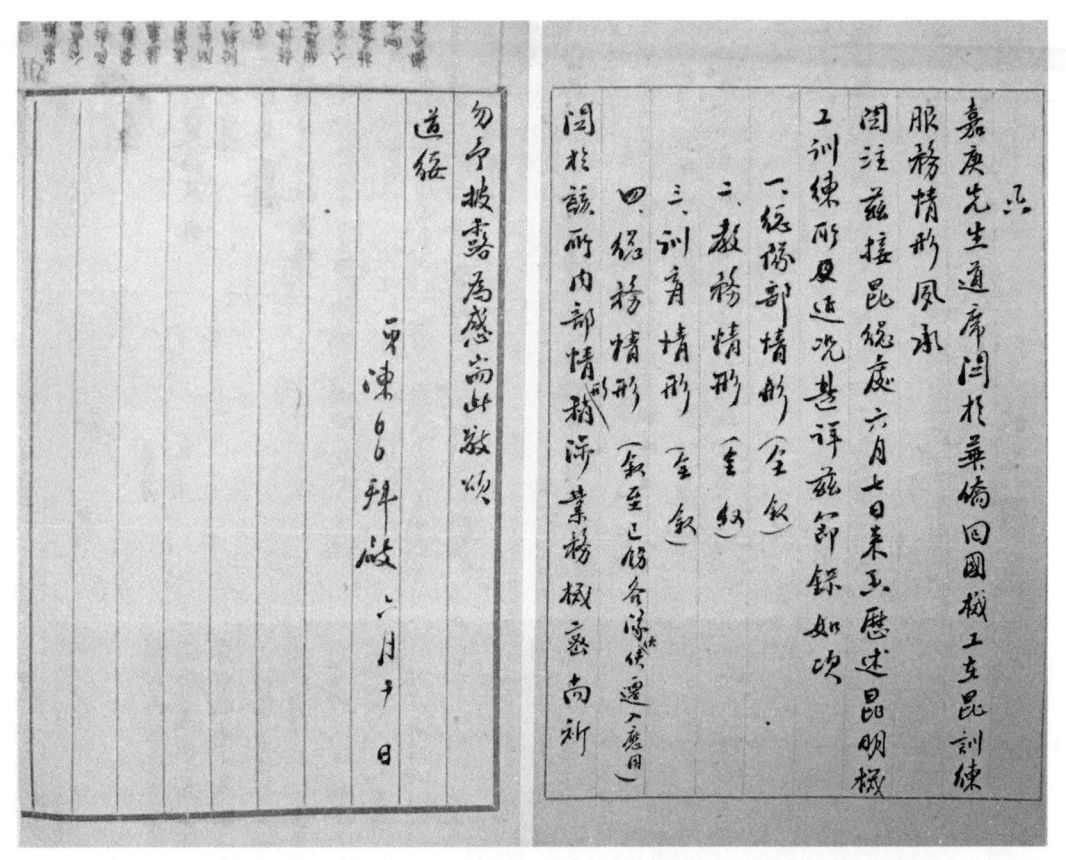

西南运输处陈质平关于机工在昆明训练情形致陈嘉庚的函（部分）

补胎工，喷漆工、车工、翻砂工和模型工，有的则是商人、学生和医务人员。他们中一些人是贫苦华侨，有些则出身于富裕家庭，属中产阶级，受过英国教育，拥有商店和橡胶园。少数人也已成家有子女，大多数是二十来岁的未婚青年。为了报效国家，他们放弃了待遇优厚的职业，毅然回国参加抗战，有的甚至瞒着父母虚报年龄秘密参加，有的或"抛妻弃子"投奔祖国。仅1939年3月至8月，不到五个月的时间，陈嘉庚先生领导的"南洋华侨筹赈祖国难民总会"就为滇缅公路抗战运输线输送了十批南桥机工，共计3200余名。可见，南洋华侨的爱国救国之心何等热切？何等感人！

抗战中的南侨机工

各批华侨机工到达昆明后，经过短期的军事训练和技术操作训练，编为华侨机工第一运输大队和第二运输大队，分别驻滇缅边境的遮放、腊戍，担任缅甸进出口的边境运输任务。有一部分则分到其他运输大队或公路沿线各修理厂、站,开始积极投入紧张的军运工作。在滇缅、川滇、滇黔,以至广西的河池、柳州,桂林,湖南的零陵、衡阳运输线上,南侨机工们不分昼夜,冒着严寒酷暑,在山高路窄、谷深万丈的公路上,在敌机轰炸和袭击中,不避艰险,流血流汗,把成千上万的抗战物资源源不断地运送到抗日前线。更值得一提的是,一些没有及时接到运输任务的侨工,看着其他战友一个个上了运输第一线,自己再也无法按捺住报国之心纷纷联名上书主管部门,请求迅速下达任务,以便早日报出祖国。据档案史料记载,由西南运输处受训后分配到贵阳军事委员会后勤部汽营处汽车暂编连的113名华侨司机和第九批第一大队的全体队员,由于各种原当局暂未给他们安排具体任务,他们深感不能为国效力,"无颜面对江东父老",于是联名致函重庆军政部西南运输处主任宋子良、"南洋华侨等赈祖国难民总会"主席陈嘉庚,竭力表明他们回国是为了支援抗战,不是来祖国享清福,虚度光阴,耗费国币的。希望当局尽快安排任务,以达报国之志。还有大部分已担任运输任务的华侨机工,在敌机轰炸、山高路险、瘟疫横行的艰苦环境里,不顾个人安危,带病坚持工作。有的牺牲在敌机的轰炸下;有的惨死于疟疾或行车事故中;有的拖着未完全康复的病体,又积极要求出征上路。诸如此类感人的例子举不胜举。南侨机工为了支援抗战,把自己的青春献给了祖国、献给了人民。"青山处处埋忠骨,何必马革裹尸还",不朽的华侨机工抛头颅、洒热血的爱国行动,令我们后人为之敬仰!

南侨机工对抗战的贡献

战争离不了后勤,后勤是战争胜利的重要保证,而连接战争与后勤的桥梁则是军运。"七·七"卢沟桥事变以后,日本侵略者为了加速实现其灭亡中国的侵略野心,妄图截断中国国际援华物资运输线,对中国沿海交通,包括上海、广州、香港各港口和滇越铁路实行了全面的封锁,于是,1938年8月新开辟的起于昆明止于缅甸腊戍的滇缅公路,由此成为中国唯一的出海通道。大量的英、美、苏国际援华物资经仰光—曼德勒—腊戍铁路线运到腊戍,又从腊戍运到中国畹町,再转运到昆明。当时的滇缅公路呈现一派繁忙的抗日运输景象。据统计,从1939年至1941年,由滇缅公路运入国内的战略物资,包括汽油、汽车、兵工武器、弹药、机电、轮胎、医疗药品、棉纱、布匹、通信器材等就有221577吨。这些经滇缅公路源源不断运入中国的抗战物资,有力地增强了中国人民对日作战的力量,保证了我国抗日战争的最后胜利。而担任这一巨大的繁重军运任务的,就有当年从南洋回国、支援抗战的3200余名南侨机工。他们对中国争取外援,完成援华物资的输入，鼓舞中国人民，加强中国军力，坚持抗日，起了重大的作用。南侨机工不愧为抗战初期的钢铁脊梁。

永远的怀念

历史告诉我们，今天的美好生活来之不易，在深化改革开放的新时期，继续保持和发扬南侨机工留给我们的爱国主义精神，对于我们每一个青年人来说，都是很有必要的。南侨机工的动人事迹永垂青史。

发表于《云南档案》1994年第2期

工作思考

从职称申报视角看新时期基层档案工作队伍结构的发展与变化

——以2021年云南申报中高级档案职称人员情况为例

职称是专业技术人员的专业技术水平和能力的等级称号，职称评审是指已经经过初次职称认定的专业技术人员，在经过一定工作年限后，在任职期内完成相应的继续教育学时，申报中级职称以上的人员须在专业期刊发表论文并且经过一些基本技能考试，向本专业的评审委员会评委提交评审材料，经过本专业的专业评委来确定其是否具备高一级职称资格的过程。每年的职称申报情况，都可以反映当下专业人才结构、知识结构和未来档案工作潜力的发展后劲，因为获得档案专业中级和副高级职称职务的人往往是档案基础工作的主体和中坚力量，起着承上启下的作用，承担着大量的实体档案工作，他们也是未来档案正高级职称的候选人，将成为各行业档案工作发展的引领者和加强者，具有一定的代表性。分析申报职称档案工作者的构成，对于了解本区域档案工作人才现状与规划未来档案人才队伍建设有着重要的基础作用。本文以2021年云南省档案专业中级职称和副高职称申报人员材料汇总情况为切入点，对新时期云南基层档案工作者基础知识与人才结构的发展与变化作简要分析和阐述。

发展变化之一

新时期档案工作需求量增强，大量其他专业岗位人员转行到档案岗位工作的人越来越多。由于职称是专业技术人员学术、技术水平的标志，代表着一个人的学识水平和工作实绩，表明劳动者具有从事某一职业所必备的学识和技能的证明，对个人来说，职称与工资福利挂钩，同时也与职务升迁挂钩，是求职的敲门砖，同时也是聘任专业技术职务的依据。所以职称申报一直是职业人员追求的一种职业资格认可方式。进入21世纪以后，随着社会发展程度越来越强，各行各业档案形成的数量越来越大，设置档案专业技术岗位编制的单位和人员呈上升趋势，转行转岗到档案系列的情况也越来越多，尤其以基建工程、医药、高校、科研、电力等行业申报档案职称人员增长数量较大，申报人员较多。从统计报表看，从其他行业或职称系列变更到档案专业的有经济师、工程师、会计师、农业师、编辑、医师、图文馆员、中教一二级教师、小教一级教师、护理师等等。其中从教师、工程师系列转岗到档案系列的人员占大多数。年龄从30多至50多岁不等。如我省2021年申报中级职称的人员88人，以20世纪80年代生人居多，其中，80年代的60人，70年代的16人，90年代的12人，最大是1970年生人，已经51岁，最小的是1994年生人，只有27岁，年龄相差23岁。副高级职称申报123人，以70年代生人为主。其中，70年代的78人，60年代的15人，80年代的30人，申报年龄最小的是1987年生人，有34岁，最大的是1964年生人，有57岁，年龄相差恰巧也是23岁。中高级职称人员的年龄构成比例基本相似，中间大两头小，符合专业发展的需要。值得注意的是大多数转岗申报职称的人是人生中途放弃原有职称系列，重新选择档案岗位。这种变化，一方面体现了我国盛世重收藏、重视存史的传统得到发扬。另一方面也是新时期档案工作改革发展的结果，新时代档案的收管存用已成为各行各业加强的重点，是社会档案意识增强的重要体现。

发展变化之二

新时期档案工作涉及面增大，档案队伍以文史类专业为主转向包容各类专业人员的情况越来越突出。从20世纪80年代初开始，我省档案工作新进人员的录用虽然从以转业军人为主逐步向以大学毕业生为主转变，但招录的对象大部分是以文史类专业居多，尤其以历史、档案、中文、英语、图书情报等专业较多，只有较少比例的理工专业如数学、化学、计算机等人员加入，档案专业队伍的人员结构重文轻理、较为单一。而进入新千年后，档案工作的涉及面越来越广，随着档案信息化程度的提高，档案专业人才需求的增强，各行各业加强了对档案工作的领导和配置力度，不仅在企业，在参公人员、事业人员选拔任用的公考、公选或转岗中，档案行业也吸引了大量的各种专业出身的中青年人加入。从2021中职及副高职称申报人员的身份情况看，非档案或文史专业的申报人员有64类，除了有汉语言文学、历史档案、图书情报文博、公共管理、外语、法学、行政管理、人力资源、经济管理、思想政治、工商经济管理、企业管理、教育学、新闻学、信息管理、计算机科学与技术、软件学、职业技术管理、国际经济关系等等专业的人员报名从事档案管理岗位工作外，更有来自土木工程、交通工程、电气工程、农业推广、热动力机械、化学工程工艺、生物科学、森林保护、工程造价、电算会计、临床医学、护理学、禁毒学、动画专业、办公自动化、人力资源管理、旅游酒店管理、动物医学、房地产经营管理、电力经济、土壤与农业化学、园艺技术、影视多媒体技术、设施农业科学与工程、学前教育、音乐、资源环境与城乡规划、数学教育、社会工作等等专业毕业人员从事档案工作。反映了档案工作涉及领域广、人才需求强、社会影响提升的特点，使得档案行业集结了大量不同专业、不同技术的人员，为进一步提升档案工作的社会地位和档案行业队伍的综合素养打下了坚实基础。

发展变化之三

2000年后，档案工作要求更严，档案干部队伍学历层次越来越高。从2020年到2021年申报中级职称的174人员情况看，硕士研究生11人，大学本科155人。云南省档案馆人员学历结构变化也不例外，在现职的117人，有研究生学历的19人，占16%，78人是大学本科学历，占66%，改变了八九十年代以高中、大专为主，本科较少，研究生缺乏的状况。在其他发达省区城市，已有单位招录博士生从事档案保护管理技术与开发利用工作。从档案工作的视角反映出了改革开放四十多年来，我国社会经济科技发展给档案人才队伍建设带来的新变化、新提高。

发展变化之四

由于多方面的原因，事业单位申报人员比企业人员申报的多，民营企业申报较少，从事档案工作的女性比男性人员多，高精尖的档案人才队伍培养难度大。2021年中级职称申报的88人中，女性有76人，占86.3%，男性12人，占13.7%，副高职称申报的123人中，女性108人，占87.8%，男性25人，占12.2%。反映出档案工作需要稳定细致的特点似乎更受女性从业人员的欢迎。而从上报单位性质看，事业单位申报的人员比企业单位申报多得多，如上报的中级职称，事业单位人员有64人，占72.7%，企业单位只有24人，占21.3%，副高职称申报人员中，有事业单位人员114人，占92.6%，企业的9人，只占7.4%。而且，到了高职申报阶段，企业人员比事业单位人员申报人数越来越少，且非公经济组织和私营企业鲜有人申报。这除了政策、编制、宣传、认知等因素外，与现在从事档案工作的人员掌握档案专业基础理论薄弱和研究能力不足有关，更与档案工作越来越向复合型人才转变的趋势有关。从每年职称申报情况看，档案与历史专业出身的人员较少，2021年申报中职和副高职的211人中，只有16人是档案专业毕业生，占7.5%，其余大都是其他学科转岗的人员。在大多数档案从业人员中，既有档案专业基础，又懂现代技术知识，既懂传统档案管理，又熟悉电子档案等新载体管理技术的人员不多。每年前来申报正高职称的一般也只有二、三人，甚至一个也没有，有的还不一定符合申报要求，即使符合基本要求通过的，在全国乃至云南范围内鲜见成为领军人才。反映出云南省档案工作队伍实践工作能力强、基础理论研究能力弱，专业能力强、综合能力弱，复合型人才不足的现象。

从以上情况可看出，随着社会经济科技的发展，档案人才队伍结构和建设发生了重大的变化，取得了喜人的成就，但也不同程度地存在一些不容忽视的问题。一方面，大量各种专业人员转入档案岗位，档案专兼职队伍不断壮大，集结了人才，进一步提升了档案干部队伍的知识结构和人才结构，为适应新时期档案工作的发展需要奠定了人员基础。另一方面，专业人员档案学理论基础薄弱，使得档案工作人才向更高更深更广的研究能力提升显得功底不足；把专业知识与档案工作融合、把档案工作与现代技术整合与发挥的能力受到极大限制；以致在创新档案工作发展、深化档案科研，推广有益实践经验等方面后劲不足，高端的档案工作领军人才培养难度大。在初、中级职称申报人员中还有部分人员申报初心不是以做好和推进本机关档案工作发展为出发点，而是以解决自身的个人职称利益为出发点，找人撰写论文或打通"关节"虚报从事档案岗位工作证明、打擦边球、混职称待遇的现象依然不同程度地存在，敬业心不强，使得未来档案工作的发展潜力受到制约和影响。面对新时期的新问题，要解决档案人才结构和队伍建设中的矛盾：

第一，要进一步健全机构改革后档案人员职称评审机制，完善更新原有职称评审条件，放宽基层一线从事档案工作人员的评审条件，充分调动基层档案工作者的积极性，为真正有专业实践和理论研究能力的人才创造职称晋升机遇和上升的空间。

第二，建立人才培养中长期规划，关注每年职称申报人员结构情况变化，积极研判档案行业人才结构走向和发展潜能，建立本省档案人才专家库，用项目带动，对选择的中级职称以上人才开展理论与实践的重点培养，发挥带动与储备作用。

第三，要建立健全民营企业档案人员职称申报评审制度，赋予民营企业档案管理人员工作资质，积极培养民营企业档案人才队伍，优化我省档案人才队伍结构和管理水平。

第四，要不断建立健全档案工作培训机制，提升档案业务培训质量和水平。档案工作横跨百业、纵贯古今，不仅需要专业知识，也需要综合治理能力，做到知识结构与专业素养双修，才能满足新时期档案工作可持续发展的需求。档案部门要积极探索培训方式，采取基础知识传授、专题培训、重点培训、分类培训等方式，不断丰富档案专业知识线上线下的培训内容，为档案工作者的实作能力和专业基础理论的传播提供有效平台和学习的机会。同时要不断发挥综合档案馆业务研究主体和培养人才的龙头作用，带动基层档案专业人员的素质提升。

第五，要严明职称评审纪律，每一级职改部门必须加强对申报单位和申报人员职称评审纪律的宣传，加大对职称评审材料真实性的审核与监督，防止和减少混职称心态的存在，打牢档案专业人员敬重档案、敬畏职业的心理基础。

总之，队伍建设是档案事业发展的百年大计，是健全档案工作治理体系的关键，面对新时期档案人员结构的发展与变化，必须不断加强人才队伍的培养，不断提升全省档案工作治理能力和服务水平，才能担当起"存史、资政、育人、惠民"的重任，也才能为档案事业的创新发展，为国家社会经济发展做出新的贡献。

刊登在《云南档案》2021年第6期

根植基层，把脱贫攻坚档案业务指导工作做细做实

脱贫攻坚档案是我国在脱贫攻坚这一伟大历程中形成的对国家社会和农户有保存价值的各种形式和载体的历史记录，不仅是国家档案资源的重要组成部分，更是党和国家的宝贵财富。云南是全国脱贫攻坚主战场，全省129个县有88个是国家级贫困县，有8502个村是贫困村，在现行标准下的农村贫困人口有658万余人。截至2019年，云南省在党中央、国务院的坚强领导下，始终坚持以脱贫攻坚统揽经济社会发展全局，切实把脱贫攻坚作为重大政治任务、头等大事和第一民生工程来抓，精锐出战，攻坚克难，全省有79个县实现脱贫摘帽，8073个贫困村出列，613.8万人实现脱贫，占全省贫困人口的95%。其中，独龙、基诺、德昂、阿昌、布朗、普米、景颇、佤、拉祜9个民族实现整族脱贫，全省脱贫攻坚取得决定性胜利，为全面建成小康社会打下了坚实基础。为进一步确保反映我省脱贫攻坚伟大历程的档案资料收集齐全、规范整理，有序移交，云南省档案局采取多项举措，全面落实国家和省委省政府要求，上下一致，凝心聚力，根植基层，做细做实收官阶段精准扶贫档案业务指导工作。

一、强化调研，准确掌握云南脱贫攻坚档案基本情况

科学有效的业务指导，既要熟悉政策，更要摸清本地区脱贫攻坚档案形成及管理的基本状况。针对脱贫攻坚工作主要在基层，形成的档案也主要在乡村的情况，自2015年开展脱贫攻坚工作以来，云南省档案部门一直注重脱贫攻坚档案形成的跟踪与调研，与相关部门共同研究出台了一系列加强脱贫攻坚档案管理的办法、细则和措施。随着脱贫攻坚工作收官临近，2019年，省档案局又组织了广泛的调研，班子成员分别带队到两个以上州市的县、乡、村、组开展脱贫攻坚档案调研工作，进一步了解掌握全省脱贫攻坚档案状况，并写出调研报告和建议，深化对全省脱贫攻坚档案工作的认识和把握。为了解省级层面反映脱贫攻坚音像档案情况，还专门组织调研组到产生音像档案产生较多的省委宣传部、融媒体中心、新华社云南分社、省扶贫办、云南报社、云南广播电视台等部门调研脱贫攻坚音像档案管理情况，建立音像档案接收机制，为建立全省脱贫攻坚音

像档案数据库做好前期准备。各州市县档案部门也积极融入服务脱贫攻坚工作的大局，深入乡镇、贫困村进行调研与指导，及时分析产生的档案门类，结合本县的实际，整理出贫困户归档文件清单，项目档案归档文件清单，音像档案归档清单，有的县还整理编辑了《精准扶贫档案工作操作手册》，把县、乡、村、组、户归档清单、归档范围和保管期限汇编成册，让各乡镇村基层工作者便于学习和遵照执行。

在调研中我们了解到：由于脱贫攻坚工作涉及面广、项目多，反映这一伟大历史进程形成的材料不仅数量多，内容比较丰富，且形式多样，既包含了县、乡、村、组、户及多个行业部门形成的材料，又涵盖文书、科技、会计、声像、电子、实物等多种门类和载体的档案。据不完全统计，到2020年7月份止，全省有脱贫攻坚档案及资料约737万卷（件、盒），其中，建档立卡的贫困户材料约228万余卷，扶贫的项目档案资料34.7万余卷，文书档案约446万余件，照片261万余张，音视频材料1.8万余盘，形成了一套反映云南脱贫攻坚独具特色的档案资源体系。同时，由于脱贫攻坚工作要求高，工作对象在基层，一户一档管理动态频繁，增减随时发生，加之扶贫项目跨行业、跨年度，使得精准扶贫档案工作收集整理难度加大。

二、创新方式，增强业务指导的精准性和操作性

培训是档案工作业务指导的一个重要手段，脱贫攻坚档案形成的重点和难点在乡镇。为保证脱贫攻坚档案业务规范和标准落到实处，根据调研发现的问题，省档案局创新培训方式，采取了全员培训与重点提高相结合的方式，不断增强档案业务培训与指导的针对性和操作性，于2019年11月至2020年9月，根据每年脱贫出列县的顺序，分期分批对88个国家级贫困县的州市县档案部门业务人员、各乡镇管理脱贫攻坚档案的扶贫专干开展全员培训，共分为六个批次，涉及900多个乡镇1180余名基层档案专兼职人员。在培训内容上，着重实践操作，专门组织业务骨干在精研脱贫攻坚档案管理办法、实施细则的基础上，深入乡镇村调研档案类型、内容和存在的问题，获取第一手资料。并以问题为导向，围绕文书档案、贫困户档案、项目档案、声像档案四个方面要求制成教学PPT课件，就脱贫攻坚档案收什么、怎么收、如何分类及整理、如何编目上档号和办理移交等内容开展培训，使具体从事脱贫攻坚档案管理的人员掌握要求，明确任务。全员培训方式，避免了层层传训、理解政策程度不一、标准执行各异问题的出现，也减轻县级档案业务人员不足和县级培训给财政带来的压力；同时，通过集中培训，使得各县乡扶贫专干在脱贫攻坚档案管理方面提供了相互学习和交流的平台，业务培训延伸到乡镇

扶贫专干的做法,得到了基层的充分肯定。

另一方面,为使脱贫攻坚档案管理工作有范可示,云南省档案局从2017年和2018年脱贫出列县中确定了两个国家级贫困县为档案移交先行先试的试点县,作为重点加强培训提高的对象,开展点对点专门业务培训指导。由分管领导带队,组成工作小组,以乡镇为单位,以村扶贫工作队员、村文书或主任、乡镇扶贫专干为对象的22个乡镇300余人开展培训。其间,业务专家一边实地检查各乡村的脱贫攻坚档案,一边就各地形成的四种类型的档案整理存在的问题现场指导整改。先行先试的试点县将在2020年底以前将脱贫攻坚档案移交进档案馆保存。

三、补齐短板,确保档案资料齐全完整

在这场没有硝烟的战场上,我们用档案诠释了脱贫攻坚的全过程,我们用档案工作展示了档案干部队伍在脱贫攻坚工作中的作用与影响。一方面,全省档案部门通过助力脱贫攻坚既锻炼了干部队伍,又进一步提高了机关、乡镇、村社对档案工作的认识;另一方面,在各级党委政府的支持下,使全省各县乡村档案室建设发生了根本性的变化,通过脱贫攻坚档案管理要求,每个村都充实了档案箱柜并建立起了村级档案室,档案工作体系建设扎根基层乡村,取得了可喜可贺的成绩。但与国家工作要求和业务规范相比仍然还存有差距,主要表现在:

一是部分地区和乡镇对做好精准扶贫档案工作的重要性、必要性认识不足,工作积极性、主动性不高,给推进档案工作同布置、同实施、同验收移交难度增加。

二是由于基层专兼职档案人员或扶贫专干更换频繁,部分单位对精准扶贫档案的归档范围和保管期限业务要求熟悉不够,归档思路不清不明,把迎接查检材料视为归档材料,不能准确把握归档范围,对工作痕迹资料没有做到应收尽收、应归尽归,形成文件材料的保管期限定位不准确,形成的精准扶贫档案痕迹材料还存有不规范、不齐全、不完整的现象。

三是县级业务指导人力有限,水平不一,导致部分乡镇精准扶贫档案管理水平参差不齐。由于县级档案部门处在机构改革磨合期,人员不足、业务不熟,基层档案业务指导技术力量不强,加之云南脱贫攻坚档案工作点多面广,村级规范建档工作基础还十分薄弱,人少、事多、工作量大,给脱贫攻坚档案接收工作带来难度。

四是音像档案资料收集不全不够规范,立体全面反映脱贫攻坚全过程的视频影像、录音照片等收集数量占比较少。尽管在脱贫攻坚档案管理办法和实施细则中有明确要

求，云南省也制定了相应的音像档案收集清单和格式要求并开展了培训，但实际工作中依然存在未完全按要求收集的情况。

针对存在问题，我们将以问题为导向，补齐短板，着力抓好以下工作：

一是以宣传贯彻新修订《档案法》为契机，加大向社会宣传有关档案法律法规的力度，增强各行业的档案责任意识，不断提升各行业对脱贫攻坚档案工作的认识度和参与度。

二是积极向党委政府汇报，争取改善基层业务人员数量和质量问题，进一步加大对行业部门及乡镇村级档案的收集整理指导力度，抓行业、行业抓，发挥条块结合优势，抓好示范，强化引领，使一些缺漏的扶贫攻坚档案材料得到及时有效的补充和归档，进一步完善扶贫攻坚档案资源体系建设，确保反映国家重大战略实施的档案资料得到齐全、完整、规范的收集和管理。

三是加大脱贫攻坚档案的信息化工作，积极鼓励开展档案数字化，建立全省脱贫攻坚音像档案数据库，充分发挥档案的利用率，不断提升扶贫攻坚档案的现代化管理水平。

四是进一步明确要求，细化责任，认真贯彻落实好国家档案局和国家扶贫办下发的关于加强脱贫攻坚档案接收工作的通知要求，确保在2021年12月底前将脱贫攻坚档案分期分批接收进同级国家档案馆。

2020年12月

云南省档案馆馆藏民国时期外文档案研究

外文档案是指以外国的语言或文字记录的档案，云南省档案馆的外文档案主要是清末以来至1950年以前遗留下来的历史档案材料，据不完全统计，涉及13个全宗，2820卷，约计56000余件。馆藏外文档案以法文、英文两种文字记录为主，主要内容包括外国驻滇机构形成的档案材料，云南与国外在经济、军事、教育、交往、交流中形成的外文档案，以及一些中方机构在项目技术引进中形成的机械项目外文资料。包括当时省内国企、省企、私企、社团、金融、盐业部门在工程建设、技术改造、设备购置安装过程中形成的外文技术资料。这些外文档案在馆藏民国档案中数量比例虽然不大，但内容却十分丰富。在国家不断扩大对外开放的背景下，加强对馆藏外文档案的研究，吸取历史经验与教训，全面认知云南近代历史，进一步提高外文档案的科学管理和利用水平有着重要的作用和意义。

一、馆藏外文档案形成的原因

馆藏外文档案的产生与当时的国际国内环境、世界发展史、云南的地理位置和经济社会发展情况分不开。主要有以下几方面的原因：

（一）西方列强势力的入侵是形成外文档案的主要因素。云南风景秀丽，气候温和，集多民族、多语言、多文化、多山区、多气候于一体，被誉为"植物王国""动物王国"。尤其各种有色金属矿产资源较为丰富，被称为"有色金属王国"。其中铅、锌、锗、锡、铟、铂、铜、镍等有色金属的保有储量居全国前三位。早在十八世纪中期，英法殖民者便图谋亚洲各国。十九世纪末，缅甸、越南、老挝、柬埔寨先后沦为英国、法国殖民地，随后西方帝国主义列强掀起了瓜分中国的浪潮，不断争夺在中国的势力范围。在势力范围内列强各国享有修筑铁路、架设电线、于大城市（多为省会）设租界、以低税率进行通商、开设领事馆、设公共机构（如教堂、学校、银行、医院）以及享受治外法权等权力。1883年—1885年，法国以中法战争打开了云南门户，从此，法国凭借着与清政府签订的一系列不平等条约，不断向云南渗透其经济、政治、宗教文化势力，致使云南半殖民地程度日益加深。为了巩固势力范围，法国迫使云南于1887年、1895年将蒙自和思茅先后开放为通商口岸，1898年在思茅设立法国领事馆，并攫取了滇越铁路的修筑权。随着滇越铁路通车，各种贸易活动加强，1920年，法国在昆明设立法国外交部驻云南交涉公署，1935年更名为法国领事馆，1946年升格为法国驻滇总领事馆，该馆主要负责观察云南的政治动向，密切与云南省政当局联系，为法国政府提供情报，保护法国在滇的经济、文化侵略势力。所有这些外国机构在云南的设立和运行，成为云南外文档案形成的重要因素。

（二）为助力云南经济社会发展，国外先进技术的引进与运用，形成了大量的项目技术和项目管理文件。滇越铁路的通车，客观上使云南对外开放的程度在民国时期较其他内地省份较高，在引进国外先进技术助力社会经济发展方面，在全国具有代表性。如中国第一座水力发电站——昆明石龙坝电站，就是引进德国西门子公司的技术进行建设。再如，中国引进外国先进技术改良食用盐质，加入碘化钾生产，预防颈瘤病（即甲状腺肿大）的发端始于云南。众所周知，食盐是关系国计民生的特殊商品，据馆藏档案记载，民国时期，云南为碘缺乏症发生较频的省区，长久以来，颈瘤病十分流行，据巴黎医科大学景生梅（音译）教授、穆礼雅（音译）博士来滇游历时的估计，滇南地区染颈瘤病患者约达20%~25%，女子比男子的患病率更高。而美国和瑞士早年因改良盐质防治和减少了颈瘤病患者的产生，具有防治的经验和技术。1931年2月，云南盐务稽核分所向省政府提出，仿照瑞士、美国办法，于食盐中加入碘质，以预防颈瘤病的产生，此项建议得到省政府和国民政府内政、财政两部的支持，1932年分别下发了滇省食盐加碘指令，于是通过外交途径向美国、瑞士索取有关资料，并邀请了国际防疫委员会委员劳勃生（音译）、美国红十字会代表马克洛与省民政厅、卫生实验处的相关人员共同组成"云南预防颈瘤促进委员会"共同研究探讨加碘盐实施事宜。具体由云南省盐务管理局负责试验推广，自1939年起，先后在滇中、迤西两场地试行，后又在全省普遍推行。此项改革，便产生了大量与美国、瑞士、法国往来的关于加碘盐制作的国外技术资料、运用方法、管理制度及使用报告等等外文档案。

此外，滇盐历来产量不丰，供不应求，边境一线，如当时的思茅、车里、腾龙边线一带，就有缅甸私盐充斥。尤其抗战烽起，来滇落户企业、学校、机关甚多，军队调防频繁过滇，再加之沿海盐场相继沦陷，云南盐区还要担负济销黔西的重任，食盐供给日益紧张。1940年国民政府不得不决定，与英、缅政府协商（当时缅甸为英国殖民地），解禁缅盐，运销缅盐于腾龙边境地区，以减轻迤西、滇中两盐场的压力，直至1942年奉令停止。此期间也因此产生了一些因需进口缅盐与英缅政府和盐商的交往文件。

（三）抗战爆发，云南作为抗战大后方对外联系的唯一大通道，有关抗战物资的运送与技术人才的引进等外交事务频繁，以及对外金融业务的往来增多，从而产生了不少外文档案。如驻昆明的兵工厂聘用外籍专家指导、修建公路桥梁出国考察等等系列举措和活动都不同程度地产生了外文档案。再如中国银行昆明分行、西南运输处、美孚石油公司昆明分公司、昆明海关、外交部驻云南特派员公署、省教育厅、中央信托局、侨务处及省经委纺织厂等也因金融业务、货物往来、外籍人员管理、侨务事宜或多或少地产生了一些外文档案。

（四）云南地处祖国西南边疆，在与邻国的外交事务中也形成了一些外文档案。云南省与缅甸、老挝、越南接壤，有4060公里的边境线，与泰国、柬埔寨、孟加拉国、印度等国相距不远，自古就是中国连接东南亚、南亚各国的陆路通道。在历史的长河中，中国云南与邻国的边界勘测、纠纷处理、边境贸易都接连不断，双边事务处理也是形成外文档案的一个重要原因，形成了丰富多彩的具有地方特色、民族特色、边疆特点的外文资料。

二、馆藏外文档案的主要内容

馆藏外文档案大多数集中在原法国驻滇总领事馆、云南盐务管理局、中国银行昆明分行的档案全宗里，占所有外文档案的95%。由于外文档案原件没有翻译成中文，也没有中文文件目录，只能从现有中文案卷目录中和当时移交档案时的一些内容简介来进行简要阐述。

（一）关于法国驻滇领事馆的外文档案，分为领事馆本身形成的档案和法国在云南的天主教及社团形成的档案，有1200余卷，约24000余件，以法文记录为主，有部分英文记录。起止时间从1903年至1951年，主要内容包括：

一是有法国外交部的各种条例、规章、财务通令、日常公务通令，人事任免、驻外领事权限规定、征税、休假及各种工作规定，法国外交部给在外各使馆和外交人员的信件、指示，在外预备军人征召、管理、培训、教育及法国军人抚恤规定，在中国的法国商会章程，法国外交部、法领事馆就驻滇单位机构的设立、改革、取消等问题的来往函；有关于滇越铁路建设、开发、管理问题的文书，中国政府代表有关修改滇越铁路章程致法方的备忘录，滇越铁路公司征用土地文件及地图，职员待遇、任免和花名册；有关联合国的材料等等。

馆藏法文档案

二是有驻滇领事馆财政预算、支出、清算结算，各类开支账单、事务报告、职员薪俸、补助标准、人事管理等文件；有该领事馆与各国领事馆之间的公务来往文书、信函；法国在云南的侨务及侨民民事诉讼案件记录；有法国海外侨民及各国人员前往法国的护照、签证办理、侨民管理文件，在中国的法国各种协会、公司名单；关于中法友好协会的组织机构和组织章程；法国在云南的银行、公司、学校、医院、教会、教堂、航空公司等机构单位有关业务、财会等方面的材料。

三是有领事馆给法国外交部、驻华大使馆关于云南形势、西南各省时局、云南财经、商业和交通等方面的报告。包括对云南、广东、广西、四川、贵州政局的总结分析报告；云南省进出口贸易管理办法及实施情况，云南锡、烟、茶及农业情况报告，滇越贸易问题、西南公路铁路交通网络情况报告；抗战时期云南经济生活情况报告，以及有关中国大陆解放后的形势报告等等，无所不包。

(二) 关于省盐务管理局内的外文档案,约有1388卷,约计28000余件,以英文记录为主,时间从1917年至1949年。

主要内容有云南盐务稽核分所、盐务管理局与海关、总所及法国银行来往函件,视察盐井报告,及与各属业务往来文件,有汇盐解款通知、总账、工资、井盐附加税交纳记录,有关盐务护税的季报年报,处置英属、法属走私外盐入滇违法行为及其他缉私记录,有各种经费旅费财务账本,人事调动、保卫、被控等文件。有从美国、瑞士发来的反映用碘化盐防治颈瘤病研究成果的杂志报纸资料,包括:美国卫生部出版的《星星腊地省颈瘤症之观察》《卫生报颈瘤特刊》,克利伦省医学博士哈斯托氏(音译)所著的《用碘化盐防治颈瘤症安全办法》,瑞士颈瘤协会的《颈瘤讨论报告书》等。

(三) 关于分散在其他立档单位的外文档案,约120余卷,3000多份文件,以英文记录为主。主要有中国银行昆明分行驻国外分行的管理规章,昆明分行、富滇银行与英法公司、驻昆外商、外企往来及办理外汇业务文件,包括银行业务、代购机器、原料,与英法美等国银行、公司的往来电报底稿、会议记录,以及滇籍学生出国汇拨津贴旅费等往来函件。还有

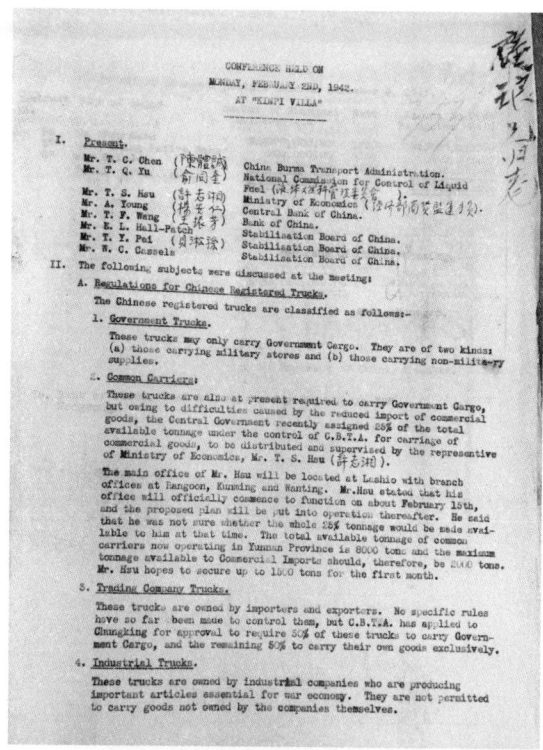

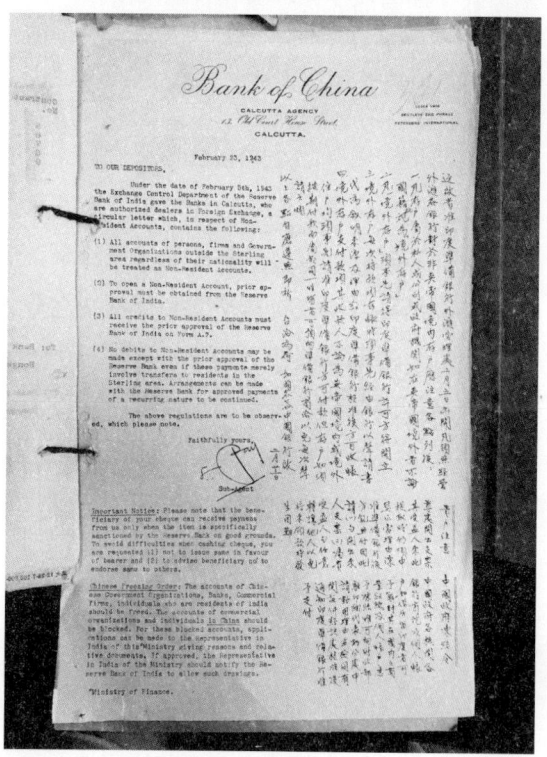

馆藏英文档案

滇缅运输局、省政府人事室、五十三兵工厂任用外籍人员及管理办法，滇缅公路运输涉外文件，中美商谈援助会议记录，远征军运输计划后勤运输保障会议记录，以及中央信托局、美孚石油公司关于美油美货运达数量、运往各地的往来文件，

三、馆藏外文档案管理存在的问题及对策

（一）保存分散

馆藏外文档案除了在云南盐务管理局、法国驻滇领事馆的相对集中管理外，其他的都散落于其他民国档案中，多的上百份，少的一两份，有的是专业性很强的技术档案，分布在其他全宗内管理的外文档案实体和信息未能有效集中管理。

针对此问题，基于省档案馆在建设数字档案馆的背景下，进一步加快对外文档案的数字化进度，有序开展已有档案数据的整理工作，在档案管理系统中建立外文电子档案专题数据库，解决档案实体分散的矛盾。还可扩大到建立全省外文电子档案数据库，将全省各级档案馆保存的外文档案数据进行采集，集中构建全省外文档案信息资源体系，确保外文档案的齐全完整和科学管理。

（二）缺乏翻译人才

档案馆缺乏既熟悉档案管理又擅长英文、法文外语翻译的人才。馆藏外文档案只有原移交单位移交档案时翻译出的中文案卷级目录，少部分银行往来汇款说明和规章有概要性的中文翻译，没有具体的文件级目录，更没有中英文、中法文对照的原文翻译。尤其是法文档案，不仅有老法文和新法文之分，还有一部分外文档案是手写体，给即便是懂现代法文的专家增加了翻译的难度。

针对此问题，一方面，应该加大外语人才尤其是专业翻译人才的引进，或者聘请有经验的外籍专家进行翻译逐步解决这一难题，另一方面，积极培养馆内现有人员的外语技能，将档案管理知识与翻译技能相结合，不断完成外文档案的翻译任务，提升外文档案的翻译水平。

（三）研究开发质量不高

由于内部外文档案翻译的缺失，对外文档案资源的进一步管理、整理、保护和深度研究、开发基本无从着手，因此造成外部公众知之甚少的状况，不能引起相关研究人员的关注与重视，两者相互作用，形成了恶性循环，使得外文档案的管理研究质量不高。

针对此问题，要加强对外文档案的翻译力度，充分认识馆藏外文档案是云南对外开放与交流的重要凭证之一。可组织专家对档案内容进行初步鉴定，将可开放的外文档案向上级和相关部门申报翻译课题或研究课题，整合国际国内人才资源，开展馆际合作，进一步加强对外文档案资源的开发力度，积极发挥外文档案服务中国云南"一带一路"建设的作用。

（四）档案利用率低

一方面，由于不知道外文档案的具体内容，担心利用出现泄密问题，不敢不愿完全开放利用外文档案。另一方面，一些档案工作者将保密与利用关系认识不到位，常把保守档案机密与开放、开发利用档案信息资源对立起来，使保密绝对化，特别是在外文档案的管理中，很大程度上限制外文档案的利用与开发，致使外文档案利用率较低，基本呈现尘封百年的状态。

针对此问题，要进一步转变观念，正确处理好档案保密与开放、保密与利用的关系，属于保密范围的，按国家规定严格执行，属于开放的，积极为社会提供利用。

总之，馆藏外文档案是特定历史阶段形成的档案材料，是馆藏档案资源的重要组成部分。它既反映了近代中国云南与英、法、美等发达国家和越、老、缅邻国的外交史，也从另一个层面反映了云南历史上的对外开放与交流历史，是一笔珍贵的文化遗产。它可为我们从不同的角度研究云南地方史、帝国主义侵华史、云南对外贸易史、工商业发展史、解决外事争端提供第一手宝贵的史料。对加强云南对外开放，建设面向东南亚、南亚辐射中心和实现"一带一路"建设目标具有积极的参考作用。

刊登在《云南档案》2020年第4期

云南生态环保档案管理利用的研究与思考

2021年10月联合国《生物多样性公约》第十五次缔约方大会将在中国昆明举行，大会主题为"生态文明：共建地球生命共同体"。届时全球196个缔约国将通过线上线下的形式参加大会，共同研究和探索保护人类和自然生物多样性和环境变化挑战的技术方法，启发人类如何思考把对自然的影响降到最低，如何鼓励企业承担起保护环境的责任，也将敦促各国政府探索和完善政策措施，共同致力于更有效的生物多样性保护工作。云南是中国生物多样性最为丰富的省份之一，是全球野生动物种类和生态系统类型最丰富的地区，有着丰富的自然资源和民族文化风情，在自然资源和传统文化的融合发展中形成了很好的经验和做法。大会在昆明的召开，这是国家、国际对云南生物多样性特点和保护成果的充分肯定，是云南的荣誉和骄傲，更是推动云南社会经济发展的重大契机。生物多样性保护、环境保护不是一蹴而就的工作，需要各国政府和各级组织长期合作和坚持与完善相关政策、措施，长期履行相关责任与义务，需要几代人、甚至几十代人长期坚守保护与治理才能达到人们对美好生活环境向往的要求。生态环境保护的长期性决定了环保档案的重要性，档案是决策、行动和记忆的记录，生态环保档案是指各级各类组织机构团体个人在开展环境保护与生物多样性保护工作中形成的有价值的相关文字、图表、音像、电子数据、实物等记录。这些记录既是云南研究生物多样性保护成果的凭证，也是全国乃至全球生物多样性保护科学管理经验的积累与共享基础。档案在记录传承人类保护生态环境理念方法措施，使生物多样性保护理念技术方法代代相传并创新发展上有着重要的基础性作用。如何收集保存利用好历史和当前各级党委、政府及各种组织机构关于保护生态多样性形成的档案材料，服务生物多样性发展和环保工作是档案工作的重要组成部分，也是可持续发展战略中不可忽视的问题。为此，笔者就生态环保档案的形成与基本情况、存在的问题，以及管理利用的思考作一简要分析和阐述。

一、云南生态环保档案的形成与基本情况

就云南省档案馆馆藏而言，生态环保档案从时间上看，分为民国时期形成的和中华

人民共和国建立后形成的档案。从内容上看又可分为宏观的和微观的两大部分，宏观的主要是指官方组织顶层设计、制定和实施的一系列文件材料，如新中国成立以后，履行与环保和生物多样性保护相关的职能部门形成的已经移交进各级档案馆保存的档案，包括国家和省级制定的与生物多样性保护有关的方针、政策、法令、法律、法规；全省环境保护的年度计划、长远规划、监督检查和推动全省环境、农林水牧渔等业的综合治理和保护区建设的规定，各类保护项目组织、申报、实施、检查等文件材料；以及防止自然环境受到污染和破坏，对受到污染和破坏的环境进行综合治理方案，依法管理的措施案例等等。微观的主要是指省州市县区设立的自然保护区、迁地保护区，各级各类基层组织在执行国家相关法律法规、实施具体保护行动措施过程中形成的具体记录，包括环保项目实施的技术运用，人财物的利用、生物多样性和环保效果变化记录，环境影响评价、环境监测、人与自然和谐发展的成效反映等等。这部分档案大多保存在具体实施项目的保护区内。

民国时期，由于经济社会、历史认知等方面的原因，没有专门的机构和部门从事全国范围内的环保工作，形成的有关环保档案保存数量不多、内容涉及面较少、系统性不强、保存分散。省档案馆保存的民国时期生态环保档案约计2700余件，分别保存在20余个立档单位里，其中主要保存在民国时期的省政府秘书处、省民政厅、省教育厅等单位档案里，内容主要有云南落实国民政府关于国家植树节要求的各种训令、通知、通告，省政府倡导城市绿化和表彰植树先贤的各种训令，省级各单位、各县每年植树节开展植树措施呈文。行政院关于改善全国地方环境卫生各情致省府的训令、各地环境卫生工作月报，农业环境变动情况，云南产名茶与环境历史相关的分析研究等等。

中华人民共和国建立后，初期由于百废待兴，生存发展问题突出，环境保护意识也相对较弱。随着社会经济的发展，我国的环保意识和措施逐步增强，1956年提出了"综合利用"工业废物方针，20世纪60年代末又提出了"三废"处理和回收利用概念，又称三废综合利用，指对工业生产过程中，产生的废液、废气、废渣等进行回收，综合利用或净化所采取的措施，实行三废处理可化害为利，变废为宝，防止环境污染，造福人类。但中国真正使用"环境保护"这一比较科学的概念，于1972年6月由联合国发起，在瑞典斯德哥尔摩召开"第一届联合国人类环境会议"，提出著名的《人类环境宣言》开始，环境保护事业正式引起世界各国政府重视的开端，中国政府也不例外。从此，中华人民共和国的环境保护事业开始健全并日趋加强，国家建委下设的环境保护办公室，改为由国务院直属的部级国家环境保护总局。到2008年环保总局又升格为"环保部"。主要履行环境和生态保护的责任和义务，执行各级人民代表大会制定的控制污染物排放政策，鼓励开发污染物排放控制技术以控制污染，保护和改善环境，并对全国的环境保护实施统一的监督管理。全国的环保工作得到高度重视，各级环保组织体系越加健全，环保的方法、措施、手段更加现代化。由此形成的生态环保档案数量增大、内容增多、系统性越来越强。在省档案馆保存的环保档案约计十万余件，主要保存在云南省环保局、环保厅、省林业厅、农业厅、农牧渔业局、省政府办公厅、发展改革委、建设厅，以及各类生态保护管委会等单位档案里，尤其以省环境保护厅（局）、林业厅居多。内容主要包括新中国成立以来，在林牧业、渔业、草地、植保、生态管理动植物保护方面的规划计划、方案措施，保护环境，恢复生态，预防环境质量的恶化，控制环境污染等重大保护项目的审批与监管情况和项目的组织实施情况，以及机构沿革、生态环境保护队伍建设等方面的情况。全省各州（市）、县（市、区）145个各级国家综合档案馆，根据县域大小、山地林地面积，形成的环保档案数量也不相同，都不同程度地保存有本地农林牧草业、江河湖水等方面的生态环保档案资料。既有文字的也有图表声像，形成了独具特色的生物多样性档案史料体系，是新中国重视环保事业的重要见证。

二、生态环保档案管理存在的问题

生态环境和生物多样性保护是一项系统工程，其保护方法和手段既有自然科学，又含社会科学领域，既有工程技术、行政管理、宣传教育，又需要有经济、社会、生态各方面的配合，涉及面广。因此，形成的档案记录涉及范围也较大，且集专业性与综合性一体。为加强生态环保档案的管理，确保档案的完整、准确、系统和安全，根据《中华人民共和国档案法》《环保法》和《全国污染源普查条例》，结合环保档案工作的特点，国家环境保护局、国家档案局于1988年11月18日颁发《环境保护档案管理暂行规定》；1994年9月27日两部门又联合颁发了《环境保护档案管理办法》；2007年12月12日，环保总局和国家档案局制定《污染源普查档案管理办法》，规范污染源普查档案的管理；根据全国环保工作的发展需要，环保部与国家档案局于2016年再次对《环境保护档案管理办法》进行修订。这一系列环保档案管理规章、规范的出台与施行，对环保档案的有效收集、规范管理和开发利用起到了积极的促进作用，但是由于多方面的原因，全省生态环保档案管理依然存在一些不容忽视的问题，主要表现在：

一是生态环保档案管理意识不强，难于保证内容的齐全完整。虽然《环境保护档案管理办法》发布实施已经有30多年，其中第十六、十七、十八条明确规定：环境保护文件材料归档范围应当全面、系统地反映综合管理和政策法规、科学技术、环境影响评价、环境监测、污染防治、生态保护、核与辐射安全监管、环境监察执法等业务活动；在检查专项工作进度时，应当检查文件材料的收集、整理情况；重大建设项目、重大科研项目和重大生态保护项目文件材料不符合归档要求的，不得进行项目鉴定、验收和申报奖项；环境保护文件材料归档工作一般应于次年3月底前完成；文件（项目）承办单位按要求将应归档文件及电子文件同步移交本部门档案管理机构进行归档，任何人不得据为己有或者拒绝归档。但由于社会环保档案意识和档案法治观念还不是很强，一些单位或部门的领导和干部职工对档案工作重要性的认识不够，对《环境保护档案管理办法》和自身制定的档案工作规章制度未能得到严格执行，以致一些环保工程项目在竣工验收后，难于保证环保档案按照归档范围要求移交接收归档，涉及的内容也就不齐全完整。

二是生态环保档案管理的机制不健全，科学管护不到位。虽然国家制定的《环境保护档案管理办法》明确规定，环境保护部门应当加强对档案工作的领导，完善档案工作管理体制，建立档案管理机构，加强档案基础设施建设，改善档案安全管理条件，配备政治可靠、责任心强、具备档案管理及环境保护相关专业知识和业务技能的正式专职档案管理人员。但实际工作中，因各方面的原因，有的单位没有专门机构和专职人员，尤其是基层配备的专职人员少、兼职人员多，有的甚至配备不到位，到位的人员又更换频繁，长者一二年、短者几个月，档案人员业务素质难于持续提高，以致环保档案的收集归档、规范整理和有效利用难于保证。同时，由于认识不到位，档案管理的基础设施设备和安全管理要求不符合科学管理要求，有的机关基层档案室又是办公室，有独立库房的也不完全符合设计规范，未配备防盗、防火、防潮、防水、防尘、防光、防鼠、防虫等安全设施，以及与档案信息化相关的计算机、扫描仪、档案管理软件、防磁柜等等基础工作设备。工作缺乏人才支撑，缺乏技术和设施设备的保障，环保档案的科学管理、安全管护也得不到保证。加之，基层保护区的人员除了少数正式事业编外，大多是劳务合同用工，对档案收管存用的科学管理和运用更难得到保证。

三是生态环保档案开发利用单一，作用发挥不明显。《环境保护档案管理办法》里也明确规定，环境保护部门的档案管理机构应当积极开发环境保护档案信息资源，并根据环境保护工作实际需要，对现有档案信息资源进行综合加工和深度开发，为环境保护工作提供服务。但大多数环保部门和保护区的档案利用信息化程度低，主要是针对工作查考提供手工利用，仅满足一般档案的查阅使用，处于被动服务状态。能根据社会经济发展和环境保护工作实际需要主动对现有生态环保档案资源进行综合加工和深度开发的意识不强，开发研究理念方法不多，手段单一，提供决策参考的利用不强，效果不明显。

四是信息化时代档案从业人员能力不足，观念更新不强、知识结构、专业素养跟不上社会与档案工作发展的需要。档案横跨百业，纵贯古今，档案工作是一项横到边、纵到底的工作，知识门类广。特别是在各门学科相互渗透的今天，仅有档案专业知识是远远不够的，尤其是环保工作涉及面广，涉及专业多，形成的档案门类也繁杂，由于地方各级环境保护主管部门的档案人员业务能力跟不上工作发展的需要，对本行政区域内环境保护档案管理工作实行监督和指导的水平和质量就受到影响，致使环保档案规范化、精细化管理不足，简单粗放型管理较普遍，开发利用不充分。

三、加强生态环保档案管理与利用的对策

一是加强环保档案工作的宣传和执法力度，走依法管理的道路。严格执行档案法律法规和规章制度是档案科学管理的前提，是维护档案齐全完整与安全的关键，环保档案作为一种重要的信息资源，是党和国家的宝贵财富。依法保护、管理好环保档案是各级国家机关、团体、企事业单位和每个公民应尽的义务。随着我国社会主义法律体系的逐步完善，《档案法》《环保法》和《环境保护档案管理办法》的有效执行也是国家治理体系和治理能力建设与提升的重要内容之一。环保主管部门和档案行政管理部门必须共同加大对环保档案管理工作的领导和指导，以新修订《档案法》为引领，突出档案工作的政治定位，理顺档案工作体制机制，按照规定要求配备档案专业人员和相关设施设备，优化档案科学管理、安全管理和开放利用有关制度，完善档案监督检查和法律责任，加强培训宣传和执法力度，不断提高环保档案重要性的认识。要进一步转变观念，由重行政经验管理向依法管理转变，加强制度执行的落实，强化环保档案规范化、精细化管理，坚持年度档案移交归档制度或网络在线归档情况检查，对出现违法行为的要加大执法力度，对于有法不依、执法不严等问题，要进一步加强监督惩处，真正做到依法管理档案、依法保护档案、依法利用档案，才能使环保档案得到科学安全的保护和管理。

二是树立现代管理思维，加快生态环保档案数字化建设步伐，走信息化发展道路。档案数字化信息化是档案工作的战略方向，只有走数字化道路才能适应大数据时代的需要。档案部门和环保部门要进一步加快数字档案馆（室）建设，建立专题数据库，提升档案工作的科技含量，探索利用网络平台，整合档案信息资源，努力实现存量数字化、增量电子化的要求，深层次开发档案信息，以档案信息化推动档案管理工作的现代化。

另一方面，专兼职档案工作人员要紧随档案载体、内容、形式的变化增强学习的自觉，掌握与之相适应的现代化管理技术，提升综合素质，才能适应档案工作发展的需要，才能更好地胜任档案工作，提升环保档案的科学管理水平。

三是加大档案收集力度，利用多种形式，积极开发环保档案信息资源，服务全省乃至全国生物多样性保护工作。一方面，联合国《生物多样性公约》第十五次缔约方大会即将在昆明举行，这是一次世界共同交流生物多样性保护经验的盛会，届时会有很多具有代表性的国家和地区，以及全国各地代表进行经验交流和展示，因而也是收集全国及世界各国生物多样性保护工作智慧的难得历史机遇。环保主管部门应该借机把档案资料的收集与会议的举办同部署，确保大会全过程的记录和大会形成的各种文件报告得到齐全完整的收集管理和归档。档案主管部门要加强与主办方的协调，加强对大会档案收集管理的业务指导，汇集国际国内经验，丰富档案内容。另一方面，要认真梳理历史上形成的生态环境保护档案，查缺补漏，开展档案史料汇编，包括政策汇编、保护区示范区成果汇编、项目档案资料汇编，为专家学者提供研究素材。开展档案文化产品开发，包括举办展览、编辑环保的故事、拍摄环保档案利用专题宣传片，利用多媒体，包括广播、电视、微信、抖音、快手、公众号、向公众普及环保的知识，展示生态保护的重要性与成果，让公众了解生态与人类生存的关系，丰富生活生存的意义，从而促进人们保护生态、保护环境、保护档案的行动自觉。

刊登在《云南档案》2021年第4期

档案安全管理风险防范与控制的思考

安全是人类生存和发展的前提，人人渴望安全，呼唤安全，当今社会安全重视程度之高，安全谈论之多，安全投入之大可能是前所未有的。我们每天都会听到看到国内外、省内外有关安全事故的报道，包括生产安全、食品安全、社会安全、交通安全、消防安全等等。与档案文物历史有关的安全事故也不少，如巴西国家博物馆火灾、法国巴黎圣母院火灾等，一些机关基层档案馆室也不同程度地存在档案安全隐患。为贯彻落实总体国家安全观，国家档案局2017年在天津专门召开了档案安全工作会议，会议强调指出：要牢固树立档案风险隐患就是安全事故的观念，把构建风险分级管控机制和隐患排查治理双重预防机制作为进一步做好档案安全的重要抓手，筑牢档案安全防控体系。近几年，国家档案局出台了一系列安全管理规定和措施，进一步强化档案安全管理。如：2018年9月21日，国家档案局就巴西国家博物馆火灾事件向全国档案部门下发了《关于进一步加强档案安全隐患排查检查的通知》，要求各级档案部门以巴西博物馆火灾事件为警示，认真组织开展档案安全管理防范工作。2018年12月24日，国家档案局印发《档案馆安全风险评估指标体系》，为各级各类档案馆提供安全风险范防具体指导。2019年4月26日，国家档案局又下发《关于深入开展档案安全风险隐患排查整治工作的通知》，要求各单位一把手要亲自抓、亲自管。迅速开展档案安全自查自纠工作，要把防火、防水、防盗、防泄密作为安全工作的重中之重。

档案安全风险因素众多，如何识别档案安全存在的潜在风险，及时采取有效措施，消除安全隐患？笔者结合云南边疆档案工作实际，认为应从以下几个方面强化：

一、提高认识，明确风险点，开展安全风险评估，做到从源头控制。

安全管理是管理科学的一个重要内容，它是为实现安全目标而进行的有关决策、计划、组织和控制等方面的活动；主要运用现代安全管理原理、方法和手段，分析和研究各种不安全因素，从技术上、组织上和管理上采取有力的措施，解决和消除各种不安全因素，防止事故的发生。档案安全管理是指立档单位、档案馆、档案室以及个人对馆

（室）藏档案实体和档案信息内容采取有效保护措施，避免档案受到自然灾害或人为侵害，杜绝各类危害档案安全事故发生，最大限度地延长档案寿命，并使其处于安全状态的管理工作。但一些基层档案馆室，存在着责任心不强、安全风险防范意识淡漠的问题，存在着重技防、物防，轻人防的情况。必须充分认识档案安全是总体国家安全的一个重要组成部分。要做好档案安全工作，离不开安全体系的强力支撑，更离不开各级档案部门和档案管理者对安全职责的履行。国家档案局出台的《档案馆安全风险评估指标体系》（以下简称《评估指标体系》），共包括4项一级指标、15项二级指标、56项三级指标。其中，馆库安全包含馆库选址、馆库建筑、功能布局、设施设备存在的风险点；档案实体安全包含档案保管、档案流转、档案抢救和保护存在的风险点；档案信息安全包含系统安全、数据安全、档案开放和利用安全存在的风险点；安全保障机制包含组织保障、制度保障、应急措施、宣传培训、安全保卫存在的风险点，共计156个相应的定性或定量的评估内容。要保证档案安全必须从思想上提高对档案安全风险防范重要性的认识，根据《评估指标体系》内容，积极开展风险评估，全面、系统地梳理档案馆室中在这四个方面可能存在的隐患，了解风险点，主动分析档案安全风险隐患，采取预防措施，做到从源头控制。

二、注重细节，突出重点，做到持之以恒保安全

在档案安全风险诸多因素中，显性风险易防，隐性风险难防。ICA国际档案理事会将风险分为自然灾害、意外事件、工业灾害以及人为活动四大类，并将各类风险全面细分为44项，包括来自自然的显性风险：火灾、地震、暴雨、雷电、泥石流、高温、高湿、沙尘暴、龙卷风、海啸等等的威胁，来自管理中的隐性风险，如防尘、防光、防磁、防污染、防盗、防虫、防有害生物的侵害。安全风险防范难在细节、难在持之以恒。因为显性风险在库房设计施工、建筑安装、消防安防等方面按规范要求做到，风险防范一次投入十几年可防，而隐性的风险，却得依靠人的作用，每天或定期操作与坚持才能保证安全。在档案安全管理中，机关档案室大多是兼职人员，基层档案馆虽是专职编制却少的问题突出，加之一些地区经济困难、经费不足、意识不强、制度执行不力，很多安全隐患防范不足。主要有：

一是库房温湿度的调控在基层、机关档案安全管理工作中易被忽视。云南是一个气候多元的省份，一山有四季，十里不同天，有像西双版纳、德宏这样高温高湿的热带亚热带气候，有迪庆州这样高寒高海拔地区，有滇中昆明、楚雄、玉溪、曲靖这样的气温变化不大却干燥的城市，由于各地对温度湿度对档案安全管理影响的认知不足，加之边

疆地区财力不足的原因，有的未配备相关温湿度调控设备，有的只有监测设备没有调控设备，有的配备齐全又不能正常使用或不坚持使用，使得库房温度、湿度有长期超标不能得到有效控制的现象。

小指标危及大安全，长此以往，就会出现档案纸张老化、砖化、发霉、碎片化，字迹退变和有利于危害档案有害生物的生长与繁殖，以致发生虫蛀而破坏档案，这种破坏虽不像火灾、水灾、震灾这样来得迅猛，但其默默无声，循序渐进，对档案载体和信息进行蚕食侵吞，档案的安全也是得不到保障的。必须按照国家《档案馆建筑标准》及《照片档案管理规范》执行好各种档案保管的温湿度要求，纸质档案库房适宜温度14℃至24℃，相对湿度45%至60%；音像档案保存胶片底片的适宜温湿度为：温度13℃至15℃，相对湿度35%~45%；纸质照片的适宜温湿度为：温度14℃至24℃，相对湿度40%~60%。要根据不同的地区、不同的气候条件加强档案的温湿度监测和控制，营造良好的温湿度环境，确保档案无霉变、无虫蛀、不被污染，得到安全管护。

二是要档案库房的干净整洁坚持不足。在档案管理的"十防"措施中，防尘是档案安全管理的一项重要措施。防尘不到位，库房容易产生鼠患、虫患、霉变。但有的机关档案室，因为办公用房紧张，不能做到库房、整理、查阅、办公四分开，大多只能做到保管办公两分开，部分是库房办公一体化，各种外带物进入库房，甚至库房类种养植物、花卉，存放零食等等，即便分开的也把库房与仓库等视。不注重库房卫生管理，严重不符合档案安全保管的需要。2018年国家档案局颁布13号令《机关档案工作规定》，对机关档案的库房、业务用房、办公室做出了明确规定，应严格执行相关要求，尤其是库房卫生管理制度，随时保持库房地面、箱柜、墙面、设备的清洁卫生，严禁在库区吃零食、养植花草、堆放杂物，才能防止鼠害、虫害及其他有害生物对档案的侵蚀。

三是档案数量与质量的定期安全保密检查制度落实不到位。档案的安全保密检查，是针对档案在管理利用过程中，防止档案的丢失损毁，确保档案实体数量与档案登记台账相一致的基本安全保管要求，也是对档案保管中是否存在虫霉情况的一个安全检查。但实际工作中，不少机关基层单位的档案安全保密检查工作，大多只重视档案移交归档时的案卷清点移交清查，对已交档案多年后的档案数量与质量清查，尤其是定期对档案虫霉情况检查，制度落实不到位，我们在档案规范化管理业务现场指导中发现库房档案管理台账不清、家底不熟的情况，甚至有虫霉存在却一概不知的情况，更没有采取相应的保护抢救措施，严重影响档案的寿命和安全。必须建立健全和坚持执行档案定期安全检查制度，对馆藏、室藏档案进行清点核对，做到登记台账与档案实体相符，关注档案载体的变化，及时发现相关安全隐患，确定处置方案，确保档案的齐全完整。

四是馆库安全防护设施的运用重视不够。档案安全防护设施是确保档案安全必不可少的"安全防护网"。它包括入侵报警系统、出入口控制系统、视频监控系统。因为经费和人才的因素，在县级基层档案馆中大多只有安装视频监控系统，对档案库房、阅览室、裱糊室、数字化现场等档案实体的场所和服务器机房等重要场所设有置视频监视摄像头，但安装入侵报警系统、出入口控制系统和库房门禁系统的较少。即便已安装视频监控系统的单位，有的也不能完全做到实时监控。监控的数据存储也没有规范管理。必须按照《安全指标体系》中指明的档案实体安全和数据安全风险控制点，根据自身实际情况，对档案馆室周边、档案库等重要位置安装和运用好入侵报警系统、出入口控制系统、视频监控系统，才能防患于未然。

三、建立健全应急机制，做到有备无患

应急机制是指针对特殊事件、突发事件的紧急处理机制。应急预案是为了迅速、有序、有效地针对已发生或可能发生的突发事件开展控制与救援行动，尽量避免事件的发生或降低其造成的损害，依照相关法律法规而预先制定的应急工作方案，主要解决"突发事件发生前做什么？事发时做什么？事发后做什么？以上工作谁来做？"等四个问题，是应对各类突发事件的操作指南。但一些基层档案馆在建立健全应急预案方面依然没有引起足够重视，认为灾难远离自己，预案无用，存在着侥幸心理。有的没有制定应急预案，有的制定空洞没有操作性，有的敷衍了事。此外，对电子档案数据的备份也存在"一备了之"、封存了之的情况，对备份形式、材质的选择、备份数据的检测、备份材料的管理没有深度的研究和规范的管理，使得遇灾需要数据恢复时得不到应有的保障。根据国家档案局《档案工作突发事件应急处置管理办法》及国家相关规定，各级档案馆必须建立应急机制，完善应急预案，应急预案应该包括对水灾、火灾、地震等自然灾害和档案丢失、档案被盗、档案泄密、计算机信息管理系统崩溃等突发性事故的应急处理方案。在预案中要明确原则、方法、步骤、重点、职责、任务，才能保证遇灾不乱，组织有序，有备无患。

总之，档案安全是档案工作的底线和档案事业的根基，维护档案安全、建立档案安全体系是档案工作的重要内容，将风险管理理念和机制引入档案安全管理，是档案安全工作精细化、规范化管理的升级和运用，对于加强档案安全保密管理有着重要的意义和作用。只有加强档案安全风险管理，才能把一切风险控制在隐患形成之前、把一切隐患消灭在事故发生之前，确保档案安全万无一失。

刊登在《中国档案报》2019年6月6日

让尘封的历史活起来

——云南省档案馆开发利用档案形式的探索与实践

云南是一个多民族的边疆省份，有着丰富的历史档案文化资源，自1959年云南省档案馆成立至2019年底，保存有自康熙四十四年（1705）以来的各类档案资料186万余卷册。如何立足馆藏、结合时代的需要开发利用档案资源，有效展示和传播档案中所蕴含的中国历史文化，为加强爱国主义教育、为中国特色社会主义文化建设服务，让尘封的历史活起来，一直是云南省档案馆积极探索与实践的议题和内容，经过近六十年一代代档案人的努力，取得了一定的成绩，也带来了积极的影响。

一、用史实发言，爱国主义教育基地作用得到充分发挥

一是自行开发，深度挖掘，用真实的档案文献再现云南的光荣历史，发挥档案不忘初心、砥砺前行、存史育人的作用。云南省档案馆建馆以来，先后举办了30余个展览，主要有《护国运动展》《红土高原的记忆——档案中的云南历史展览》《红军长征过云南档案图片展》《云南百年风云展》《云南名人档案展》《云南探险家金飞豹捐赠档案图片展》《方寸之间——曾吉轩商标档案展览》等等。用革命史、地方史以及对云南做出贡献的典型人物事迹追本溯源、激励人心。二是采取联合开发的方式，进一步提升档案服务国际国内社会需要的能力和水平。先后与新加坡、美国档案部门联合举办了《南洋华侨机工回国抗战档案图片展览》《飞虎驼峰纪事——纪念中国空军美国志愿航空队援华抗战七十周年档案图片展览》；与省委宣传部、省文化厅、统战部等部门联合举办的《血写的历史——日本军国主义在亚太地区罪行图片展览》《纪念抗日战争胜利七十周年图片展览》；与山东省台儿庄抗战纪念馆联合举办《滇军六十军出滇抗战史料图片展》；与云南师范大学联合举办《西南联大历史文献图片展》。其中，影响较大的是《南洋华侨机工回国抗战档案图片展览》《飞虎驼峰纪事展览》，不仅有固定陈列展、活动展，还制作了电视专题片、编辑了档案史料汇编，成为云南省档案馆深度开发

的金牌产品，每到相关时间节点都有相关单位机构邀请联展、巡展，已分别到新加坡、美国、马来西亚等国和北京、广东、海南、深圳、广西等省市进行展出，掀起了南洋华侨机工回国抗战历史、飞虎驼峰抗战历史研究热潮，以致南侨机工后人组成"查档团"前来云南省省馆查阅先辈的档案，每天几十人涌入查阅大厅争先查阅，在云南档案利用史上创下了新高新景。同时也结合重大节日或者纪念日，组织开展巡回展，深入到城市公园、社区、学校、县乡进行专题教育活动，对增知育人起到了积极的作用。

二、撰写档案里的云南故事，地方历史记忆得到深化和传播

档案是一部历史巨著，由千百年历史的过往堆积而成，汇集着大千世界的千姿百态，记载着无数的人文故事。档案里的故事就是以馆藏档案为依据，在广泛查找背景资料的基础上，从尘封的档案中发掘大量鲜为人知的素材，以通俗生动的形式，使文字、照片相结合，述说许多应知、欲知而未知的故事。进入二十一世纪以来，云南省档案馆组织发动全馆爱好历史、有文字功底的同志，以及邀请在云南历史研究领域有成就的专家学者共同开发馆藏档案资源，先后编写并公开出版了20余部档案里的故事，包括《话说云南老字号》《档案中的西南联大》《云南近代海关与外贸》《滇军抗战史话》，以及云南土司遗址、土司世系表等等。反映了清代至新中国建立，发生在云南大地上的人和事。这些故事，或感人肺腑，或引人沉思，或震撼心灵，浸润其中的是云南儿女乃至中华骄子留存在岁月中最深沉的精神追求，是云南民族文化传承光大的强劲正能量。由于档案里的故事具有通俗性、接地气的特点，融知识与趣味于一体，既适合信手翻阅，又具有收藏价值。对于年轻人，尤其是大中学生和机关干部了解历史、增长知识、开阔视野是一种很好的文化产品。其中《清末民初的云南社会》《抗战时期的云南社会》《新中国建立前后的云南社会》曾作为爱教丛书赠送给了一些中小学校，为档案故事进校园，丰富中小学生了解地方史的内容发挥了一定的作用。

三、制作档案史料画册，档案的可读性和趣味性得到增强

档案史料画册是通过图文并茂的形式解读反映历史事件、人物和档案珍品的一种呈现方式。因为它以大量的历史照片或档案图片为主，具有直观、生动再现历史原貌的特点，能让人一目了然。同时它可以用流畅的线条、和谐精美的图片和具有历史韵味的文字解读，组合成一本富有创意、具有可读、可赏性的作品。云南省档案馆编著和合作编

著的档案史料画册计有10余种，包括《云南抗日风云》《云南白族建筑博览》《难忘飞虎队——美国飞虎队援华全景图文》《红土高原记忆》《云南少数民族档案图文汇编》《图说云南老戏台》《云南魁阁集萃》《云南文庙影像》《馆藏妙峰山名家书画集》《云南省档案馆馆藏字画选集》《云南省档案馆馆藏普洱茶档案画册》等等。随着科技的发展和生活节奏的加快，尤其是视觉文化、读图时代的来临，图像社会已成为一种全面覆盖性、主导性的文化景观。档案史料画册不仅有着很高的史料研究价值和美学欣赏价值，还具有历史快餐文化的特点，符合图像社会的阅读需求，适用于社会公众快速了解地方人文故事和历史文化的需要。

四、拍摄档案题材专题片，丰富公众历史素养的能力得到提升

专题电视片是电视制作人员针对某项问题、现象、事件或者人物的档案采用电视表达手法，以某一具体主体为中心进行专门报道的节目。云南省档案馆先后与中央电视台、云南电视台、昆明电视台合作或协助拍摄档案专题电视片20余部（集），在相关电视台栏目中播出。如系列电视专题片《典藏档案》11集，其中，《护国运动》3集、《昆明和平解放》3集、《赤子功勋——南洋华侨机工回国抗战史料辑》3集、《风雨石龙坝》1集、《东陆春秋》1集；利用争取国家重点档案保护与开发项目资金，与省电视台合作拍摄了《档案中的滇缅公路》《档案中的滇越铁路》在黄金时段播放。此外还为一些影视公司制作有关抗战题材的电视片提供档案史料无数。这种以档案史料为素材的电视专题片以其深刻准确、声图并茂、快捷高效的传播优势，把曾经辉煌而又尘封的历史故事、事件、人物晓之于众，对提高社会公众的历史素养、记住乡愁，从中启迪智慧、激励人们生活工作的信念、扩大档案工作的影响起到积极的作用。

五、汇编档案史料，提供专家学者研究的素材得到扩大

档案史料汇编是把档案信息内容搬出库房、扩大社会利用、提升史学研究效率、存史于民的重要手段。云南省档案馆史料汇编内容涉及政治、军事、经济、文化、边疆、民族、教育等等。除了二十世纪八九十年代《云南档案史料汇编》期刊公布的46期之外，专题汇编有30余种，涉及全国性事件的汇编有护国护法运动、西安事变、日军侵华罪行录、南侨机工、滇越铁路史料汇编、抗战时期的云南档案史料汇编、第三届中国艺术节文件汇编等等。涉及本省地方的专题史料汇编有近代云南农业、盐业、矿业、人

口、金融和云南陆军讲武堂、红军长征过云南、昆明反美扶日运动、中共云南地方组织史、"大跃进"运动、"三反五反"运动、云南与援越抗美、昆明解放等等。涉及党和国家领导人的文件汇编有朱德、周恩来、邓小平、贺龙与云南的文件汇编等。档案史料汇编具有系统性和完整性,公开出版可以方便利用者免其查档费时费力之苦,深受专家、学者的欢迎,不少云南历史学家取得的研究成果得益于档案史料汇编的公布与利用。

六、编辑档案信息参阅,决策参考作用得到领导的肯定

人类社会的发展总有其规律性,国家治理与社会管理也同样有其规律性。档案信息参阅就是充分发挥馆藏历史档案资源的优势,致力于为云南省委、省政府领导和相关职能部门领导提供决策参考。云南省档案馆自2005年开始编辑《云南档案信息参阅》,每期都结合省委省政府的中心工作或重大活动、重要节点选题编辑,至今共选编了47期。主要有《中缅边境贸易发展变迁》《云南百年糖产业概况》《新中国成立后云南农村土地政策概要》《近代云南海关与对外贸易》《云南和平起义重要历史文献》《百年云南铁路干道修建档案资料选辑》《抗战中云南机场建设的启示》《改革开放以来的云南省扶贫工作历程》《云南——滋养西南联大的丰厚土壤》等等。有不少信息参阅得到省委、省政府领导及相关厅级领导批示和充分肯定。

总之,云南省档案馆建馆以来,档案的开发利用工作纵向比较,取得了较大的成绩,但是横向比较,无论从形式、内容、层次、影响,以及技术手段、平台运用等方面都还存在很大的差距。但差距就是努力的方向,相信云南档案利用开发工作还会百尺竿头,更上一层楼。

刊登在《云南档案》2017年第1期

牢记使命，凝聚共识，促进云南档案工作新发展

2015年新年伊始，习近平总书记来到云南昭通、大理、昆明等地，看望鲁甸地震灾区干部群众，深入企业、工地、乡村考察，就灾后恢复重建和经济社会发展情况进行调研，彰显着党和国家对云南发展的重视，显示着总书记对云南边疆民族地区的关心和支持。考察期间，习近平在听取了云南省委、省政府工作汇报后，对云南经济社会发展取得的成绩和各项工作给予肯定，并对云南工作提出了总体要求，即要全面贯彻落实党的十八大和十八届三中、四中全会精神，坚持以邓小平理论、"三个代表"重要思想、科学发展观为指导，用全面建成小康社会、全面深化改革、全面依法治国、全面从严治党引领各项工作，主动服务和融入国家发展战略，闯出一条跨越式发展的路子，努力成为我国民族团结进步示范区、生态文明建设排头兵、面向南亚及东南亚辐射中心，谱写中国梦的云南篇章。在如何实现这一总要求上，习总书记提出了"五个着力"，即着力保持经济平稳健康发展，着力推进现代农业建设，着力推进生态环境保护，着力推动民族团结进步事业，着力发挥党组织作用。回顾时任浙江省委书记习近平同志2003年5月在考察浙江省档案局（馆）时的讲话。他强调指出，"档案工作是一项基础性工作，经验得以总结，规律得以认识，历史得以延续，各项事业的发展，都离不开档案。在全面建设小康社会的进程中，档案工作显得越来越重要"，"档案工作正在走向依法管理，走向开放，走向现代化"。他在去年访问德国的时候在演讲中也说到"不要把历史作为记忆的负担，要把历史作为智慧的启迪"，不难体会习近平总书记对一个国家、一个省份、一个行业所具有的高度的科学治理能力与判断能力。习总书记考察云南是我省发展史上具有里程碑意义的一件大事，意义重大而深远，他的讲话，进一步提升了云南在"一带一路"、长江经济带等国家发展战略以及国家周边外交和对外开放格局中的独特地位和作用。一方面为云南在新的历史起点上实现科学发展、跨越发展带来了宝贵机遇，另一方面为云南当前乃至未来更长时期的发展"把脉点穴"、指明了方向，进一步增强了发展云南的信心和决心。

作为档案部门，如何学习好、领会好、落实好习近平总书记在云南视察的讲话精神和对新时期档案工作的定位，提高档案管理现代化水平，为实现云南跨越发展总目标添

砖加瓦，值得我们每一个档案工作者，尤其领导干部认真思考。

一、要充分认识新时期档案工作要求，更好地服务于云南发展的新定位、新使命

习总书记在云南发展目标上提出要"努力成为我国民族团结进步示范区、生态文明建设排头兵、面向南亚东南亚辐射中心，谱写中国梦的云南篇章"。他2003年在对新时期档案工作的定位上指出"经验得以总结，规律得以认识，历史得以延续，各项事业的发展，都离不开档案"及"档案工作正在走向依法管理，走向开放，走向现代化"，这一系列重要讲话，高屋建瓴、思想深刻、内涵丰富，具有很强的思想性、指导性、针对性，既为云南确立了新的发展理念、发展格局、发展目标和发展路径，也为我们做好档案事业各项工作，确立了新坐标，明确了新定位，提供了根本遵循和行动指南。省委书记李纪恒在传达学习习近平视察云南重要讲话时指出：我们要立足多民族边疆省情，坚定不移走中国特色解决民族问题的正确道路，切实加强和改进新形势下的民族工作，努力成为我国民族团结进步示范区；要始终坚持生态立省、环境优先，坚决保护好云南的绿水青山、蓝天白云，努力成为我国生态文明建设的排头兵；要积极主动面向南亚、东南亚，面向印度洋周边经济圈，努力成为我国面向南亚东南亚辐射中心。档案工作要根据习近平提出的"三个得以"和"三个走向"，围绕云南三个目标建设，充分认识新时期档案工作的特点和要求，建立健全相关工作机制，更好地服务于云南发展的新定位、新使命。

当前，我国档案工作进入了一个形态更高级、任务更复杂、结构更合理、发展更顺畅的新阶段，表明我国档案工作今后是在升级中发展、发展中升级。云南档案工作也不例外，云南省在引领全国档案工作新常态中有突出的表现和贡献，如各级领导的重视提升、社会档案意识的提高、县级综合档案馆建设、档案信息化建设以及民生档案、特色档案建设都取得新成效，但是还依然存在着不少与社会发展和习近平总书记提出的要求不相适应的问题。如一些档案工作者对新时期档案工的定位认识不足，一些地区的民族团结示范区、生态园区、工业园区、开放开发试验区档案管理机制尚不健全；部分国家综合档案馆传统管理理念和技术运用多，现代管理理念和现代技术运用少；基层档案室资源建设方法不多、特色不明显；有部分县级新馆建成后"五位一体"功能不突出、科学运行管理不到位；档案工作人员知识结构与管理能力还不适应新时期档案工作发展的需要；面对蓬勃发展的网络网站新媒体档案管理尚未起步，档案管理信息化、智能化发展的后劲不足；作为边疆省份，虽与三国相邻，却缺乏与南亚、东南亚国家档案行业的对外交流平台和渠道，跨越国度的档案文化交流少，与要积极主动面向南亚、东南亚，面向印度洋周边经济圈，努力成为我国面向南亚东南亚辐射中心需要还不相适应等等，这些涉及人心、人力、人才方面的问题还不同程度地存在。因此我们要进一步立足云南发展实际和要求，深刻认识新时期档案工作的特点和规律，建立健全科学有效的工作机制，在典型引领的带动上、在科研成果的推广运用上、在档案工作社会化服务上，以及在对外交流上我们要有更加广阔的视野和行为去发展。还要以开放包容的胸怀、谋求合作共赢的态度，主动与各行业、各相关档案部门，以及国外有关部门的同行进行沟通、加强交流、交融，在合作中提高自身管理能力和影响力，在共事中使自己也成为传播档案工作、文化的标志性和形象性的重要载体，把档案工作的触角走向世界、走向社会、伸到民间、延向个人，扩大档案工作的覆盖面，实现档案工作的多元共治、借力提升。要找准推动档案事业发展的着力点和切入点，创新档案科学管理的方法和手段，研究社会需求的热点和满足其精神文化需求的形式，努力创造出更多的反映社会发展历史、人民生活变化的群众喜闻乐见的优秀档案利用成果，用档案的利用成果展示文化的力量，展示社会主义核心价值观。为充分满足人民群众多样性的精神需求、不断提升国家文化软实力、服务云南建设新目标做出独特贡献。

二、牢记使命，增强勇于担当的历史责任感，认真履职

学习习近平总书记考察云南重要讲话精神，要与深入开展"三严三实"和"忠诚干净担当"专题教育紧密结合起来，与云南档案工作发展结合起来，增强责任感，全面领会贯穿其中的思想体系和深刻内涵，科学掌握讲话蕴含的思想方法、工作方法和领导方法，融会贯通、笃信笃行。档案是国家和社会的真实记忆，是再现历史真相、捍卫国家主权、维护公民权益、编修典籍史册的凭证材料，是传承文明的重要载体，具有政治性又有历史性和文化性。而云南档案还具多民族性和边疆特点，作为承担着广泛收集、科学管理、有效利用历史档案资源责任的档案部门和档案人，在落实习总书记重要讲话精神中，要增强勇于担当的历史责任感，敬畏在云南发展过程中形成的各类档案资料和凭证材料，抱着对历史负责、为今天服务、替未来着想的态度，对新时期档案的地位和作用有足够的认识，对保护好管理好档案的重要性有足够的认识，对不经意间给档案造成危害的后果有足够的认识。只有提高认识，才会增强责任感和使命感。要以敬重、珍视的心理履职尽责，不能因清贫无钱、无权、枯燥无味而轻视职业、不求上进。不能因为

职位没有上升的空间或遇到困难就懈怠工作。要积极承担起"为党管档,为国守史、为民服务"的神圣职责,把档案工作按照中办、国办下发的15号文件《关于加强新形势下档案工作的意见》和省委、省政府两办《实施意见》要求做实、做深、做强,才能真正做到对历史责任的担当。

三、依法管理,不断推进档案工作治理能力的现代化

档案工作治理能力包括管理档案业务能力和服务社会能力。管理档案业务能力主要是对内,即各级档案局馆、机关档案室依法提升对档案的收管用能力。服务社会能力主要是对外,包括指导帮助社会各行各业依法建立档案工作机制,开发利用档案资源,为存凭、资政、育人、惠民服务。当前,云南省档案工作已深深融入经济社会发展各领域,并且档案工作处在电子文件与纸质文件、传统档案与特殊载体档案并存的时代。自身档案业务建设提升和社会各方对档案工作服务的需求越来越高。增强档案管理能力、服务社会各方需求,推进档案治理能力现代化,是新时期档案工作的必然要求。要推进档案治理能力现代化,一是要提高档案工作的法治化能力,从长远看,要结合档案工作的发展,进一步完善档案法律法规,尤其是要建立健全档案管理网络化、信息化、智能化档案规章和工作规程,增强法治基础;从近期来看,在贯彻落实中办国办15号文件和省委省政府两办18号文件《实施意见》要求中,我们要根据党的十八届四中全会提出的依法治国要求和近年来档案工作的社会认知度提高的契机,认真履行《档案法》《档案条例》《档案管理违法违纪行为处分规定》赋予档案工作的职责,加强档案法规宣传和执行力度,对综合档案馆、专业档案馆和机关企事业单位档案工作,不定期开展档案执法检查,通报一批违纪违法行为,改变档案执法软、执行不力的现象。二是要进一步提升档案管理的规范化水平。档案工作规范化是档案工作现代化建设的一个十分重要的领域,在信息社会中,没有规范化就没有现代化。这几年我们省局出台了很多档案工作流程和技术规范管理的标准和要求,但一些新的领域和环节还需要进一步完善,包括园区档案管理、农村土地改革确权档案管理、新媒体平台档案管理、新型载体档案和新兴社会组织的档案管理等等都尚不完善。因此,要在原来规范管理工作的基础上,进一步加强对新载体档案工作技术标准、新兴组织档案工作要求、复合型档案人才队伍建设、档案资源信息化等等方面的研究,加强省内外馆际之间、部门之间、高校与档案馆之间的合作,才能进一步提升云南省档案工作规范化、高效化和现代化水平。 三是要注重档案工作的精细化管理。精细化管理是建立在常规管理的基础上,将档案工作流程和服务

质量精细化的过程，是现代管理的必然要求。档案较之图书、文献、博物的优势在于细节和过程，在于原真、连续和暗藏其间的历史联系。档案工作的任何环节都与精细不可分，精细化程度高，档案管理就规范，档案利用就方便，档案文献数字化速度就快，要改变粗放、简单的管理方式，强化细节意识、规则意识、服务意识，明确管理标准，细化工作流程，完善规章制度，加强业务培训和激励机制，使精细化管理逐步内化于心，内化于实际工作的实践中。这样才能不断实现档案工作治理能力的现代化，服务好依法治国的需要，也才能书写好云南"努力成为中国民族团结进步示范区、生态文明建设排头兵、面向南亚东南亚辐射中心，谱写中国梦云南篇章"里的档案事业。

发表于《云南档案》2015年第6期

选择与发展

——档案文献数字化标准选择应用分析

随着全球信息化进程的加速推进和数字技术、网络技术在档案领域的广泛应用，数字化正逐步成为各国各地区档案工作共同的发展方向，对传统档案文献进行数字化也成为档案工作最重要的内容之一。在这个过程中，科学选择并合理应用数字化标准是确保数字档案资源共享兼容和长久保存的重要基础。如何在众多的相关标准中选取到能够反映档案文献特征、满足利用要求、符合长期保存需要的数字化标准，是档案文献数字化过程中遇到的首要问题。本文从档案数字化标准的概念、档案数字化标准的作用、档案数字化标准的选择以及云南省档案馆档案数字化标准应用的实践四个方面阐述了科学选择并合理应用档案文献数字化标准是确保数字档案资源共享兼容和长久保存的重要基础。

一、档案数字化标准的概念

档案数字化标准是指以档案数字化的组织实施、过程管理、存储利用等实践为基础，总结归纳逐步形成并经过相关主管机构批准并发布，用于指导档案数字化工作的准则和依据。

档案数字化标准涵盖档案数字化整个工作流程，层次丰富、种类繁多。其中有基础业务标准，也有数字化专项标准；有管理标准，也有单项技术标准。这些标准可以从不同的角度进行具体区分。

一是从使用范围、制定机构可以将标准区分为不同的层级，包括国际标准、区域标准、国家标准、行业标准（组织标准）、地方标准和企业标准（公司标准、机构标准）。

二是从标准内容属性进行分类，可以分为管理标准、业务标准和技术标准等。管理标准主要包括档案数字化工作的原则、权责、质量、安全等规范；业务标准主要包括前处理、扫描、图像处理、挂接、存储、移交、利用等档案数字化业务处理过程规范；技术标准主要包括档案数字化的术语、元数据、数据格式、载体标准、软件硬件标准等。

二、档案数字化标准的作用

1. 档案数字化标准是档案数字化资源可用和长久保存的前提

档案数字化的重要目标之一是保护档案原件。通过扫描、拍照等方式我们可以获得档案原件的数字副本，替代原件提供利用，从而有效防止利用过程对原件的损害，延长档案寿命；通过复制档案数字化资源，我们可以进行多套异地异质保存，从而提高档案抵御毁灭性灾难的能力。在这个过程中，保护档案的目标能否达成，关键看档案数字化资源是否能达到质量要求替代原件、能否适应环境变化和技术发展长久保存，而标准化正是确保档案数字化资源质量以及适应性的前提。

2. 档案数字化标准是档案数字化资源共享的前提

档案数字化的另一重要目标是档案资源的便捷利用。信息的价值在于利用，档案数字化资源作为信息社会最重要且不可替代的资源应该能够被各种信息系统和全体社会成员所共享。这就要求在实施档案数字化资源建设中遵循相同的规则即标准，使得在不同时期、不同业务技术环境下形成的数字档案资源都具有相对一致的技术特性，能被不同的系统和应用操作和使用，从而能进行广泛的共享和利用。

3. 档案数字化标准是档案数字化实现最佳成本效益的基础

档案数字化是一项劳动和资金密集型的工作，需要大量人力和财力的投入来保障。档案数字化遵循适合的标准将有助于降低数字化工作操作复杂度，提高效率；同时，也可以降低相关管理系统建设和管理维护等难度，降低初期投资和长期运行成本，从总体上实现以较低的投入获得更大的收益。

4. 档案数字化标准是数字档案馆业务创新发展和系统更新完善的保障

在瞬息万变的信息时代，数字档案馆的业务和功能应当能持续地满足人们不断变化的要求，这就需要及时运用新方法、新技术对数字档案馆系统进行调整和改进。如果我们的数字档案资源没有遵循相对统一的标准，那么进行这样的调整将是非常复杂、困难和耗时的。反之，如果我们的数字档案资源是统一和规范的，那么调整工作就能以相对简单的和快捷的方式进行，从而更有效地响应需求的变化。

三、档案数字化标准的选择

每项档案数字化标准以及标准中的具体指标都是在一定时间周期内、一定环境下具体实践和理论研究基础上的总结和归纳，有通用性和概括性，也存在适用性和侧重点，不是所有标准都能很好满足或者适应我们的要求。不恰当的选择和应用标准，不但不能有效发挥标准的作用，还可能给我们工作带来消极的影响，甚至造成不可弥补的损失和无效工作。因此，我们在应用标准前，要对标准的特点和适用性进行客观的分析和考量，在此基础上结合档案数字化工作的具体情况，审慎地进行选择。选择过程既包括对一个或者几个标准的选择，也包括了标准中参数指标的选定。一般应注意从以下几方面着手：

（一）档案数字化标准的技术特性

从完备性、成熟度、先进性、开放性、扩展能力、安全性等方面综合分析标准在技术上能够满足需要。

（1）完备性。主要是看标准是否涵盖从数字化文件生成、内容及特征描述、组织机构、利用、储存组织的主要过程；对于特定应用环境或者特定的档案对象的业务和功能需求能够得到有效的满足；标准与其他关联标准是否合理衔接和兼容。

（2）成熟度与先进性。成熟度主要看标准的实用性和通用性，即标准对档案数字化建设中共性的问题有没有提供可行有效的解决办法，如数字化关键指标的规定、数字化质量控制、数字化安全控制等；标准是否经过长期、广泛应用并被证明可用性。而先进性则主要看标准是否体现相关领域技术和实践的发展方向，是否与国际标准、国家标准的更新保持同步。

（3）开放性与可扩展能力。标准的开放性体现在：标准的形成过程是开放的；相关文档可以通过开放渠道获得；标准经过标准认定机构的认定。可扩展能力体现在标准具备灵活性和延伸性，即根据具体环境的不同在应用方式上具备一定灵活，同时也能进行必要的扩展和延伸，如纸质档案数字化扫描分辨率的规定是否根据不同业务要求具备调整空间。

（4）安全性与风险。标准的安全性与风险是指由于标准自身的局限或者存在缺陷导致的数据无法共享、无法迁移、安全无法保证、系统不能升级等对数字资源和系统可用性和安全带来的风险。

一般来说，我们应当优先选择国际化、开放性强、应用面广、较为成熟的，符合今后发展趋势的且具备一定扩展空间和灵活性的标准，比如国际标准、国家标准。对于没有国际和国家标准的，就应选择市场主流的、通行的做法，尽可能提高今后技术更新、业务发展时数据的可用性，为今后系统发展和资源迁移提供更多的可能性。切忌脱离具体的应用需求、发展趋势，片面地求新、求异。

（二）档案数字化标准应用的经济成本

（1）加工成本。在数字化加工过程中不同的技术实现方式、不同的技术指标、不同的流程安排、不同的业务要求，都会导致加工成本变化。同时，有些技术标准的选择如图像扫描分辨率、图像储存格式等还会对数据的维护、利用成本带来长期的影响。因此，在标准评估过程中必须对可能实现标准产生的加工成本做出相对明确的计算。

（2）维护成本。要确保数字化加工生成的数字化档案文件长期可用，需要遵循标准建设管理软件和存储系统，以进行数据的维护管理。存储一定时间后，随着技术的更新和设备老化，还需要对数据进行迁移操作，这些都涉及系统建设、设备配备、人员配备及培训、工作时间安排等一系列的投入，而且这些投入总体上呈现一种随着时间和数据增长不断增加的趋势。因此，对维护成本估算还要充分考虑各项要素的长期变化趋势。

（3）利用成本。数字档案的利用依赖于利用网络和终端系统，这就涉及相应的网络建设、带宽投入、终端设备配备、利用软件建设、用户培训等成本，因此，数字档案的分辨率、图像存储格式等标准的选择也会对上述利用成本带来影响。

综合考虑标准应用的各项成本，我们应优先选择技术支撑可靠、经济保障可行的标准。即符合或者实施该项目标准所需的技术和产品有大量的厂商提供，有广泛的应用，相关技术支持能够容易获得，掌握相关技术的各层次人才有一定规模，实施、管理和维护总体成本经济可行。

四、云南省档案馆档案数字化标准应用的实践

2009年，云南省档案馆启动了档案文献数字化工作，在规划档案数字化建设时，我们首先遇到问题就是确定档案数字化标准，特别是确定三项最核心指标：扫描分辨率、图像色彩模式和文件存储格式。云南省档案馆作为省级国家综合档案馆，为了确保数字化成果的共享和通用，就把《纸质档案数字化技术规范》（DA/T31-2005）作为纸质档案数字化工作遵循的基础标准。但是在该标准中对于上述三项指标并没有做出统一

的规定，只是给出了参考范围：扫描分辨率一般均建议选择大于或等于100 dpi，特殊情况下可适当提高，需要进行OCR汉字识别的建议选择大于或等于200dpi；色彩模式可根据不同情况采用黑白二值、灰度、彩色等模式；文件存储格式根据不同情况可采用TIFF（G4）、JPEG格式，提供网络查询的也可存储为CEB、PDF或其他格式。我们认为，这样的规定虽然体现了一定程度的适应性，但是对于一个具体机构而言在操作层面上反而不易区分把握。因此，需要结合项目建设目标和档案情况做进一步的研究和分析，以确定具体的标准参数。首先，我们对馆藏档案数字化工作的目标定位、工作量、档案状况等关键要素进行了研究和分析：

目标定位：基于档案安全的优先考虑，我们把馆藏档案数字化的目标定位为档案资源的数字化保护和利用，即档案数字化副本尽可能接近原件，保留原件的字迹、纸质颜色、纹理等完整信息；基本达到替代原件提供各层次利用的要求，包括出版、展览、OCR识别等高精度需求；数字化后对原件进行封存，原则上不再提供原件利用。

工作量：为实现全面提高馆藏档案的安全和利用水平的目标，我们把馆藏档案数字化的工作任务确定为馆藏重要纸质档案的数字化，即把馆藏的约100万卷重要档案进行数字化。要完成这一任务，需要人工、设备、场地的投入，软硬件系统的支撑以及运行维护的保障。进行如此大规模的档案数字化建设，任何一项关键参数都会对整个项目的工作量、所形成数据量产生重大影响，进而对建设成本和维护成本产生巨大影响。

档案状况：云南省档案馆馆藏档案中1962年以前的档案由于年代久远这部分档案载体情况复杂，字迹、纸张材料和尺寸多样，相当部分老化、破损严重，字迹与纸张材料颜色接近且较难区分的情况比较多见，需要用较高扫描分辨率、灰度或者彩色模式才能较好记录原件信息。1962年以后档案载体情况相对较好，字迹、纸质材料和尺寸情况相对一致，对于扫描分辨率、色彩模式要求不严格。

根据以上分析，如果从档案保护以及对档案载体状况的适应角度考虑，应该选择较高的指标，但这样做将会带来数字化加工、管理和维护成本的大幅上升；从成本投入和利用角度，可以选择较低的标准，以降低近期投入和远期维护成本，这样做不利的方面则是由于生成的数字化副本质量较低，与原件差距较大，难于完全替代原件提供利用，从长远看其作用受到很大局限，今后如果进行高质量要求的利用时还可能需要再次数字化。因此，我们综合考虑目标、任务规模、生产投入、维护投入等因素后，确定了不同时期档案采用不同参数标准的做法，即1962年以前档案采用较高指标，1962年以后档案采用相对较低指标：

1962年以前档案采用300dpi分辨率，灰度模式扫描，TIFF格式保存；1962年以后档案采用200dpi分辨率，灰度模式扫描，TIFF格式保存。用于网络利用的数据采用PDF格式保存。每份档案同时保存以TIFF和PDF格式文件。

在使用上述标准开展数字化工作一年多后，我们发现根据不同时期档案使用不同标准的做法，仍然存在一定问题。一是影响档案数字化加工速度，在加工过程根据需要档案年代不断调整相关参数设置，增加加工处理的复杂度，降低了加工速度，影响了加工效率；二是所形成的数据资源格式参数不一致，给应用系统开发、数据管理和利用带来新的问题。同时，随着时间的推移，硬件设备（特别是存储设备）的容量快速增加且价格大幅下降，单位储存成本从原来的2万元/T大幅下降到6千元/T，提高参数和统一要求带来的成本增加幅度已大大降低且可以接受。因此，基于上述情况我们对数字化加工标准进行了修正：所有档案均按300dpi，24位真彩色模式扫描，TIFF格式LZW无损压缩保存。每份档案同时以TIFF和PDF格式保存。

总结以上过程，我们认为档案数字化标准的选择与应用是动态的过程，一方面要在现有的标准框架体系下，根据现实情况选择和应用标准；另一方面，也要根据工作的发展和外部条件的变化，积极稳妥地进行调整和发展，使标准建设和应用更好地服务于数字化工作的实践。

刊登在2014年中国档案学会、中国文献影像技术协会编印的《海峡两岸档案暨缩微学术交流会论文集》

公共档案里的个人数据信息分析

为了建设覆盖人民群众的、内容丰富、结构合理的国家档案资源体系，国家档案局于2006年、2011年、2012年先后下发了8号、9号、10号令，分别对新时期各级机关、各级国家综合档案馆、企业单位的归档范围、保管期限提出了明确的要求，各级档案部门积极响应，加快了档案资源体系的建设步伐，反映地方特色的、涉及民生的、特殊载体的有价值的记录逐渐成为各级档案馆（室）收集的一个重要内容。馆藏、室藏档案资源无论是从数量和质量上，还是从馆藏结构上，都得到了较大的提高和改善。其中，除干部、人事档案之外，随着名人档案、民生档案收集范围的扩大，公共档案里的个人信息数量与内容也越来越丰富。现实生活中，我们时常会收到一些商业机构的推销短信和一些别有用心人的垃圾短信。对方不仅知道你的电话号码，甚至连你的名字、家庭住址都一清二楚。更有甚者，发生诸如电话诈骗、信用卡诈骗、敲诈勒索、绑架等一系列刑事犯罪案件，严重威胁到公民的生命财产安全。如何使公共档案里的个人数据信息得到有效利用和安全保护，是当前档案部门不可忽视的一个重要问题，也是当前国际档案理事会倡导研究探索的一个主题。本文从公共档案里的个人数据信息概念、主要内容、存在状态、安全管理等方面进行简要分析和阐述，以便档案工作者正确认识和有效处理好公共档案里的个人数据信息，从而维护立档单位及公民的合法权益。

一、公共档案里个人信息的概念

公共档案里的个人信息包括个人信息和个人信息文件。个人信息是指那些据此能够直接或间接推断出特定自然人身份而又与公共利益没有直接关系的私有信息。具体来说，个人信息是指个人姓名、住址、出生日期、身份证号码、工作单位、家庭财产、民族信仰、婚姻状况、医疗记录、人事记录、照片、音像等单独或与其他信息对照可以识别特定的个人的信息。个人信息文件是指以纸质的形式或者存储于计算机或其他媒介之上的依据一定的标准和方法，可以检索个人信息的文件。如履职、任命、奖惩、举报、诉讼、判决等文件。这些文件又包含着个人信息文件的名称、收集个人信息的机关名称、个人信息的内容、个人信息的收集方法、个人信息的保存年限及个人信息文件的使用者，少数个人信息文件与公共利益有一定的关系。个人信息的属性具有个人性、一定程度上具有隐蔽性和可识别性。

在各级综合档案馆和各种性质的档案室，个人信息的存在主要体现在以下种类的档案里：人事档案、移民档案、公证档案、诉讼档案、法律援助档案、社保档案、林改档案、医疗健康及病历档案、人口普查档案、户籍档案、学籍档案、婚姻登记档案、工商登记档案、房屋登记档案等等。以上种类档案都是有关公共机构依照职权在职务活动中，制作、获取并记录、保存的，这些公共信息中包含不少涉及个人信息的档案，如教育背景、金融交易、医疗病史、犯罪前科、工作履历及其他属于该个人的身份标记，如指纹、声纹、影像、照片等等。公共档案有公共档案的管理办法和要求，比如《档案法》《保密法》及相关专业的档案管理办法，但涉及其中个人信息的保护与利用的规定不具体，致使在提供公共档案利用过程中，容易忽视其中个人信息的存在和隐患。

二、公共档案里个人信息的主要内容

由于公共档案里的个人信息种类繁多，不胜枚举。这里列举的主要是近年来新接收进馆（室）或者数量较多的公共档案里具有代表性的几种涉及个人信息的主要内容：

1. 干部人事档案涉及个人信息的内容

主要包括以下十大内容：履历材料；自传材料；鉴定、考核、考察材料；学历和评聘专业技术职务材料（包括学历、学位、学绩、培训结业成绩表和评聘专业技术职务、考绩、审批材料）；政治历史情况的审查材料（包括甄别、复查材料和依据材料，党籍、参加工作时间等问题的审查材料）；参加中国共产党、共青团及民主党派的材料；奖励材料（包括科学技术和业务奖励、英雄模范先进事迹）；处分材料（包括甄别、复查材料，免予处分的处理意见）；录用、任免、聘用、转业、工资、待遇、出国、退（离）休、退职材料及各种代表会代表登记表等材料。

2. 公证档案涉及个人信息的内容

列为永久保管的公证档案包括：收养证明；解除收养证明；出生证明、死亡证明；结婚、离婚证明；亲属关系证明；继承权证明；有关财产转移方面的声明书证明；赠予证明；房屋买卖证明；产权证明；遗嘱证明；学历证明；提存证明；宅基地使用权证明；涉及不动产的证据保全证明等。

3. 林改档案涉及个人信息的内容

林权登记类：林权登记申请表、合同书（协议书等）、资源调查登记簿、边界认定书、宗地权利人身份证复印件、权属证明文件、宗地原林权执照、自留山使用证；纠纷调处类：矛盾纠纷来信来访材料、纠纷调解申请书、纠纷调解记录、双方当事人和解协议书、行政机关调解意见、裁定书、人民法院判决书、裁定书、调解书等。

4. 移民档案涉及个人信息的内容

有农村移民人口情况表及人口变化情况表；农村移民安置意愿征求意见文件材料；移民生产安置用地调整、开垦、整治、改造、验收、移交和分配情况及确权文件材料；农村移民实物登记卡、补偿资金卡及补偿补助资金兑付相关手续和证明文件材料；农村移民安置审批及资格审查文件材料；自谋出路安置申请书、符合条件证明及审批文件材料；自愿投亲靠友安置申请书、安置地接收证明及审批文件材料；"农转非"安置申请书及审批文件材料、搬迁安置协议文件材料；农村居民的建设用地及其确权材料、农村移民搬迁前后的土地承包证、宅基地证、建房许可证、房产证或购房协议、户籍材料等。

5. 社会保险业务档案涉及个人信息的内容

参保人员登记材料。包括缴费单位职工和退休人员，以家庭为单位或个人身份参加社会保险的城镇无业居民、农村居民、个体工商户、城镇灵活就业人员办理参保、社会保险关系变动、基本信息变更等登记手续时，填报的登记表单及相关审核材料；社会保险个人账户管理材料。包括养老、医疗保险个人账户对账、个人账户修改等相关材料；社会保险卡（证、手册）管理材料。为参保人员办理社会保险卡（证、手册）首发、补发、收回等管理的登记表单及相关材料；退休人员社会化管理服务材料。包括对实行社会化管理服务的退休人员进行信息采集、移交、日常管理服务的登记表单及相关材料；养老保险待遇核定材料。参保人员基本养老金、养老金领取人员死亡后供养直系亲属及其抚恤金待遇、养老金领取人员丧葬费、养老保险其他一次性待遇核定、养老保险待遇调整、养老保险待遇更正、养老保险待遇补支付、养老保险待遇减支付等申报核定业务表单及相关审核材料。

6. 婚姻档案涉及个人信息的内容

办理结婚、撤销婚姻、离婚登记（含复婚、补办结婚登记）形成的《审查处理表》《登记声明书》、协议书、当事人身份证复印件等材料。

7. 名人档案涉及个人信息的内容

反映名人一生经历及其主要活动的生平材料，如自传、传记、回忆录等；反映名人职务活动的材料，如文章、报告、演讲稿、日记等；反映名人成就的材料，如著作、研究成果、书画等；社会对名人研究、评价的材料，如纪念性、回忆性材料、研究介绍材料等；与名人有直接关系的材料，如各类证书、谱牒、信函等；反映名人活动的音像（录音带、录像带、照片）、实物等载体形式的材料；名人的口述历史材料等等。

  8.诉讼档案涉及个人信息的内容

  包括当事人涉及刑事诉讼、民事诉讼、商事诉讼、行政诉讼等等形成的个人信息，属于永久保存的归档范围就包括上百项内容，是所有公共档案里涉及个人信息最多最广最具体，也最具隐私性的内容，不便一一列举。

三、公共档案里个人信息安全管理的思考

  从当前一些社会现象和以上公共档案里的个人信息内容不难看出：首先，公共档案里的个人信息种类多、范围广、内容丰富，形成原因多种多样，档案馆、档案室是公民个人信息保存的集聚地，成为不少个人信息的管控机关。随着档案收集范围的扩大，各级公共机构依照职权在职务活动中形成的涉及个人信息的档案会越来越多地向档案管理部门移交，加之档案馆（室）履行新时期管理国家社会记忆功能意识的增强，各行各业名人档案资料也会有越来越多的进入档案馆、档案室。

  其次，公共档案里的个人信息数据具有分散性，除了人事档案、公证档案、诉讼档案、名人档案等一些门类的档案是以个人为单位、相对集中立卷归档保存外，移民档案、社保档案，公积金档案、工商登记等等档案中涉及的个人信息不完全以个人为单位立卷保管，这就给公共档案提供利用与个人信息保护带来了难度。

  第三，公共档案里的个人信息不仅涉及个人可开放的信息，还涉及不少个人、家庭、家族隐私的信息，包括人格尊严、个人隐私、个人秘密等，甚至涉及国家利益安全的内容，如诉讼档案中一些个人涉及的重特大案件处理，属于保护和保密的内容，这些信息一旦利用不慎，将会给公民或者家庭带来安全隐患，甚至会影响社会的稳定，新时期档案馆（室）的安全有效管理任务将越来越重。

  第四，由于各方面的原因，直到目前为止，我国还没有制定专门的个人信息保护方面的法律。在个人信息的法律保护方面，还处于各行各业信息控制机构的自律机制规定来进行保护。如以上列举的各类档案管理办法中，都有对涉及个人信息利用的安全管理要求。提出不得擅自涂改、增删、公布、出售、泄密等规定，否则按违反《档案法》《保密法》相关规定处理。但一些条款仅仅规定了对个人信息的保密义务和利用的手续，而没有规定违背该义务的后果和具体处理的办法，使得相关法律法规操作性不强。

致使一些公有组织的个人信息保护意识不强，更使得一些非公有组织的机构把个人信息作为一种"公共资源"买卖，泄露公民个人信息。这一社会现象已经成为危及公民人身和财产安全、影响社会稳定的大问题。

　　基于以上分析，作为保存个人信息内容相对集中的各级各类档案部门，在档案工作"三大体系"建设中，既要把涉及民生、反映社会治理、发展与进步的档案资源接收进馆，更要在利用体系和安全体系建设中注重公共档案里公民个人信息的有效利用与安全管护，增强公民个人信息保护的责任感和职业道德修养，杜绝公共档案里个人信息的泄漏。具体来说，一是要加强公民个人信息保护意识，进一步了解公共档案里个人信息的内容，尤其是公证档案、人事档案、产权档案、诉讼档案中涉及个人家庭隐私的信息，包括个人信息涉及国家安全、国家秘密及其他重大国家利益事项的档案，在提供利用时必须严格执行国家和行业安全保密规定。二是要进一步完善公共档案里个人信息保护制度，除了按照《档案法》《保密法》及各行业制定的各类档案管理办法的相关规定执行外，还应建立健全公民个人信息使用审批登记制度，规范公共档案里涉及个人信息的利用行为。三是随着档案信息化、数字化技术的发展，公共档案的记录和保存形式也朝着信息化、电子化和无纸化方向发展。在涉及有关个人信息的利用上，不可避免地会发生公共机构保存档案的利用与当事人的隐私保护的冲突问题。我们一方面要按照规划和时代需要开展档案信息化建设，在档案数字化中统筹考虑涉及个人信息的内容，另一方面更要提高网络利用的安全管理，预防公共档案里的个人信息批量泄露，造成对公民权益的危害。

刊登在《云南档案》2014年第4期

试述全球化背景下
加强保护云南少数民族非物质文化遗产的意义及对策

中国少数民族文化是各民族在不同的社会历史发展阶段中创造、传承下来的传统文化瑰宝，是中华文明不可分割的重要组成部分。中国是世界上民族文化蕴藏最丰富的一个国家，云南又是全球罕见的民族文化多样性保存最为丰富的地区之一。近年来，云南省委、省政府高度重视云南民族文化大省建设，云南的民族文化事业和民族文化产业得到了长足的发展，取得了骄人的成绩。但是，我们也必须清晰地看到：改革开放以来，外来文化的涌入以及市场化、现代化的浪潮对少数民族非物质文化遗产传承发展的生态环境造成极大冲击。尤其在经济全球化的形势下，由于民族民间文化赖以生存的农耕文化和相关的自然环境发生变迁，特别是随着城镇化建设速度的加快，农民进城特别是少数民族地区农民的进城引发了人口大流动，那些掌握着民族民间文化的传承人急剧减少。而少数政府官员为了追求政绩，忽视少数民族非物质文化遗产的抢救与保护，为了建设广场、步行街，有些地方损毁了有价值的建筑遗产。还有些人对少数民族非物质文化遗产不是科学地探究，而是用简单的进步与落后、有利有害来衡量非物质文化遗产，民族传统文化越来越边缘化，一些依靠口传心授的少数民族非物质文化遗产正面临消失的危险。另外，社会财富差距拉大，边远、相对贫困的少数民族同胞为了生存，主动放弃自身民族文化传统，也给少数民族非物质文化遗产的抢救与保护造成极为不利的影响。云南少数民族非物质文化遗产正经历着前所未有的挑战，各民族传统文化也正以惊人的速度在消失和流失。所以，正确把握云南少数民族非物质文化遗产现状，进一步制定完善云南省切实可行的抢救和保护措施，弘扬祖国民族文化瑰宝，乃为当前发展云南民族文化事业、建设民族文化大省的头等大事。为了有效地抢救和保护云南少数民族非物质文化遗产，弘扬和发展民族文化瑰宝，笔者着重从云南少数民族非物质文化遗产的概念、保护抢救的意义、面临的严峻形势及对策措施等方面做一点分析阐述。

一、云南少数民族非物质文化遗产的概念

2003年10月，联合国教科文组织第32届大会制定了《保护无形文化遗产公约》，无形文化遗产又被称为非物质文化遗产，是活着的文化的记忆，属于传统的民间文化。2011年6月1日国务院颁布的《非物质文化遗产保护法》第一章第二条规定：非物质文化遗产是指各民族人民世代相传并视为其文化遗产组成部分的各种传统文化表现形式，以及与传统文化表现形式相关的实物和场所。包括：传统口头文学以及作为其载体的语言；传统美术、书法、音乐、舞蹈、戏曲、曲艺和杂技；传统技艺、医药和历法；传统礼仪、节庆等民俗；传统体育和游艺；其他非物质文化遗产。本文所指的云南少数民族非物质文化遗产内容指的是：在漫长的历史长河中，云南各少数民族世代相传的活着的文化记忆，以及各种传统文化的上述表现形式。

二、全球化背景下加强保护与抢救云南少数民族非物质文化遗产的意义

党的十八大报告指出：文化是民族的血脉，是人民的精神家园，全面建成小康社会，实现中华民族伟大复兴，必须推动社会主义文化大发展、大繁荣，兴起社会主义文化新高潮，增强全民族文化创造活力，提高国家文化软实力。云南少数民族文化是中华文明不可分割的重要组成部分，全球化背景下保护和抢救少数民族文化有着重要的意义。

1. 有利于增强少数民族凝聚力

每个民族都有自己特有的民族文化，作为全国少数民族最多的云南更是如此。民族本身就是民族文化传承的结果，丧失共同文化的民族就不成为民族。少数民族几千年来流传下来的精美文化，弥足珍贵，少数民族人民保护这些文化的权利，是少数民族立于国家的根本，共同的文化与骄傲才能促进少数民族生活水平更进一步提高。因此说，民族与文化始终不可分离。从少数民族与汉族的关系来看，汉族由于拥有优势的人口数量、地理位置、文化水平和知识素养，在社会地位上会比少数民族受到较高的尊重，文化得到很好的传承。而少数民族由于是弱势群体，文化上也处于劣势，面对主流文化和其他文化的包围，少数民族对自己的文化有可能产生两种截然不同的态度：一种态度是地处西南边疆的云南，少数民族成员会因此产生地域限制、观念闭塞、拒绝外来文化的影响，也拒绝对本民族有益的帮助；另一种态度是一味地追求与主流文化相同的潮流，对自己本民族宝贵的文化与传统弃之不顾，从而对优秀的文化遗产造成不可胜数的毁

坏。民族缺少凝聚力，多民族国家就更缺乏向心力。因此，只有给予少数民族文化权利以特别的保护，才有利于保护共同的少数民族文化，有助于少数民族自身的存在和发展，增强少数民族的凝聚力和自豪感。

2. 有利于国家统一和民族团结

国家作为统一的政治实体，不仅仅是领土和疆界的统一，更主要的是全国各民族团结互助、相互扶持、相互尊重基础上的国家统一。国家对少数民族文化的保护，从民族心理上讲，会让少数民族人民接受国家的统一大业，消除民族分歧与民族仇恨，一切以国家利益为重。中国56个民族之间存在着不同的信仰与社会习惯，这会在一些少数民族成员相互交往中产生认识上的差异，现代文明国家不可能依靠军事力量实行民族团结，也不可能仅依靠空洞的政治宣传来维系相互之间的理解。城市化进程中的物质文明建设和精神文明建设，包括对少数民族除了在政策上进行倾斜、物质上给予帮助之外，还要对作为民族标志的文化进行认可，尤其是对弱小民族文化权利进行特别保护，这有利于少数民族对国家积极认同，边疆民族才更有凝聚力和向心力。这也是维护国家统一和民族团结的基础。

3. 有利于提高我国文化软实力

文化作为一种软实力、一种精神的力量，直接关系一个国家的国际影响力、国际竞争力和国际地位。文化软实力在很大程度上表现为国民的精神状态、意志品格和内在凝聚力，而这一切主要来自人们对国家社会文化的认同。我国是拥有13亿多人口的大国，56个民族之间存在着不同的信仰、不同的文化。这会在各民族成员间的相互交往中产生认识上的差异，那么靠什么统一人们的思想、凝聚人们的力量？靠的就是对彼此民族文化独特魅力的相互尊重、对作为民族标志的各民族文化的认可。云南少数民族文化是中华文明不可分割的重要组成部分，提高国家文化软实力，增强全民族文化创造活力，增强综合国力，都离不开源于民间、藏于民间的各少数民族非物质文化遗产具有的民族凝聚力。只有加大对少数民族非物质文化遗产的保护与抢救，尤其是加大对弱小民族非物质文化遗产的保护和抢救，彼此享有共同的文化与骄傲，壮大我国少数民族文化自强、文化自尊、文化自觉、文化自立、文化自新精神，才有利于各民族共同积极投身于国家的文化软实力建设，从而为增强综合国力做出积极贡献。

4. 有利于促进世界文化的多样性和文化生态平衡

世界文化是由不同民族、不同国家的文化共同构成的。不同民族和国家文化的内容和形式各具特色。所以说文化多样性是人类社会的基本特征。没有不同民族、不同国家各具特色的文化，就不会有世界文化大花园的争妍斗艳、五彩缤纷的景象。对人类社会来说，文化的多样性的重要作用，就像生物多样性多于维持生态平衡那样必不可少。生物的多样性促进各种生物的相互制约，维护生态圈勃勃生机。文化多样性在一定程度上，也会使文化相互影响、制约，使文化世界缤纷多彩。

云南作为一个多民族的省份，独有并世居的民族就有15个之多，众多的民族，使云南呈现出多姿多彩的民族文化。每个民族的文化都有自己的精粹，每个民族的文化精粹都是这个民族历史发展的产物和人民智慧的结晶，都是通过各少数民族人民的智慧思考和历史不断发展、传承、创新保留下来的，极其宝贵，有些人口较少的少数民族的一些传统文化还面临着消失的危险。因此，及时抢救并保护好这些优秀的传统民族文化，就是为促进世界文化的多样性、维护世界文化的生态平衡做出了积极贡献。

5. 有利于促进世界文化的创新

任何时代的文化都离不开对传统文化的继承和保护，对一个国家和民族而言，如果漠视对传统文化的批判、继承和保护，其民族文化的创新就会失去根基。理论和实践表明，一个民族的觉醒，首先是文化上的觉醒；一个国家的强大，最终是文化的强大。在全球化背景下，从经济到文化都呈现出全球化的态势，但文化的全球化并不意味着各民族自身文化的完全消亡，也不意味着就建立一种无地域差别、无民族差异的大一统的世界文化，它需要各民族文化通过交流、融合和互补，在继承的基础上取其精华、去其糟粕，吸取借鉴其他民族优秀文化，不断打破本民族文化地域和模式的拘囿，着眼于人民群众不断增长的精神文化需求，为传统文化注入时代精神，并不断进行文化创新，将本民族的文化资源转化为世界各国人民共享共有的资源，推出融会多种文化特质的新文化，如反映云南少数民族文化的电影《阿诗玛》《五朵金花》，近几年云南编导的大型室内外舞台歌舞《云南印象》《云南响声》《孔雀》《丽水金沙》《蝴蝶之梦》享誉海内外，都是吸取云南少数民族文化元素得名。这些优秀的文化产品不论是在国内还是在国际上都产生了巨大的经济效益和社会影响力，也是世界文化创新力的体现。因此，加强少数民族非物质文化遗产的抢救和保护，将有利于促进世界文化的创新与发展。

三、全球化背景下云南少数民族非物质文化遗产保护面临的严峻形势

1. 在经济全球化的背景下，由于没有文字，大量史诗、神话、传说、民谣等口传文学因其存续形式脆弱，传承困难，正在自然流失

云南大多数少数民族由于没有文字，无形文化遗产的传承带有"口传心授，人在艺在，人亡艺亡"的特征。如纳西族的东巴、彝族的毕摩、景颇族的斋娃、阿昌族的活

袍、哈尼族的贝玛等，既是本民族的宗教祭师，又是本民族历史、史诗的主要传承者，这些人辞世后，后继乏人，一批民间文学也因之消失。有人注意到，现存于全世界的3000多种民间文学作品，每年以50～60种的速度在消失，语言的消失速度恐怕还更快。

"我的父亲是德昂族第一个大学生，但是现在我的孩子却不会说自己的民族语言。"云南省人大代表杨艳在云南省第十二届人大一次会议上表示，云南人口较少民族文化保护与传承正面临困境。

"我们许多少数民族只有语言没有文字，所以很多东西只能靠口口相传，但如果有一天，连语言都不会说了，很多东西难免流失。"基诺族是中国最后一个确定的少数民族，人大代表唐海英说，人口较少民族的文化如何抢救、保护与传承，是她一直关注的重点。"真正懂得民族技艺的人，需要给予资金去保护，也需要有人去学。基诺族在日常生活的方方面面都有民歌表达，在少数民族中民歌种类名列前茅，可即使是我，也只会唱一些简单的歌曲，而婚丧嫁娶之类的歌曲，已经不会了。"

"语言、文化不传承，民族会消亡。"怒族代表韦昌对此很是担忧。由于云南没有单一民族聚居地，即使是已经采取汉语和母语的"双语"教学，也未能顾及每一个民族。"我们福贡很多地方通用傈僳语，而很多怒族孩子都不会说自己的民族语言了。"

"有时候，我们非要穿上这一身民族服装，人家才知道：'哦，这人是少数民族'，但具体是什么民族，可能包括我们云南人都有很多人说不上来。"景颇族代表段梅说，仍要加大对民族文化的宣传，"不要走到村寨里才知道，这个民族原来有着这样的风俗民情。"

2. 由于传统的传承方式和利益驱使，无数珍贵的民俗技艺与民间艺术随老艺人的逝去而销声匿迹

20世纪50年代时，云南佤族、景颇、拉祜等民族还保留有传统的锯木取火，擦竹取火、压气取火等不同类型的原始取火方法，但现在这些民族地方已很难再见到。

藏族的黑陶工艺和傣族的制陶工艺，在原始的制陶技术中占有重要的地位，但今天传承举步维艰，几乎处于濒于失传的境地。就连远近闻名的云南土陶吹鸡的制作者邹荣珍，她的子女无人随她学习，她逝世后，建水吹鸡的制作工艺已失传。

由于受长期以来传统观念的束缚，很多技艺"只传男不传女，只传家人不传外人"，致使无形文化传承渠道不畅，从而导致了无形文化遗产的消失。

3. 全球化背景下受市场经济和外来强势文化的冲击，使许多民族非物质文化遗产被现代强势文化替代

在与现代强势文化的碰撞与交融中，云南各民族非物质文化遗产受时空、受众、经

济效益等多种因素的制约，处于弱势地位，若不采取相应措施，将很快被借助电视、电影、计算机多媒体及网络技术的现代强势文化所替代。如反映民族文化的傣剧、民俗、剧种逐渐消失，又如苗族、瑶族传统的蓝靛印染技术已逐渐被化学染料所取代，很多民族传统的纺织机具，纺织技艺已逐渐被现代化的机器取代，而传统机具的消失，将意味着这一工艺的永远消失。

4. 从云南省档案馆保存的三百多年馆藏档案情况来看，反映少数民族非物质文化遗产的档案极少

全省档案馆藏850万卷（件、册）。据不完全统计，涉及少数民族档案内容的只占馆藏的8%。省档案馆保存自清代康熙四十四年（1705年）档案资料共计140余万卷、件。涉及少数民族档案仅有6万余卷、件，其余多是各朝代政府部门形成的档案，中华人民共和国成立后档案更以官方红头文件居多。如果民族文化的消失，是被迫的、强制的，也许人们还有一种警惕和抵抗，也会积极应对和保护。而潜移默化的、不自觉的，甚至是因为外界文化价值、经济利益的影响，成了主动的放弃，这种消失危机就显得更为严重。

四、全球化背景下云南少数民族非物质文化遗产保护抢救的对策与措施

1. 不断增强保护少数民族非物质文化遗产的意识

民族文化是国家发展经济、文化事业的重要资源。云南少数民族非物质文化遗产，是人们认识和研究云南民族历史、政治、经济、文化艺术、宗教信仰、风俗习惯、科学技术等等方面的重要资料，是宣传党的民族政策，振奋民族精神必不可少的资源与财富。而且从文化学的视角看，越是民族的，就越是世界的，它对于提高和增强民族自信心和自豪感，激发爱国爱家乡爱民族的热情都有着不可替代的作用。面对世界范围内各种思想文化的相互渗透，必须加大宣传力度，让人们充分认识到云南民族无形文化遗产的珍贵价值及其独特作用，从而求得广泛的理解与支持，夯实云南少数民族无形文化遗产保护与开发的思想基础和群众基础。教育引导各族人民把弘扬和培育民族精神、珍惜和保护少数民族非物质文化遗产作为文化建设的一项重要内容，不断增强保护少数民族非物质文化遗产的意识，与时俱进，让少数民族文化充满生机，蓬勃发展，融入中华民族文化和世界文化大家庭之中，为中华民族振兴服务。

2. 建立健全政府引导、全民参与的保护少数民族非物质文化遗产的法律屏障

少数民族非物质文化遗产广泛而又鲜活地存在于社会的各个领域，没有任何一个

机构能包揽对它的保护、保存及开发，必须唤起全民对无形文化遗产保护与开发的自觉性和积极性，动员全社会的力量，形成大家共同关注民族文化、热爱民族文化的社会氛围。因而国家政府负有引导责任，要把保护、抢救、传承民族文化纳入整体经济社会发展的总体规划，纳入各级政府的日常工作中，充分发挥政府在少数民族非物质文化遗产保护与开发中的强力作用，切实采取有效措施，加强对少数民族非物质文化遗产的保护。云南少数民族非物质文化遗产浩如烟海，而且大部分散落在民间、山区、民族地区。因此，要周密地制定普查工作计划，组织专门的机构、专业人员来实施，认真开展普查与宣传工作。在普查的基础上，摸清家底，有计划分步骤地开展保护抢救工作。此外，政府应加强管理，有计划、有秩序地开发文化市场。对濒危文化，还应增加抢救经费的投入，建立民族民间传统文化保护基金。建立健全保护区条例，依法实施对保护区域的有效保护，一方面让少小民族认识到自己文化的价值，让他们能在大的冲击之下有免疫地保护；而另一方面，也要让更多的人了解并为他们的文化喝彩，增强保护和传承的信心。

2000年5月，云南省率先出台了我国第一部专门保护民族民间文化的地方性法规《云南省民族民间传统文化保护条例》，2011年6月国务院出台了《非物质文化遗产保护法》，这些都将有力地推动云南少数民族无形文化遗产的保护与开发。但面对广泛存于民间的少数民族非物质文化遗产，各州市县区尚未完全出台和完善相应的保护措施和考核机制。即使有措施的，执行力不足，在人才培养、经费投入、开发利用等方面还存在不少问题和困难，还需要进一步细化相关保护措施，进一步加大保护抢救的法律依据和考核机制。

3. 建立健全少数民族非物质文化遗产主要传承者的保护与培养机制和无形文化遗产抢救与开发实验示范区

社会对民族文化的重要性认识不足，既表现在对待物质文化遗产方面，更表现在对待非物质文化遗产方面。由于少数民族非物质文化的传承主要靠一代又一代艺人的口、耳、身相传，突出地表现为"人在艺存，人亡艺失"。有人曾说，一个艺人的去世就意味着一座博物馆的消失，这绝非危言耸听。所以，对非物质文化的保护和抢救，重点应放在上对身怀绝技、绝艺的艺人身上，加大"救人，救文化"的工作力度。政府不仅应推行艺人命名机制，而且应加大资金的投入，扶持和支持身怀绝艺的传承者，解决他们的生活困难与后顾之忧，使之能悉心研究、创作、弘扬濒危的无形文化遗产，并通过徒弟自愿报名、师傅选等传、帮、带手段，培养新的民族无形文化遗产传承人。

同时，与民族文化大省、旅游文化大省建设相结合，建立云南少数民族非物质文化遗产抢救与开发实验示范区。云南民族文化大省与旅游大省的建设，都离不开云南少数民族非物质文化遗产这一独特而又宝贵的文化资源。因此，在云南少数民族非物质文化遗产的保护与开发中，应该从政府政策和旅游产业的经济中借点"东风"，把少数民族非物质文化遗产保护开发与旅游业发展结合起来，在少数民族非物质文化遗产富集地区建立民族文化生态村等实验示范区，充分发挥榜样的带头示范作用。用动态的保护形式，以文化促旅游，以旅游养文化，形成良性循环，从而更好地保护和开发少数民族非物质文化遗产。近年来的《云南印象》《云南响声》《孔雀》使云南享誉海内外，《丽水金沙》《蝴蝶之梦》实景大型歌舞使丽江、大理旅游锦上添花。发掘少数民族非物质文化遗产，为云南的民族文化事业和民族文化产业发展服务，类似的资源还大有可为。

4. 借助现代技术，将少数民族非物质文化遗产有形化

云南少数民族非物质文化遗产消失快，除其他原因外，恐怕与其"无形"不无关系。因此，借助现代多媒体、声像、数字技术、缩微技术，由专业人员有选择地将无形文化转化为有形文化，并将有形化的少数民族非物质文化遗产积极开发利用，利用高科技宣传手段，通过各种视听、卫星传播、网络等手段，把云南少数民族文化传播到世界各个角落，通过翻译、出版、演出、展览等国际文化运作理念，推进优秀民族文化产品在海外的传播和影响，让世界各地的人们很方便地在网络上了解中国云南的悠久历史、灿烂文化，扩大中华文化的亲和力、吸引力和辐射力，既满足了人们的需要，又开发性地保护了少数民族非物质文化遗产。可谓是一举两得，相得益彰，并为少数民族非物质文化遗产的保护注入了新的活力。

云南省档案部门在保护抢救少数民族非物质文化遗产方面，也在积极探索抢救保护的方法和措施。采取征集、收集、拍照、缩微、录音录像、口述历史采集等方式，收集抢救分散于社会和民间的少数民族历史档案。探索对少数民族文化研究者、传承人、民间能工巧匠的口述历史访谈的方法，实施少数民族语言文化、濒危文化遗产的抢救保护工程。"十二五"期间，云南将逐步完成15个特有少数民族档案的保护抢救，建立少数民族档案资源特藏库和专门数据库，推进少数民族文化遗产的保护和传承。采取的措施是：

方案制定。制定云南少数民族历史档案保护抢救方案，明确抢救的目的、内容、方法、手段。

成立机构。成立珍贵档案征集中心，制定云南省珍贵档案评选办法，成立专家委员会，收集、征集少数民族口述历史、资料、照片，不定期开展全省的珍贵档案评审活动，评审的结果将在重点档案抢救经费占比中得到倾斜。

多方合作。与相关部门合作发挥各自优势，开展保护抢救工作。分别配合云南大学人文学院抢救临沧地区、西双版纳地区的傣文文献资料，提供缩微技术，对散存在民间和寺庙的傣文资料进行缩微处理，并作为少数民族档案收集进国家档案馆保存。共拍摄抢救了69800册（份）。2010年以来，与州市县档案部门联合共同采集少数民族非物质文化遗产资料：音像1636盒，照片40156张，实物6284件，少数民族视频440分钟，口述录音1826分钟，数码照片20000余张。

人才培养。2010年与新加坡签订了少数民族口述历史方法学的培训协议，提高我省抢救保护技能。2010年7月份新加坡专家到云南做培训，全省200余人参加。2011年省档案局在200人的基础上选出20人骨干前往新加坡作为期二十天的提高培训，2012年又选派8人去新加坡进行培训。派相关技术人员到中国传媒大学学习媒资管理，购置相关设备，为少数民族口述历史采访、采集、整理、做好人才和技术的保证。

经费保障。下拨专项经费重点收集和征集。每年国家及省级财政支持200至300万元经费用于重点档案抢救，其中每年对2—3个少数民族的口述史料进行征集和抢救，取得初步成效。

总之，少数民族非物质文化遗产的保护、抢救与利用，不仅是云南的问题，也是中国和世界关注和面临的问题。随着全球经济一体化进程的加速发展，保护文化多样性、实现民族文化多样性，全人类已形成广泛的共识。所以联合国教科文卫组织在20世纪末开展了申报世界文化遗产保护工作。中国文化部门、民族事务管理部门也展开了非物质文化遗产的保护工作，这些措施起到了很大作用，引起了社会和各少数民族的警觉。但面对丰富多彩而又不可抵御的经济、文化影响造成的显现和潜在的危机，我们还应该加大力度，因其文化意义、历史意义和政治意义不可低估。

发表于《云南档案》2013年第9期

举办"飞虎·驼峰纪事档案图片展览"有感

2009年8月由云南省档案馆承办的"南洋华侨机工回国抗战档案史料图片展览"推出后，今年又举办了"飞虎·驼峰纪事档案图片展览"，两次参与筹办展览的经历常使我感慨万千。当一份份档案再现中华民族的坚强、勇敢与团结，当一张张照片揭示着中美飞虎的英雄足迹，当一组组数据彰显着云南人民为了国家民族的存亡艰苦奋斗的壮举，我被震撼了、感动了……

中华民族艰苦卓绝的抗日战争深深铭刻在人们的记忆里。然而，并不是所有人都知道，是由滇缅公路、驼峰航线、中印公路组成的运输大通道，支撑着中国抗日战场全部战备物资以及大后方的经济供应。中国百姓、中国远征军、云南人民及美国飞虎队等为保卫这条抗战大动脉所做出的巨大牺牲，在今天回忆起来依然震撼人心。人们无法想象，没有滇缅公路、没有驼峰航线、没有中印公路、没有飞虎队，中国抗战的历史将会如何书写。

通过两次对展览所需史料图片的收集阅读，使我深切地感到，当历史选择了云南，云南不遗余力，为此而奋斗。无论是滇缅公路、驼峰航线，还是飞虎队的壮举，都与云南和云南人民的贡献与牺牲分不开。

抗日战争爆发后，华北、华中、华南相继失陷，日军对我国海岸线实行封锁，切断了中国与外界的联系及外援物资的运输路线。为保证抗战的胜利，时任云南省主席的龙云在出席国民政府召开的南京会议上，从战略的高度提出"国际交通应作预备，即刻着手修筑滇缅铁路和滇缅公路，直通印度洋，公路由地方负责，中央补助……"。建议得到国民政府采纳后，他随即组织全省上下修筑滇缅公路。滇缅公路由昆明、下关、保山至畹町出境至缅甸腊戍与仰光至腊戍铁路连接，至仰光港。昆明至畹町公路全长959.4公里，畹町至缅甸腊戍全长187公里。参加修筑滇缅公路的有汉、彝、白、傣、回、景、阿昌、苗、傈僳等十个民族，全线每天工作人数最高达20万人、其中有数万的老人、妇女和儿童参与筑路工程。到1938年底，滇缅公路路基工程累计完成土方1987.99万立方米，石方1917.58万立方米，修建各种桥涵2032座。历时八个月，牺牲3000余人。有1166辆汽车行驶于滇缅公路。从1939年1月至1942年12月通过滇缅公路的抗战物资达221567吨，包括汽车、汽油、武器、弹药、机电、轮胎、医药、布匹、通信器材等等物资。滇缅公路这条穿过了中国最崎岖的山区、跨越了中国最湍急的河流，蜿蜒上千公里的运输干道，在当时条件极为艰难的情况下，以极短的时间修成，使全世界为之震惊。常言道：兵马未动，粮草先行。滇缅公路的建成，不仅充分展示了云南人民支援抗战的信心与卓绝的信念，而且保障了中国与国外的联系和人员物资的运送，对稳固后方、支援抗战起到了重大的作用。被称为"抗战生命线"和"抗战输血管"。

飞虎队与云南抗战的历史，更是一曲用鲜血和生命谱写的抗日颂歌，是一首大无畏的国际合作，共同取得世界反法西斯战争胜利的壮丽诗篇。将永远为世界爱好和平的人们所铭记。

1941年，中国抗日战争进入相持阶段，新成立的中国空军受到重创，为重振中国空军、夺回制空权，历史又一次选择了云南。在中国政府的邀请下，以陈纳德为首的"中国空军美国志愿航空队"不远万里来到中国、来到云南，支援中国人民的抗战。志愿航空队担任打击驻缅甸等地的日军航空队、保卫滇缅公路的运输任务。昆明、仰光、雷允、怒江之战，有力地打击了日本空军的气焰，保卫了昆明和重庆，使得日军南侵的企图落空。美国志愿航空队与中国军民并肩战斗，血洒长空，创造了一个个航空奇迹，取得了一项项辉煌战果：共击落敌机2600架，击沉或重创44艘军舰、13000艘100吨以下的内河船只。由于志愿航空队的队徽是一只在空中飞行的老虎，加之其作战英勇，被中国百姓誉称为"飞虎队"。

1942年5月，由于日军攻陷缅甸以及中国云南怒江以西地区，切断了中国最后一条国际交通线——滇缅公路。中国战场的军事供应只能通过由印度–缅甸–中国昆明的飞机运输来实现，中美双方决定共同开辟经印度到中国的空中国际运输线，这就是著名的"驼峰航线"。由于飞机飞行的路线需要绕过日机的袭击，所以飞机要在中印边界绵延的群山之间以曲线飞行，形状恰似骆驼的驼峰，故名"驼峰航线"。航线从印度东北部阿萨姆邦的汀江起飞，经缅甸至中国昆明约800公里，至重庆约1200公里。虽距离不算长，但该航线却是世界战争空运史上气候最恶劣、持续时间最长、条件最为艰险的空中战略运输线。它所经过的地区，最高山峰海拔为7600米，平均海拔3000至6000米，而当时运输机的飞行高度只有5000米，载重时仅可飞到3500米，所以不得不在驼峰似的高山峡谷中穿行。从1942年5月至1945年9月，在3年零4个月的时间里，驼峰航线空运物资总量780674吨，兵员3.3万余人，保证了中国抗战物资的需求，但也付出了沉重的代价。由于航线险象环生，加之日机的袭击，中美共坠毁飞机609架，平均每月15架，牺牲和失踪飞行员近2000名。可见飞行的惨烈与艰险。

战争打的是后勤，后勤保障是战争制胜的关键。云南作为飞虎队的大本营，抗战物

工作思考
举办"飞虎·驼峰纪事档案图片展览"有感

资的重要集散地之一，为支援空中运输和有效打击日军，云南又像当年修筑滇缅公路一样，不遗余力，出动了十万余人，用最原始的设备、最快的速度，肩挑马驮人攥，赶修机场。把昆明巫家坝机场夯实扩大，赶修了呈贡、沾益、祥云、保山、寻甸、蒙自等十多个机场，在物资供应、通讯医疗等方面积极配合，并给予毫无保留的支援。陈纳德将军曾说：中国劳工是第十四航空队最有力的保障，正是由于有了他们，才使日军无论强占了我们多少机场，也不能把我们挤垮，日军每摧毁我们一个机场，便会有两个新的机场产生出来。

为做好美国飞虎队及后来的美国第十、第十四航空队的生活保障，在云南设置了19个美军招待所，为保证美军的肉食、禽蛋、蔬菜的供应，云南在抗战物资匮乏和经济窘迫的情况下，节衣缩食。昆明每天宰杀三四十头黄牛供给美军，一年杀牛一万多头，对云南农业耕作造成很大的影响，以至惊动了当时的中央政府，龙云与国民政府军事委员会参谋总长何应钦的几封信件往来，说明了云南人民为抗战胜利、支援盟军做出的牺牲。

为营救飞虎队在作战和驼峰航线运输中因战斗或天气、故障失事的美军飞行员，国民政府要求广大中国民众积极救助和治疗。并制定奖励办法，嘉奖救助失事飞行员的有功人员。云南省积极响应，各县成立了搜救小组，一些民众还成立了志愿救援队。呈贡、陆良、丽江、祥云、崇明、福贡、兰坪等县出现了许多救助美军的感人事迹，至今仍被老飞虎队员们铭记在心，成为中美友谊佳话。

回顾历程，最重要的是沉淀心灵。"滇缅公路""飞虎队""驼峰航线"，尘封了多年的名字通过展览，响亮地诉说着几十年前云南这片土地上可歌可泣的壮举。抗战中的云南，注定与全国人民和一帮勇敢的美国人联系在一起，他们揣着再简单不过的信念，用自己的生命筑路，抢修抗战运输通道、保障空运，救助盟军，支援并参与抗战。为中国抗战的最后胜利做出了杰出的贡献。70年后的今天，我们重温这段中美两国人民相互信任、相互尊重、并肩战斗的传奇故事，不仅为了传承友谊，祈求世界和平和人类的幸福，更想体现当历史选择了云南，云南用它的力量捍卫着历史的那份强烈责任感。

不忘记历史是为了启人心智。当前，中央支持把云南建设成为中国面向西南开放的桥头堡，说明云南向西南开放的桥头堡建设上升为国家战略规划。历史再一次选择了云南，与过去相比，虽然面临的任务、目的和环境不同，但如何增强历史责任感，发扬云南敢为人先和大无畏的优良传统，用我们的智慧和力量创新发展，为云南的明天、为中国的强盛做出新的努力和贡献，是值得我们从历史中借鉴和思考的。

刊登在《云南档案》2011年第6期

试析馆藏档案结构与社会发展的关系

——以馆藏民国档案为例

  馆藏档案结构是指人们在社会实践活动中产生的具有一定联系的各种内容、门类、载体的档案以及与之相关的资料组成的整体系统。即各个馆藏要素之间相互联系、相互补充的形式与方式。馆藏档案结构体现着一个国家、一个地区、一个部门对档案及档案工作的认识高度和需求程度，这种认识和需求决定着档案收集的范围、档案的内容以及档案管理的投入。馆藏档案结构是否科学、合理，还充分反映出一个地区档案工作的现状和发展水平，也直接反映着社会发展的重点和方向。认识和掌握馆藏档案结构是做好档案资源体系建设和开发利用工作的基础，也是档案管理工作者的一项基本要求。

  云南省档案馆馆藏结构从形成时间上分，可以分为清代档案、民国档案、革命历史档案、中华人民共和国档案；从载体上分，可以分为纸质档案、声像档案、印章档案、电子档案、实物类档案；从内容上分，可以分为文书档案、各种专业档案、少数民族档案等。最早馆藏为清康熙四十四年（1705）的地契档案，距今三百多年的历史。截至2010年底，省馆馆藏档案资料共有545个全宗（立档单位），计970995卷（件、册），寄存档案40余万卷。其中，民国档案有154个全宗300752卷，中华人民共和国档案237个全宗546040卷（件），图书报刊资料104180余册（本），清代档案12000余件。此外，还有部分少数民族档案、照片档案、印章档案、名人档案、字画档案、声像档案计151个全宗20023卷（册、盒、盘、枚）。从案卷数量上看，新中国成立后的档案数量占馆藏总量的56.2%，相对较多，民国档案占藏量总量的41.9%，馆藏资料占10.7%，其他特殊载档案占2%，数量比较少。但从档案文件数量、形成时间和案卷排列长度看，民国档案整理方法以卷为单位，档案形成时间从1911年至1949年只有38年的时间。实际其文件数量、增长速度和排列长度多于和大于中华人民共和国成立后档案。可见，民国档案是我馆馆藏的重要组成部分，与全国其他省级综合档案馆相比较，其数量和案卷排列长度都首屈一指，也是最具云南特色的内容。为此，笔者从民国档案内容结构入手，对民国档案的门类、特点、档案形成的背景及其价值做一简要分析、评述，抛砖引玉，以便档案同行和广大利用者充分认识馆藏档案结构形成的原因及其与历史发展的关系，为进一步完善档案资源体系建设，开发档案信息资源提供参考。

一、民国时期档案内容丰富、系统完整与云南和平解放的历史密不可分

由于云南和平解放，自清末以来形成的档案，除一部分被国民党当局溃逃时销毁或带走以外，民国时期的大部分档案没有受到战火的损毁，得于妥善保存。其内容丰富，涉及面广。比较系统地反映了从1911年蔡锷、唐继尧、李根源、罗沛军等人发动的"重九起义"，建立云南都督府，到1949年云南和平解放这38年间云南的政治、经济、军事、外交、文化、教育状况。对研究护国、护法运动、北伐战争、抗日战争、解放战争中的一些重大历史事件，研究中国近代史、云南地方史、中共地下党史、云南民族史都是难得的宝贵材料。其完整性、系统性与案卷排列长度在全国屈指可数。

二、司法诉讼档案在民国档案中量大、分布广，与当时社会动荡和政治需要密不可分

司法诉讼档案涉及17个全宗28个部门的档案。其中属法院、检察院系统的有15个部门，即：云南高等法院、云南控诉法院、云南高等审判厅、司法筹备处、最高法院云南分院、大理分院、云南上告审检处、云南省公署附设临时最高审检处、大理院、最高法院、云南高等法院检察处、云南高等检察厅、总检察分厅、昆明高等特种刑事法庭、中国国民党云南省党部直属十二区党部。非院、检系统的有13个部门，即：司法司、司法厅、民政司、民政厅、省会警察局、云南督军公署特别法庭、省政府秘书处、农矿厅、省长公署、省政府查办地方官吏被控临时委员会、省政府政务厅内务科、云南保安司令部军法处、云南绥靖公署军法庭等。共计司法诉讼档案89869卷，占民国档案总数的30.1%。主要内容分为四大类：人事类2186卷、行政类12614卷、刑事类49481卷、民事类19103卷。此外还有特刑庭及处理"李、闻事件"形成的档案100卷，民刑案件收发文簿、人事签到簿6393本。之所以形成如此浩繁的司法诉讼档案，原因有三：首先，从机构形成看，以孙中山为首领导的辛亥革命推翻了清王朝，结束了中国二千多年的封建帝制，从此民主共和国的观念深入人心。新兴的国家和政府为维护其统治和利益，必须不断建立和完善各种司法、政法机构作为其国家机器统治人民、维护治安，地处边疆的云南也不例外，各种司法、政法机关应运而生；其次，从社会背景看，由于辛亥革命的

不彻底性、政权遂被北洋军阀所窃据，致使全国形成军阀混战局面，加之日本帝国主义的入侵和蒋介石发动的内战，以致民国时期社会动荡不安，民不聊生，各种民刑案件增多，所形成的诉讼档案必然增多；第三，从收集情况看，民国档案系建国初期收集、整理而成，时值新中国审干、肃反、镇反时期，为配合政治上的需要，旧政权院、检司法系统的档案被列为重点收集整理范畴。当时仅法院清档小组就有69人，用了近一年的时间对之进行分类整理，使这部分档案得于完整系统的保护、保存，被销毁的较少。这部分档案对研究民国时期的司法制度、政治动态、法律法规、社会状况、民间疾苦有重要的参考价值。

三、交通运输档案在民国档案中量多且集中与中国抗战重大事件的发生密不可分

涉及公路、铁路建设及运输的有10个全宗，但主要集中在军事委员会西南进出口运输总经理处、交通部公路总局第四区公路工程局、云南省公路总局3个全宗里，共计档案67409卷，占民国档案总数的22.6%。这部分档案的形成原因主要是：1937年，抗日战争全面爆发以后，国内形势骤转，华东、华北大片国土相继沦陷，日军封锁了我国海上的外援物资进口线。特殊的地理位置使云南成为西南国防重地、全国抗战的重要后方及抗战桥头堡。为支援抗战，国民政府及云南当局加紧了对抗战大后方云南公路、铁路、运输等基础设施的建设，投入大量人力物力勘测、修筑滇缅公路、铁路、中印公路，开发国际通道。为抗战需要，先后成立了西南进出口运输总经理处、滇缅运输管理局、滇缅公路运输监理委员会、中缅运输总局、战时运输管理局、交通部第四区公路工程管理局等等机构。其中西南进出口运输总经理处，是抗战时期我国规模最大的运输机构，也是当时最大的国际运输机构。该处从香港、越南、缅甸运入兵工器材和其他军事物资，运出大批钨砂、大锡、猪鬃和桐油等，拥有运货汽车三千余辆。经常行驶的路线，东到长沙，西南达缅甸腊戌、仰光，南起越南同登，北入重庆、泸州，还运用广九、粤汉、滇越和仰光腊戌间的国内外铁路，以及珠江、湘江、沅江等水道，构成广大的联运网。其附属单位遍布国内包括香港地区以及越南、缅甸、新加坡、菲律宾各国，直接雇用职工先后共20000余人。如此庞大的业务、机构也就形成了如此规模的案卷数量。这部分档案是研究云南交通运输史、抗战史的难得史料，对今天西部大开发和云南建设通向南亚、东南亚桥头堡建设有着不可低估的参考作用。

四、弥足珍贵的边疆少数民族档案与云南多民族特点和当局的重视程度密不可分

云南地处祖国西南边疆，民族众多，各民族人民有着悠久的历史和灿烂的文化。但在旧中国，由于历代统治阶级对西南边疆地区及民族问题重视不足，贱视边疆民族地区的开发与建设，使得反映和记述民族问题、民族内容、边疆发展的档案相对较少，约计1200余卷，分布在省民政厅、教育厅、人事室、省政府秘书处和法国驻滇总领事馆的全宗内。主要内容有国民政府和省政当局对云南边疆民族地区治理的政策和方案；云南少数民族调查、部分家谱、族谱、傣文贝叶经、纳西东巴经档案和佤族土司实物档案。这部分少数民族档案数量虽少，但载体不同、文字各异、形态多姿多彩，是民族文化遗产的一个重要组成部分。尤其是云南边疆少数民族调查史料，集中地反映了当时云南各民族的历史源流、民族的形成、演变、发展、迁徙情况。包括民族种类、名称、分布区域、人口数目、衣食住行、婚丧礼俗、宗教信仰、语言文字、文化教育等方面的情况，是研究云南民族历史、民族文化的第一手珍贵资料。对研究当时国民政府的民族政策，以及近代云南少数民族的形成和发展，研究民族的深层心理、民族意识、民族精神、民族关系和民族的凝聚力、向心力具有重要的参考价值。

五、省政府秘书处档案是民国档案内容的一个基本缩影，与其职能密不可分

民国时期全省重大事件、重要问题在省政府秘书处全宗里都有所反映。该秘书处是民国时期云南省历任军政首脑的办事机构，有档案14633卷。内容涉及军政要务、财政金融、工商实业、农田水利、文教、卫生、司法、治安、兵役、民族、宗教、外交等等各方面，民国时期档案重要内容从中可窥见一斑，是了解民国时期云南历史发展脉络，熟悉掌握馆藏民国档案内容的重要线索和首选全宗。

从以上民国档案结构与特点不难看出，馆藏档案内容结构是受到当时历史、地理、政治和技术条件影响的，与社会发展和认知程度密不可分。由于当时中国科学技术发展滞后，录音录像摄影技术在全国尚不普及，除纸质外，其他载体档案内容较少。就内容及数量结构来看，由于民国初期军阀混战、中期抗战爆发、后期发动内战，民国档案的收集管理、形成背景、整理方法，都有自身的特点。既有综合性的档案，也有专业性的档案，既有国民政府的，也有公检法系统的、军事机构的、公私企业的和各种社会组织的档案。其结构与社会体制机制同当局工作重心和发展方向及社会需求密切关联。

分析研究馆藏档案结构与社会发展的关系,给我们的启示是:档案工作者要有历史责任感,档案资源体系建设要与社会发展和需求同步,档案管理与开发利用要充分运用现代技术手段。随着科学技术的进步和社会经济的发展,当年稀奇的录音、录像、摄影技术已普及到社会的方方面面,计算机、网络、通讯、数字化技术已在各行各业中广泛运用,各种非公经济、社会组织,技术创新如雨后春笋,但目前的馆藏数量虽有所增加,馆藏结构却依旧变化不大。不仅纸质载体的档案仍占馆藏的95%,而且其内容结构也不能满足当今社会的需求。官方文件、红头文件、国有企事业单位的档案仍是馆藏主体;反映各部门重大活动和发展状况的大量声像档案、电子档案、专门档案散存各机关个人或部门手中;非公的、民间的、各种社会组织的历史记录尚未得到有效收集和科学管理。国家档案资源的数量和结构与社会对档案信息多样化的需求不相适应。如何把档案馆馆藏内容从官方记忆、国家记忆向社会记忆拓展?如何围绕云南发展战略在政策上、宣传上、制度上、落实上创新我省档案事业发展的方法和手段,加强档案资源体系建设是值得每一个档案工作者思考的课题。

总之,充分认识和及时把握馆藏档案结构与社会发展的关系,对于搞好档案工作的科学管理、做好档案事业发展规划,进一步完善我省今后档案资源体系建设思路,使档案工作服务水平与社会公众日益增长的档案服务要求相适应是非常必要的。

发表于《云南档案》2011年第8期

中英档案保护技术工作的比较

——赴英国参加档案保护技术培训收获与体会

档案的安全管理和保护，是档案工作者的基本职责。为了扩展视野，提高档案保护技术水平，国家档案局于2011年8月20日至9月9日组织了全国十五个省、市档案部门从事档案保护技术管理的领导干部和业务骨干25人的培训班，前往英国开展以档案保护技术为主题的专业培训。笔者有幸参加了此次培训，虽然内容多、时间紧，但感受深刻，收获良多。

一、学习考察的机构与培训的具体内容

按照英国作息时间和培训方案，培训班通过理论学习、情况介绍、教学提问、实地考察、见习操作及小组讨论的方式进行。二十天的时间里，除周六、周日不上课，其余时间都在培训和考察。先后考察了英格兰、苏格兰国家档案馆、英国议会档案馆、大英图书馆档案保护建议中心、伦敦大都会档案馆、英国商务（企业）档案理事会、档案及信息管理协会、剑桥大学国王学院档案馆、丘吉尔学院档案中心；拜访了英国科学博物档案馆、伯克郡图书博物档案馆、曼彻斯特郡博尔顿博物档案馆、伦敦萨塞克区档案馆、威斯敏特档案中心、威尔特郡和斯温顿联合历史档案中心。听取了各级各类档案机构的保护技术发展历史及未来发展方向研究成果介绍，进行了各种门类档案保护技术、数字化技术、档案信息开发与利用技术在英国运用等二十多个专题的学习和培训。

二、中英档案保护技术工作的比较

英国是个私有化程度很高的国家，英国的档案馆运行有的靠议会拨款、有的靠捐款、有的两者都有。很多较小的档案馆与图书馆和（或）博物馆合为一体。受经费的影响，不同性质、不同规模档案馆的档案保护技术工作开展项目和水平也是参差不齐。在

国际金融危机的影响下，一些档案馆更是面临裁减人员和削减部分项目预算的困扰。与国内相比，英国档案工作在各个方面都比较注重专业化。在档案保护技术方面，主要体现在几个方面。

1. 标准规范在档案保护技术工作中具有重要的指导作用

在英国档案行业，政府部门的行政管理比较少，档案馆一般比较注重行业标准规范的履行。英国国家标准BS5454：2000是档案馆行业关于档案保护方面最重要的标准，另外还普遍执行国家标准委员会、国家档案馆和国家图书保护咨询中心制定的其他一系列标准和规范。是否遵循档案管理规范和保护技术标准是其获得档案收集管理资格的一个重要指标。一些档案馆经常因保管保护档案的技术条件不达标而面临失去档案保管资格的状况。一旦失去档案保管资格，档案的经费将会受到很大的影响。与国内档案管理和保护经费由国家财政投入相比较，我们相对要容易得多；而在制定或执行国家标准方面，我们却又显力度不足。

2. 档案预防性保护工作具有较高的水平

除了采取加强基础条件如库房、温湿度监控、防护性装具及保护修复等档案保护技术方面的措施外，注重在预防性保护工作方面的研究及综合管理措施的实施，这包括制定应急预案、开展风险评估、落实档案管理和利用过程中的全程保护、实施环境监控、进行保护需求调查、虫害综合防治、制定保护标准和工作程序、工作质量控制、提出保护工作预算、制定保护优先方案等一系列的技术工作。如大英博物馆专门建立了藏品保护中心，除了开展藏品修复研究及实施外，还负责对全馆的藏品保护进行全面的研究、评估、规划，并制定全面系统的长期保护规划（2020年远景规划），在工作全局、工作全流程、综合防治的层面上进行科学部署，通过对藏品长久保存中存在的威胁、风险、需求及技术条件的综合研究，制定保护长期规划，组织实施优先措施、技术项目、工作规范、保护教育等工作。由此可见，他们对藏品（档案）的保护非常重视，保护技术部门职能范围很广，影响力很大。相对而言，国内档案馆的保护技术工作在这方面明显比较缺乏，保护技术部门的工作一般局限在修复等很小的方面，对于防控的保护性措施难以在全局层面上开展统一、全面、科学的档案保护技术工作。

3. 保护技术既运用传统方法又采用现代技术，实行精细化保护管理

一方面利用现代管理技术加强对档案库房、装具、环境、温湿度、消防的监控，利用缩微技术、摄影、扫描技术对利用率高的、珍贵的档案进行数字化保护，做好防的措施，另一方面根据不同载体档案制定不同的档案保护方案，利用破损修裱、虫蛀补洞、断裂粘接的传统方法修复各种羊皮档案和纸质档案达到治的效果。在档案利用过程中注

重从小处着眼，细节入手。如查阅室里摆放档案的阅览架、翻阅档案的方法、档案修复、查阅时用的镇纸，都会成为他们保护档案细节研究的对象。与国内档案保护技术和理念相比我们显现出粗放性的管理方式，其经验值得我们借鉴。

4. 注重专业技术人员的培训

在英国，专业的档案保护技术人员也是比较稀少的，另外由于档案保护技术人员工作所涉及的知识技术领域广泛，因此英国档案馆非常重视档案保护技术人员的培训。培训的途径主要有三个方面。一是专门送到开设有档案保护技术相关课程的大学进修，二是如大英图书馆等拥有专业保护部门的机构提供的技术咨询、解决方案及技术培训等，三是专业档案保护技术公司所提供的与其产品服务相关的技术培训。相比而言，国内的档案保护技术人员绝大多数没有受过档案保护技术方面的专业教育或培训，而且培训机会少，培训途径缺乏。

5. 灾害应急意识非常强，一般都制定了详细的灾害应急预案，更为重要的是这些时刻体现在其档案馆工作人员的意识和行动之中

培训学习中有几点印象非常深刻：一是每到一个档案馆参观，接待人员首先都是告诉如果发生火灾时撤离的安全出口；二是在库房中除了库房门外都有紧急出口（只能从里推开的门）；三是在灾害袭来时强调首先撤离和抢救人员。相比而言，国内档案部门的灾害应急意识不是很强。库房没有应急出口，一旦发生紧急情况，如没有外面的人帮助，库内的人员很难自行撤出。

6. 馆藏档案数字化工作有着自己的特点

最主要的就是追求实用性，其目的主要是提供网上利用及文件检索的快捷性，以吸引更多的受众及尽快满足利用者的需求，一般档案馆的目录数据在其网站上都可提供公开的检索，部分档案馆甚至可提供扫描文件的浏览，开放性很强。其次，受人员及预算的制约，英国档案馆并非对所有的档案都进行数字化，而是有着一定的选择性和优先性，如大英博物馆所采取的策略就是对本馆唯一的、与英国文化遗产有关的、实体不易整合的档案优先进行数字化。另外，行业内专家对档案数字化的风险认识非常清醒，英格兰档案馆电子数据保护部的Grayham Mount先生指出，"电子数据寿命的可能会是永远或也可能只有5年，关键就看哪一种情况先发生。"在档案数字化的技术方法选择上，英国档案馆更多地使用数码拍照的方法，相比国内普遍使用的扫描方法而言，国内有些档案馆对档案数字化的主要目的定位模糊，盲目地、大规模地、无选择地开展档案数字化，反而形成了档案安全保管的新隐患。关于档案数字化技术的运用和电子文件管理方面英国与我国一样尚处在探索或起步阶段。对电子档案管理的复杂性、必然性及风险评

估和发展趋势与我国的认识基本相同。

7. 档案保护利用观念深入民心，成效显著

这与英国作为老牌资本主义国家在文化方面的积淀有关。英国拥有众多历史悠久的教会、学校、企业、建筑等文化遗产，每到一个城市，当看到一栋栋几百年、上千年独具特色的民居和街道，一座座古老的教堂，会深切地感受到当地古老的传统文化与文明在建筑上得到的反映，既让人叹为观止又回味无穷。对历史遗产的保护，不仅体现在建筑上，还体现在反映这个国家、地区的历史档案上。每到一个档案机构介绍其馆藏情况和参观其档案时，都让我们有一种震撼。首先，档案年代久远，无论是国家级档案馆、还是郡县档案馆、专业档案馆，都有十一世纪以来甚至更早的档案，七、八百年以上的档案成千上万卷。其次，档案载体内容多种多样，大量的羊皮档案、纸质档案、金属类档案、声像档案、建筑设计图纸档案、文化艺术档案都有较多的馆藏量。档案排列长度从80公里到几百公里不等。再者，档案内容涉及民生及社会的较多，各馆馆藏除了政府机构的，大量名人的、企业的、商务的都向档案馆移交保存，还有学校、医院、教会、

英国馆藏羊皮纸档案

婚姻注册、人口统计和法院的档案，包括丰富的家族档案。人们对此充满兴趣，除了历史学家等专业人士外，众多的老人、学生前往档案馆浏览感兴趣的档案，是一种文化休闲的方式，充分体现出"小政府大社会"的馆藏特点。与国内档案馆藏与利用情况相比，我们却有着"大政府小社会"的特征。

三、启发与收获

由于培训的时间较短、内容多，有些方面了解得不够详细和深入，但仍给我们带来很多的启发。尤其在档案保护技术工作方面，国内在很多方面还存在着明显的差距。作为档案工作者，应该清楚地认识到，保护好档案是一切档案工作的基础，不仅要舍得在档案保护上投入，更要在细节上加以重视，努力提高档案保护技术工作的专业化水平。具体来说，包括四个方面：一是加强专业技术人员的教育培训和使用，二是加强保护技术设施设备材料等硬件的专业化提升，三是加强档案全程保护、风险评估、保护调查等预防性、综合性保护技术手段的研究和应用，四是要强化档案保护技术在全局层面上的职能，避免档案保护职能分散造成的混乱和弱化。

总之，此次参与全国范围内的档案保护技术工作者及管理者赴英国参加专业培训学习，对笔者而言是一次难得的机会。对开阔档案保护技术工作的视野，总结中英档案保护技术经验与不足，取长补短，提升档案工作管理水平，促进档案保护技术工作具有重要的意义。同时，在整个培训过程中能深切地感到英国档案部门同行的培训工作准备充分、情况介绍翔实全面，态度认真热情。而作为培训班的成员能按照要求遵守外事纪律，一切行动服从培训班的要求，从始至终学习热情不减，相互帮助，既学习了新知识又交流了各省的经验，还加深了友谊，给此次培训赋予了新的生机与活力。

发表于《云南档案》2011年第11期

云南省档案局承办"南侨机工回国抗战档案史料图片展"的收获与体会

由中国国家档案局、新加坡国家档案馆联合主办，云南省档案馆具体承办的"南洋华侨机工回国抗战史料图片展"，于2009年8至10月先后在昆明、北京、新加坡展出。12月又先后被邀请到云南德宏的畹町、海南省会海口进行展出。这是中国与新加坡首次联合以抗日战争为主题进行的国家级展览，意义影响深远。此项展览是以云南省档案馆馆藏的200余幅珍贵图片资料为主，100余件档案仿真复制件为亮点，并收入了新加坡国家档案馆、福建陈嘉庚纪念馆及部分机工及机工后代提供的图片资料，共计制作104块展板的档案史料图片展。其中绝大多数档案资料是第一次向社会公布。

南洋机工是抗战中的一个特殊群体，是华侨华人的杰出代表，尽管已经离开祖国多年，但是在事关民族危亡的关键时刻，这些从法律上说已经不算是中国人的华人，依然决然地重返祖国参加抗战。机工，指的是当年奇缺的汽车驾驶和修理人员。在日军封锁中国沿海后，中国只能依靠陆路运输，而汽车驾驶员在那个年代极度缺乏。在南洋华侨领袖陈嘉庚先生的号召下，1939年3000多名具备驾驶和维修技能的华侨回国参战。可以说，正是他们保障了战时滇缅公路交通大动脉的畅通。据不完全统计，有1000余名南洋机工在抗战中为故土祖国献出了年轻的生命。南侨机工回国参加抗战的壮举，在华侨爱国史上谱写出可歌可泣的壮丽篇章，也充分表现中华儿女同祖同根的凝聚力。

云南省档案局于自2008年10月接受国家档案局关于承办《南洋华侨机工回国抗战史料图片展》的任务后，不遗余力，认真组织，展览达到并超出预期的目的，受到了社会各界的好评，现将承办展览的收获与体会作一交流，为进一步提高云南档案资源的开发利用水平提供参考。

一、展览的筹备

自接受承展任务以来，云南省档案局馆高度重视该项工作，从加强中外档案文化交流，展示馆藏档案资源，弘扬爱国主义精神，体现中国、云南办展水平的视角来认识这次承办展览的重要意义。把筹备展览工作列入2009年重点工作计划，认真组织实施。

1. 成立筹展领导小组，加强对筹展工作的组织领导

为加强对展览工作的组织领导和统筹协调工作，专门成立了包括局馆领导、利用部、办公室、法宣处、技术部、保管部等相关部门主要负责人组成的筹备展览领导小组，负责项目方案、展览内容审定和有关展览重要事项的组织协调。明确分管领导和项目责任人，工作办公室设在利用部，负责具体项目的实施。为办好展览，多次召开专题会议认真研究和部署，并明确职责、责任到人，保证了该项工作的顺利完成。

2. 认真调研，制定展览方案

为更好地完成该项任务，组织相关工作人员到北京、青岛等地参观学习，了解其他行业和兄弟省份的办展经验；认真制定《展览方案》和《展览经费预算》上报国家档案局，得到了国家档案局外办的大力支持；同时对多家会展公司进行了考察调研，征求云南省政府招标办的意见，通过竞争性谈判，由展览领导小组从四家参谈公司中通过对其资质、技术、办展经验、报价等方面考察，选定公司承办展览，并与承展览公司签订项目合同任务书。

3. 广泛收集资料，充实展览内容

南侨机工回国抗战的档案资料是云南省档案馆馆藏的重要档案内容之一，2003年被国家档案局入选第一批中国档案文献遗产名录。为办好此次展览，作为项目的具体承办单位，我们不仅认真整理、编辑馆藏2000余份南侨机工档案资料，还先后到马来西亚、新加坡等国家及福建、滇缅公路沿线等地区和健在的老机工及其亲属征集有关南侨机工的档案照片资料300余份，走访健在的老机工，努力还原这段珍贵的历史。不仅丰富了展览内容，还弥补了馆藏资料的不足，使展览达到了图文并茂、声像并举的效果。

4. 一个专题，多种形式开发，充分满足不同大众的需求，扩大档案利用影响

为有效开发档案信息资源，增强展览效果和扩大宣传。我们在为展览征集、整理、选取有关档案资料的同时，又与福建陈嘉庚纪念馆合作，编辑出版了《南洋华侨机工档案史料汇集》，并在南侨机工回国抗战展览开幕式上首发；与昆明电视台合作制作了反映这段历史配有中英文字幕的电视专题片《赤子功勋》，分别在电视台和展览中连续播放；与承展公司合作制作展览宣传单折页在展览中发放，积极宣传展览，积极为社会各界利用南侨机工档案提供服务。

5. 严格按照展览资金预算方案和财务管理规定，用好项目资金

在项目资金使用上，根据展览资金预算方案和布展要求，云南省档案局制定了"南侨机工档案史料展览项目资金管理规定"，与具体承展公司签订合同，严格手续，本着

节约、合理、有效的原则，主管和分管领导认真审核每笔资金的使用，做好资金使用明细账目，保证项目的有效实施和避免资金使用的违规行为。

二、展览的效果

1. 展览得到了国家档案局和新加坡国家档案馆的充分肯定

8月14日昆明预展在云南省博物馆举行，国家档案局副局长杨继波、新加坡国家档案馆馆长毕观华、云南省政协副主席顾伯平和省侨联侨办、省文史馆、省党史办等部门的领导出席了开幕式，并作了热情洋溢的致词。

9月3日北京的开幕式由中国国家档案局副局长李明华主持，中国国家档案局局长杨冬权、新加坡国家档案馆馆长毕观华、中国抗战纪念馆馆长沈强等有关领导及陈嘉庚的长孙陈立人先生参加并致辞。新加坡驻华大使馆参赞、厦门市委宣传部、厦门市侨联侨办的有关领导也出席了开幕式。

10月20日在新加坡举行的开幕式上，新加坡国会议员马炎庆、中华人民共和国驻新加坡大使馆文化参赞朱琦博士、新加坡巡回大使国家文物局主席许通美教授、新加坡国家文物局总裁、中华总商会总务委员蔡其先生、香港档案学会会长钱正民先生、印度尼西亚国家档案局秘书长Pak Ashikin等有关各界人士出席了开幕仪式。中国派出了以国家档案局副局长李明华为团长的代表团参加了展览开幕式。

展览的内容、方式、布局、社会反响、效果和各地开幕式的圆满成功，得到了国家档案局、新加坡国家档案馆和云南省政府的充分肯定和高度赞扬。

2. 展览使档案史料进一步体现爱国主义教育的意义，得到了民众的好评

2009年是中华人民共和国成立60周年，也是南洋华侨机工回国抗战70周年。此次中新两国利用档案史料共同举办展览，一方面再现南侨机工光辉而艰辛的历史，深切缅怀为抗战而牺牲的爱国侨胞。另一方面也是中新档案部门开发档案信息资源、变死档案为活信息、开展爱国主义教育的一种有效形式。

由于展览之前的宣传造势和内容效果好，展览在国内引起了极大反响。在昆明的预展，参观者除了市区的单位干部职工和市民外，还有很多从昆明郊区的市县如富民、呈贡、昆钢、安宁等地的单位和民众也赶来参观展览。整个预展从8月14日至16日，为期三天，参观人数超过3000余人，很多专家学者和观众都充分肯定了这次展览的质量，认为内容丰富，形式、规模和效果都是同类题材展览中比较好的。不少观众还反映预展时间太短，要求延长。参观者看了展览都发自内心地说："展览让我们震撼"。有的还

说："不看展览还不知道这段海外侨胞的抗战史和爱国情"，"中国人应永记历史，才能不断发展进步"。档案史料的爱国主义教育作用得到了充分的体现。

3. 展览引起了社会各界和各媒体对档案的关注，提高了云南档案工作的社会知名度

这次展览受到了各种传媒的普遍关注。中共中央统战部、国务院侨办网站、中国新闻网、新加坡《联合早报》、云南电视台、昆明电视台、《云南日报》、《昆明日报》、《春城晚报》、《生活新报》都以相当的篇幅提前报道和跟进报道了这次展览，在谷歌上搜"南侨机工"就会有大量的与我们这次展览相关的链接。昆明电视台播放了反映南侨机工的3集专题片《赤子功勋》，昆明日报做了三期有关内容的访谈节目。通过展览，一些媒体和单位前来云南省档案局联系合作开发档案信息资源的有关事项。更值得一提的是，省内、省外包括广东、广西、海南、福建、贵州、重庆、云南等省的机工后代、亲属从各种媒体了解到展览情况后，积极要求捐赠机工的文物，要求把捐赠的机工档案加到展览中去，并先后组成了几十人的"查档团"纷纷到省档案馆查找自己亲属的有关档案资料。当他们在档案馆查到自己父辈、亲人的照片和相关档案资料时，个个感动不已，喜极而泣，感谢云南省档案馆完好地保存了这段历史并公布于众。云南档案工作的社会认知度得到了提高。

三、展览的收获

1. 通过承办展览，我们做了档案信息资源开发利用与保护并举的尝试

这次展览的意义对我局来说，不仅限于完成展览的任务，我们还利用这次机会，对这部分档案的保护进行了综合的考虑，并取得了成效。云南省档案馆保存的南侨机工回国抗战史料有数千件，2003年被列入了第一批中国档案文化遗产名录，虽然一直完好地得到保存，但近年来这部分档案的使用率比较高。由于没有进行数字化，都是频繁地调用档案原件，多次翻阅复制，不利于档案的保护。这次以展览为契机，我们在收集、整理、编辑南侨机工档案史料的同时，除了对该专题档案史料深层次、多渠道、多形式的开发利用外，还对该专题档案史料开展有效的抢救与保护。对涉及的2000千多份档案史料和300余幅照片资料扫描、存贮刻盘，建立南侨机工专题档案数据库，将来凡是利用这部分档案史料，可以不再调用原件，达到了利用与保护并举的效果。这条经验我们将运用到以后开发利用其他专题的档案信息资源工作中。

2. 进一步加强了与新加坡档案同行和社会各界的交流与合作

一方面，通过这次展览活动，不仅进一步加深中国与新加坡睦邻友好关系，增强两

国之间档案工作的交流与合作，在新加坡展出的开幕式上，新加坡国家档案馆与云南省还就通过新加坡国家档案馆提供培训，分享口述历史方法学，开展保存云南少数民族历史文化与传统中医史的口述历史计划，分享新加坡保存少数族群历史和民间歌谣的经验等方面的工作签署了《新加坡国家档案馆与中华人民共和国云南省档案局口述历史合作项目》备忘录。

另一方面，通过这次展览，我们与福建陈嘉庚纪念馆、南侨机工联谊会、省侨联侨办、海南省档案局等单位和部门加强了联系和交流，也使得社会各界对档案、档案工作有了进一步的了解，使档案工作更加积极、主动、有效地为党和政府的中心工作服务，为经济建设服务，为社会和谐稳定服务。

3. 进一步开拓了云南档案工作者的视野与思路，积累了云南档案工作对外交流的经验

通过对外地办展经验的考察，通过承办展览中向国家档案局和新加坡国家档案馆的专家、领导和同行的学习、交流，丰富了知识，拓展了视野，尤其是参加在北京和新加坡的展览。专业展馆和国外展览的布局理念和讲解方式，给我们提供了很好的学习机会，为我们将来更好地开展档案信息资源开发利用提供了经验和借鉴。

发表于《云南档案》2009年第2期

试析发展中国家
档案管理官员对中国档案工作的关注与期望

"中国——发展中国家档案管理官员研修班",是由中国政府资助,受国家商务部委托、云南省档案局具体承办的援外培训项目。分别在2004年、2006年和2007年分三期完成。先后有来自亚洲、欧洲、非洲、大洋洲和拉丁美洲五个区域的55个国家,共117名官员参加了培训和研讨。在中国举办这么大规模的发展中国家档案管理官员研修班,是发展中国家档案工作者开展交流与合作的新举措。通过交流培训,进一步加深了中国与发展中国家的相互了解,对扩大友好合作,促进国际间的档案文化交流,增进友谊,意义深远。但让我们启发和感触更深的是,研修班的官员根据自己国家的档案工作现状,针对授课内容,从不同的视角和层面给我们提出了许多有关中国档案管理工作的问题,值得我们进一步总结和思考。

问题内容主要涉及中国档案管理体制,档案管理资金吸引,少数民族档案文化保护与抢救、档案信息化建设、档案管理基础业务工作、档案经费管理及使用、人才队伍建设等等。这些问题既有对一般的档案工作概念和中国特色档案工作理念的再认识,也有对中国和世界档案工作发展趋势的关注和期望。一方面反映了各国档案工作的发展水平,另一方面也不同程度地体现了发展中国家档案工作发展的不平衡状况。援外培训项目的组织和实施,既是对中国档案工作的一个检验,也是对授课专家学者和官员的挑战。因为有的问题不仅涉及档案工作的内容,还涉及一些关于中国政治、经济、文化建设方面的内容,既有宏观的,也的微观,需要教师具有广泛的知识作基础。我们的专家都给予了积极的解答,也得了研修班官员的充分肯定。

笔者先后参与了三期培训的组织与教学工作,现将参与研修班的官员所提的100多个问题进行汇集分类和粗浅的分析,以供档案管理官员、专业技术人员和档案理论工作者研究、思考,并起抛砖引玉之功。

一、档案管理机制、体制和利用方面的问题：

◎档案馆是保存历史的机构，中国的档案馆是如何体现重现历史的责任，对档案研究和再现有什么样的机制和手段？（阿根廷）

◎中国政府以什么方式引起社会对档案工作的重视和吸引政府及社会资金？（印度尼西亚）

◎中国档案机构是否执行国际档案理事会制定的标准，如何执行？

◎在云南省档案局是否遇到资金、人员不足、专业不相符的问题？怎么办？（老挝）

◎中国的档案管理体制是如何实现统一领导和分级管理的？

◎分级管理资金分配如何划拨？

◎政府财政对档案管理的资金如何核定？

◎中国的党派是否不只有一个中国共产党？什么是民主党派？你们收集哪些民主党派的档案入馆？（摩尔多瓦）

二、少数民族文化保护与抢救方面的问题：

◎中国对被战争时期和殖民时期盗走的国宝档案是否安排有专项资金购回和抢救、民间是否有组织和机构对其收回？（老挝）

◎少数民族文化有的是好的，但也有些风俗习惯、文化与国家关于人民健康卫生等方面的法律相冲突，你们如何处理这种矛盾？（玻利维亚）

◎关于少数民族的语言问题，怎么能保证既教他们普通话，又保证他们传承自己的语言呢？

◎少数民族拥有他们的习惯、风俗、文化，这种文化在多大程度上影响了中国的文化？（印度尼西亚）

◎对一些非物质文化的传承人，你们怎么向政府提出申请保护这些非物质文化传承人？

◎全球化是否已经对云南的少数民族文化产生了影响，你们怎么样去做？我的建议是可以用少数民族文化刺激云南的经济发展。（印度尼西亚）

◎在尊重少数民族的文化方向方面，中国怎么样把国家的政府措施与当地的政策结合起来，并落到实处？有的地方少数民族人口特别少，中国对这部分人是怎么做的？

开发少数民族的商业价值方面，当作坊式的生产方式与大规模的生产方式发生冲突的时候，你们怎么做？（老挝）

◎东巴经一册的概念是什么？按时间、按事件编册，并有各类生产经验记录，为什么要称为经？

三、档案管理基础业务建设方面的问题：

◎中国将有民族特点和文化价值的档案作为特藏来建设，民族特点和文化价值的依据是什么？（阿根廷）

◎关于档案价值鉴定问题，中国如何鉴定，谁来对档案的判断结果负责？

◎中国多长时间销毁一次档案？（印度尼西亚）是否有档案销毁时间表？（利比里亚）中国财政档案什么时候被销毁？（伊朗）中国是怎么管理人事档案的？

◎中国如何选取档案进入世界记忆工程？程序如何？

◎中国有多少个档案馆？云南省档案馆馆藏有多少箱柜？（伊朗）

◎司法文件档案也会移交档案馆吗？什么时候移交？（伊朗）

◎个人档案（人事档案）是否必须向档案馆移交，还是保存在本单位？（伊朗）

◎各机关的档案什么时候移交到档案馆？（伊朗）

◎所有档案馆的档案保存是否都是使用一种办法？（伊朗）

◎政府机关的档案必须移交档案馆，私人的是否也必须移交？有什么政策？

◎中国有多少个省？还有比云南省档案馆保存的档案还多的档案馆吗？（利比里亚）

四、档案信息化建设方面的问题：

◎关于信息化建设以及文化遗产保护程度的认识，中央和地方不一致，你们如何对待这种情况？

◎谁决定档案信息的价格？能否给个例子，什么样的档案信息有什么样的价格标准？所收信息费用是否都归属档案部门？

◎中国是否有文件档案管理中心？（安提瓜和巴布达）

◎目前社会信息化建设发展很快，中国档案工作如何实现信息化，如何将档案推向网站面向公众？

◎档案信息化建设作为组织者应该有哪些技术标准？（哥伦比亚）

◎在信息化时代如何处理开放利用与保密的关系，有什么具体的措施？

◎档案信息化建设是否有通用软件，还是一般的商业软件？（阿根廷）

◎档案信息化建设是否是对资源的占有积累？有什么价值？（利比亚）

◎什么是数字档案的评估系统？数字档案是否永久保存？不是永久保存又怎么鉴定删除？（伊朗）

◎什么叫作档案信息网络化？（圣努西亚）

◎档案馆数字化的需求和档案现代化的需求有什么不同？（利比里亚）

五、档案工作援助方面的问题：

◎对战争中的档案损失，中国如何对发展中国家进行援助？（利比里亚）

◎中国是否有提供给发展中国家档案管理技术培训的基地或项目？因为我们有很多重要的档案资料需要保护和抢救，我们需要诸如档案缩微、修复、整理、保护等方面的培训，这些技术培训有利于保护我们国家的档案资料。（特立尼达和多巴哥）

◎中国是否能提出一种办法来提高援助发展中国家档案工作水平？（利比里亚）

六、档案人才队伍建设方面的问题：

◎在中国大学有没有设置档案专业？是否对这些学生有奖励？如何吸引学生来学习档案专业？（印度尼西亚）

◎通过研修班学习考察，我们感觉中国的档案工作与发展中国家相比，政府非常重视，你们是否能向中国政府提出要求再对我们参训的人员举办层次更高的培训班？

◎此次培训后，是否保存我们学员的资料，如果能保存，我们将非常高兴。（玻利维亚）

◎我们国内的档案工作也不受重视，在研修班结束后，我们是否可以在给政府的报告中提出要求提高对档案工作的重视？（巴布亚新几内亚）

以上问题，由于参加培训的官员来自不同体制、不同民族、不同宗教文化的国家和地区，所从事的行业有来自各国的国家档案馆、图书馆、博物馆、国家信息中心、中央办公厅、国家文件中心、外交部、内务部、教育部、计划投资委、财政部、总理办公

工作思考
试析发展中国家档案管理官员对中国档案工作的关注与期望

室、副总统府等等，从官员身份看，有国家档案馆馆长、博物馆馆长、中心主任、司局长、档案业务部门主任、一等公使、参赞、律师、副总理秘书、副总统秘书和部分专业技术管理官员。官员层次、行业和视角不同，所提问题也是深浅不一，高低不同，侧重各异。

但从以上交流中不难看出，发展中国家所关注的问题，首先是档案信息化建设。他们对档案信息化建设的意义、价值、作用和推进档案信息化建设的方法手段措施及开发利用有很大的关注，也是几次培训中官员们比较感兴趣的课题。这说明档案工作的信息化是世界档案工作的发展趋势，并在广大发展中国家档案界取得共识。我国进入二十一世纪以来，档案信息化建设也取得了长足的进步，积累了很多经验。但是在档案信息化建设中，由于技术因素、信息化目标的复杂性和社会对档案信息化需求的不稳定性、投入的不确定性，使得我们也面临着档案数字化对象、方向确定难和电子文件、档案信息安全保障不易等等问题，仍需要进一步的探索。

其次是对少数民族文化保护与抢救的关注。民族文化是各民族在不同的社会历史发展阶段中创造、传承下来的传统文化瑰宝，我们通常将民族文化划分为物质文化和非物质文化。在经济全球化的背景下，大量史诗、神话、传说、民谣等口传文学因其存续形式脆弱，传承困难，正在自然流失。无数珍贵的民俗技艺与民间艺术随老艺人的逝去而销声匿迹。受市场经济和外来强势文化的冲击，许多民族无形文化遗产被现代强势文化替代。这种趋势在发展中国家不同程度地蔓延和发展。中国是世界上民族文化蕴藏最丰富的国家之一，云南又是中国民族文化蕴藏最为丰富的一个边疆省份。近年来，云南省委、省政府高度重视云南民族文化大省建设，云南的民族文化事业和民族文化产业得到了长足的发展，取得了骄人的成绩。但是，我们也必须清晰地看到：随着全球经济一体化进程的加速发展和西部大开发战略的进一步推进，云南民族文化也正经历着前所未有的挑战，各民族传统文化也正以惊人的速度在消失和流失。所以，正确把握中国民族文化现状，制定切实可行的抢救和保护措施，弘扬祖国民族文化瑰宝，乃为当前发展中国民族文化事业的头等大事。作为档案部门，如何在保护本国民族文化中发挥自身的作用，也是值得档案工作者进一步研究和思考的问题。我国在非物质文化遗产和重点档案保护与抢救方面的方法措施，引起发展中国家档案管理官员的重视。他们对中国是否有提供给发展中国家档案管理技术培训的基地、项目颇感兴趣，提出了诸如档案缩微、修复、整理、保护等方面培训的需求和期望。

再次是对档案管理基础业务建设的关注。档案管理基础工作是档案工作的发展之基，是指用科学的原则和方法管理档案，为国家各项事业服务的具体工作。我国档案管理工作的基本内容包括：档案的接收、整理、鉴定、保管、编目与检索、编辑与研究、统计和利用服务。发展中国家档案管理官员在提及此类问题时，都提得比较认真和详细，都共同认识到这是做好一切档案工作的基础。随着档案管理现代化的发展，档案管理业务的内容与结构还将发生新的变化。如何进一步重新认识新时期档案工作的发展规律，建立健全档案管理工作体制和机制，加强档案工作基础业务建设也是值得我们总结关注的课题。

从交流研讨的情况来看，发展中国家的档案工作存在的共性还有：档案意识不强，社会重视不够，工作基础薄弱，民族文化保护与抢救形势严峻，档案现代化管理任重道远等等。

总之，援助发展中国家档案管理官员研修班在云南的成功举办，不仅锻炼了干部，积累了经验，加强了交流，加深了中外双方的深厚友情，增强了云南档案工作的知名度，也提高了中国档案工作在国际上的地位。斐济国家档案局局长回国后在给我们的电子邮件中这样评价道："如果没有你们扎实的专业管理技术功底作支撑，推动整个培训计划，发展中国家档案管理官员培训班是不会成功的。而事实上，所有的一切都超出了我们预期的效果。培训班是对中国如何开发档案信息资源，建立健全档案管理工作体系的一个成功的检验。面对快速变化的社会环境，了解中国如何发展档案管理工作是非常重要的。通过培训，让我们看到了斐济的档案工作水平在整个发展中国家的档案管理前沿所处的位置"。这一评价道出了援外培训的作用、价值和意义。

刊登在《云南档案》2009年第4期

以科学发展观为指导，加强新时期档案工作制度建设

制度建设是一个带有全局性、根本性和长期性的重大问题，它涉及学习和工作的各个方面，内容非常丰富，是档案工作的一个重大课题。近年来，各级档案行政管理部门和综合档案馆，坚持以科学发展观为指导，按照国家档案局和省档案局的要求，大力加强制度建设，坚持用制度管人管事，建立健全各项规章制度，为档案事业的健康发展提供了有力的制度保障。同时，我们也要看到，由于档案工作的后端性和边缘性，我们的许多制度还远远跟不上工作发展的需要，本文就以科学发展观为指导，加强档案工作制度建设谈一点自己的看法，与大家共同交流探讨。

一、档案工作出现的新变化

近年来，全省档案工作在各级党委、政府的领导下，围绕中心、服务大局，按照"依法治档、科技兴档、强化服务、发挥效益"的工作思路，扎实工作，开拓进取，切实履行了档案工作的各项职责，在档案法治建设、档案信息化建设、档案馆（室）科学管理、档案利用服务、干部队伍建设、档案安全管理等方面成效显著，并出现了可喜的新变化，主要表现在：

1. 现代化档案管理理念基本确立

档案数字化、电子文档管理、网络网站建设、硬件软件建设、电脑设备配置、档案信息化管理等概念在全省档案行业有了较高的认识；网络技术、通信技术、计算机技术作为档案收集、整理、保管、利用的管理理念深入人心。各级综合档案馆坚持以信息化建设为发展方向，根据《云南省档案信息化建设方案》，积极推进档案信息化建设，以局域网、电子政务网、互联网为平台，以档案信息资源数据库建设为核心，以档案管理信息系统、办公自动化、文档一体化系统和互联网信息发布系统为支撑，面向档案馆内部、党政机关、社会公众为服务对象的"三网一库"架构初步形成。

2. 档案馆功能、服务领域不断扩展

近几年来在全省各州市县出现的现行公开文件中心建设、爱国主义教育展览、文档

一体化建设、档案门户网站建设、档案寄存中心和政府信息公开查阅场所建设等等，超越了传统的档案利用功能和服务方式，服务对象开始从行政机关、知识分子为主转向既为机关服务又为社会普通公众服务，不仅为国内乃至为世界人民服务。服务的方式也从过去单一面对面的直接、被动提供服务向既保持传统服务方式又能利用现代技术面向全社会提供间接的、主动的"多轨"服务方式发展。

3. 档案管理从过去单一的行政要求向利用法制手段协同有关部门加强档案管理方向发展

档案工作横跨百业，任何行业都离不开档案工作，但在当今社会，要推动档案工作的有序有效发展，只依靠经验和行政要求，只靠一个档案部门是难以完成和见到成效的。所以近年来，从国家档案局到各省市档案局馆都纷纷与相关部门联合加强档案工作的管理。比如对电子文件的管理、重大建设项目档案的管理、林权档案的管理、破产企业档案的管理、新农村建设档案的管理、重点档案的抢救等等，都分别与各级信息管理部门、林业部门、民政部门、农业部门、财政部门联合下文，共同开展工作，加大了档案管理的力度。云南省档案局也不例外，积极依照《档案法》和《云南省档案条例》与有关部门配合，制定了各种门类的档案管理办法、规定和标准规范。档案管理从行政要求走向法治、从经验走向规范，提高了档案行政管理的执行力，有力地促进了经济科技档案工作的发展，提高了档案工作的地位和影响。

4. 以信息技术为核心的档案管理现代化探索初见成效

云南全省档案信息化建设不同程度地在各州市县展开，大部分州市都使用了自己统一的档案管理软件。云南省档案局馆也积极探索现代化管理方式，组织开展电子文件管理工作的调研，积极争取把档案信息化建设列入全省电子政务建设规划。省政府办公厅转发了省档案局拟定的《云南省电子公文管理暂行规定》、省档案局编制的《云南省文书档案目录数据库结构与交换格式》地方标准，"云南省档案馆政府公开信息数据库与查询利用系统"建设项目得到批准和实施，分布式电子文件（档案）数据库建设和电子文件管理体系建设列入了《全省2008年至2010年电子政务建设规划》，为档案现代化管理和档案信息化建设奠定了基础。统计资料表明：截至2008年5月，全省档案信息资源数据量、案件与文件目录达2025万条，扫描档案原文498万页，12个州市、53个区县建立局域网、62个州市县建立自己的门户网站，昆明、玉溪、大理州馆开始接收电子文件。部分开放档案目录信息通过互联网实现了在线查询。

二、制度建设方面存在的问题

1. 加强制度建设的自觉性与紧迫感不强

制度是基本的工作规则，古人云：小智者治事，大智者治人，睿智者治法。短短十几个字，充分说明了制度建设的重要性。在法治国家，加强制度建设是一项基本的工作要求，但在现实工作中，有的单位和个人在加强制度建设问题上，没有给予足够的重视。面对档案工作的新变化和新要求，不动脑、不分析，不善于从变化中总结规律，疏于思考，因循守旧，等靠观望，遇到问题抱怨多，见到困难想法躲；研究制定相适应的档案管理制度的自觉性不高，紧迫感不强，缺乏工作的责任感和使命感。

2. 制度建设跟不上档案工作发展的需要

当前档案工作正朝着数字化、网络化、信息化方向发展，社会对档案馆服务功能、服务方式的需求也在不断扩大。档案工作的新变化给我们的工作注入了新的内容，增添了发展的活力和动力。但在适应工作发展要求方面，我们的制度建设还存在滞后的情况。以云南档案工作为例，不少州市县档案信息化建设中有关"三网一库"建设的制度和规章，无论是宏观的管理制度还是微观的技术操作制度都尚未完全建立。具体说，在网络管理制度、网站管理制度、数据库管理制度、计算机设备管理制度、病毒防范制度、电子文件管理与利用制度等等方面，有些还是空白；网站内容的审查、发布、更新制度也不完善，档案信息安全缺乏保障。

就全国档案行业来说，为贯彻落实党的十七大精神，国家档案局提出了档案工作要转变"两种观念"，建立"两个体系"，重视民生档案工作。这不仅是新时期档案资源建设和档案利用体系建设的新要求，更是对传统档案管理理念的突破。过去我们对档案的概念多是"国家模式"下的概念，也就是说我们工作的对象、重心是以国家行政机关和司法机构、国有企事业单位为主的档案，现在提出的是"社会模式"下的档案概念，就是包括国家和社会各阶层为主的民生档案概念。但目前在我国档案工作领域，涉及民生档案征、收、管、用方面的法规制度还很缺乏。此外，围绕中心服务大局的档案工作管理制度，包括新一轮机构改革中的档案工作制度以及金融危机、拉动内需下的有关档案工作制度的不健全，都不同程度地反映出制度建设已跟不上新时期档案工作发展的要求。

3. 一些档案工作制度适用性不强

制度是社会实践的产物，任何制度都不是人们凭空想象而随意制定的，它是人们在社会实践的基础上，对客观事物发展规律的理性认识和把握。在制度建设过程中，我们可以看到，有的制度内容比较空洞、抽象，缺乏可操作性；有些制度不符合实际工作需要，规范功能弱化；有些制度针对性不强，脱离实际，不能解决实际问题，失去了制度应有的效用。比如有的市县档案部门所制定的档案工作应急预案、应急措施，就缺乏适用性和可操作性，盲目按照上级下发的应急预案框架生搬硬套，上级领导机构成立五个应急组织，一些只有六七个人的档案部门也成立五个应急组织，抢救的方法、抢救的顺序、抢救的内容不具体，空洞而又缺乏实战性，存在着应付上级、应付考核、做给别人看的思想。

4. 制度落实不力

制度落实，是制度建设的核心环节。制度的作用发挥关键在于抓制度落实。有了制度不落实或不能落实，就等于没有制度，甚至比没有制度影响更恶劣。因为这样的话，制度的权威受到了挑战，非制度化的表达方式就受到了鼓励，所以说制度落实是非常重要的。当前，我们在制度落实方面存在不少问题，有的单位和个人，对制度落实重视不够，虽有各式各样的制度，但只是写在纸上，挂在墙上，没有落实在行动上，形同虚设；我们一些同志缺乏制度观念，习惯于不按制度办事；还有一些干部职工不知道自己单位有多少制度应该遵守，连该遵守什么制度都不知道，何谈落实。

三、加强档案工作制度建设的方法和措施

1. 要充分认识加强制度建设的重要性

加强制度建设是贯彻科学发展观的具体体现，也是档案法赋予我们的责任和要求。《中华人民共和国档案法》第十三条规定，各级各类档案馆，机关、团体、企业事业单位和其他组织的档案机构，应当建立科学的管理制度，便于对档案的利用；《档案馆通则》第四条规定，档案馆必须建立严密的规章制度，维护党和国家的机密，提高工作效率和质量。抓制度建设与落实，首先要加强宣传教育，让制度深入人心，把坚决执行制度的理念渗透到干部的行为准则和价值观念中，尤其是新参加工作的同志，要增强执行制度的自觉性和坚定性。其次领导要坚持带头示范，做到一级带着一级干、一级做给一级看，教育引导广大干部职工以认真学习制度、带头执行制度的模范行为做出表率，促进尊重制度、维护制度良好风气的形成。最后要加强监督检查，采取定期检查和不定期检查相结合的方式，加大对违反制度行为的查处力度，真正使制度成为干部职工共同遵守的行为准则，确保各项制度的顺利实施。

2. 要注重制度建设的适用性

注重适用性，就是要突出重点，抓住关键，着眼于解决实际问题，突出制度建设的现实意义，使制度建设可行、管用。要善于调查研究，认真查找问题，对症下药地做出制度规定，使制度建设和现实问题相对应，使制度约束对象和问题涉及的方面相关联。要注重总结提炼成功经验，把经过实践检验的成功经验和做法升华为制度规则，确保制度行得通、做得到。所以，我们在加强制度建设过程中，应该弄清楚我们应该在哪些方面去健全哪些制度，用这些制度去规范和约束什么样的行为，制度不健全会造成什么危害，制度建设是否符合以人为本、求真务实的要求等等，这些都需要我们在工作中予以高度重视。

3. 要从全局的高度抓制度安排

制度建设是一个系统工程，需要各种制度相互联系、协调配合，实现制度功能的整合，提高制度体系的整体功效。制度安排，是制度建设的基础环节。任何一项工作要富有成效，就必须以健全完备的制度为保障。缺少制度的安排对工作可能造成不良影响甚至危害，包括影响工作的正常开展，影响事业发展的速度，影响工作人员积极性的发挥，严重的情况下可能出现严重失职和失误，给国家和人民带来灾难。所以必须坚持以制度办事，以制度管人，才能切实提高工作效率。作为档案部门，要在依法治档，科学管理、强化服务、提高效率等方面有所成效，必须有完备的制度作保证。在抓制度安排中要培育整体眼光，立足于全局，把更多的精力放在加强制度的对接和联系上，努力形成一种既能发挥各种制度作用，又能让各种制度协调配合的制度分工格局。要优化制度建设结构，既重视基本制度建设，又重视具体制度和实施细则的制定；既重视单项制度的建设，又重视各种制度的优化配置；还要树立开放性的工作理念，增强制度建设的"吐故纳新"能力，提高档案制度体系的开放度。

4. 要牢固树立以人为本的理念，推进制度创新

制度创新，是制度建设的动力环节。制度建设不可能一劳永逸，任何制度的内容和形式都需要随着时代的发展和形势的变化，不断地调整、完善，从而实现制度建设的与时俱进。否则，制度就会失去生命力。所以我们要对既定的和现行的制度进行认真梳理，废弃过时的，修正错误的，完善缺失的。要在继承中创新，在创新中发展，以建设性的思路、举措、方法推进档案工作制度建设，使各项制度更具有实用性和前瞻性，在实践中彰显出强大的生命力。

就档案工作而言，我们不仅要在档案现代化管理制度建设方面创新，更要在建立覆盖广大人民群众资源体系和方便广大人民群众利用体系方面实现创新。要实现制度创

新，一个很重要的方面就是要对现有的档案工作法规制度进行重新审视，需要修改那些重物轻人、重事轻人、重典型人物轻普通人物的相关规定，修改那些忽略普通人的档案和不利于普通人利用档案的不合理条款。当前，加强民生档案建设的难点是，民生档案来源于不同的行业和部门，涉及面广、种类较多、内容丰富，过去的法律规章对民生档案收、管、用没有明确的要求。要加强这方面的工作，不仅需要各方面的支持配合，还得研究制定出台相关的规章制度。所以，各级档案行政管理部门要大力宣传，积极争取领导的重视，结合本地实际，会同有关专业主管部门共同研究，采取有力措施，用发展的眼光加强制度建设和制度创新，将各类民生档案的管理纳入档案基础业务建设范畴，早日建立起比较完备的民生档案接收、征集、管理、利用的制度体系。

总之，面对新的形势，档案工作者尤其是领导干部要明确新时期的档案工作哪些能变，哪些不能变，哪些制度未建立未完善，哪些工作制度需要创新。笔者认为，档案工作永远不能变的是档案工作的职责、使命、作用不能变，对党和国家、社会、团体、民众有价值的档案资源的收、征、管、用不能变，维护档案资源的安全完整不能变，充分发挥档案资源作用为社会服务的职能不能变。需要变的是传统档案管理的理念、模式要变；档案利用服务的方式、方法需要变；档案管理的技术手段需要变。这些变与不变给我们提出的任务和触动是，新时期要加强档案信息资源体系建设和利用体系建设，不断提高档案工作科学管理水平，制度建设和制度创新任重道远。

发表于《云南档案》2009年第2期

援外培训

——云南档案工作的新贡献

中国对外援助是中国对外经贸合作的重要组成部分，是为了帮助受援国发展民族经济、维护国家主权、捍卫民族独立，促进中国与广大发展中国家的友好往来关系和经贸合作。自20世纪50年代初开始为广大发展中国家培养人才至今，中国援外培训工作发展迅速，形式日益增多，内容不断丰富，涉及政治、经济、外交、科技、农业、文化、教育等各个方面，并取得了积极成果，受到广大受援国的重视和普遍欢迎。近年来，中国政府加大了对发展中国家人力资源开发合作力度，2005年9月，胡锦涛主席在联合国成立60周年首脑会议上就加强与发展中国家关系提出了五项举措，宣布今后三年为发展中国家培训、培养三万名各类人才。举办"发展中国家档案管理官员研修班"，就在这样的形势下应运而生，档案工作援外培训被国家商务部列入了援助发展中国家人力资源开发合作项目的范畴。

一、援外培训的基本情况

"中国与发展中国家档案管理官员研修班"，是由中国政府资助，受国家商务部、国家档案局委托，云南省档案局具体承办的项目。从2004年至2007年，云南省档案局馆共承办了三期，先后有来自亚洲、欧洲、非洲、大洋洲和拉丁美洲五个区域的55个国家，共117名官员参加了培训。研修班的宗旨是：让来自其他发展中国家的官员了解中国档案管理工作的发展道路，特别是改革开放以来所取得的成就及经验，促进中国与其他发展中国家档案管理工作的合作、发展与交流，进一步加强相互间的友谊。

研修班分为两种形式，一种是双边班，即只针对一个国家的官员进行培训。如第一期，开展的是对老挝人民民主共和国进行的档案管理工作培训。参训对象主要是老挝中央办公厅从事档案、信息管理的官员和专业技术人员，共有20人。双边班根据受援国需求以专业技术培训为主，除了向他们介绍中国和云南档案事业概况之外，重点讲述中国档案现代化管理、档案保护技术、机关档案工作、照片档案、声像档案、人物档案管理的方法、档案库房管理、破损档案修复技术等等。由国家重点院校、国家档案局的资深专家和云南省档案馆副研究馆员以上职称的具有多年教学经验的教师担任课程教学和实习指导。培训采取课堂教学、专题讲座、实地参观、实习、考察相结合的方式，使受训学员基本了解中国档案管理业务基础知识、中国在计算机管理档案和档案保护技术、管理方面的技能和方法。

另一种形式是多边班：是将多个国家的官员组成一个班进行培训。第二、第三期我们采取的就是多边培训形式，共有54个国家97人。多边班的研修人员主要是各发展中国家与档案、图书、博物、文秘有关的管理官员。培训内容主要是由中国政府有关部委领导和资深官员以及高等院校的专家、学者向他们介绍中国档案管理工作的发展历程、政府采取的政策和措施、所取得的成就和应吸取的经验与教训。具体介绍了中国的档案管理体系建设，中国档案法制建设，档案行政管理知识、机关档案管理工作、档案现代保护技术、档案管理现代化、档案开发利用、云南省档案管理概况、云南少数民族非物质文化遗产的现状、保护与抢救、世界档案工作发展现状与方向等方面的情况。同时，研修期间，也请参训的一些官员介绍他们在档案管理工作中的经验，共同探讨发展中国家之间档案部门交流与合作的新方式和新途径。为增强参训官员的感性认识，除了参观云南省档案馆的各项工作流程、展览之外，我们还安排三期研修官员分别到云南省大理市、丽江市、楚雄州档案馆、石林县档案馆、昆明市官房集团档案室、云南大学档案馆、黑龙江省档案馆、辽宁省沈阳市档案馆参观考察，让参训的官员们进一步了解了中国、了解了云南，了解了中国的档案工作。三期培训取得了圆满的成功，得到了国家商务部、国家档案局和受援国参训官员的充分肯定。

二、援外培训的贡献与意义

1. 档案工作援外培训开创了发展中国家档案工作者开展交流与合作的新局面，为支持中国政府加大对发展中国家人力资源开发合作力度做出了积极的贡献

近年来，中国档案界广泛参与国际档案理事会等档案组织的活动，积极扩大与世界各国档案同行的交流与合作，有力地促进了中国档案事业的发展。云南省档案局也不例外，为促进发展中国家档案工作的合作与交流，积极探索新方法和新途径。一方面不断开展内强素质、外塑形象的活动，另一方面进一步扩大服务大局的视野，把服务眼光从省内扩展到国内、国际，抓住机遇，积极争取援外培训项目。中国与发展中国家档案管

理官员研修班的成功举办，进一步加深了中国与发展中国家的相互了解，对扩大友好合作，促进国际档案文化交流，增进友谊，意义深远。国家档案局副局馆长李明华、杨继波先后在各期的开班仪式上指出，在中国举办这么大规模的发展中国家档案管理官员研修班，这是发展中国家档案工作者开展交流与合作的又一新形式和新举措。云南档案培训工作做了有益的探索和尝试，取得了良好的效果。

更重要的是，云南省档案局完成对55个发展中国家117名管理官员的培训任务，为2005年胡锦涛主席在联合国成立60周年首脑会议上宣布今后三年为发展中国家培训、培养三万名各类人才的承诺，支持我国政府加大对发展中国家人力资源开发合作力度做出了积极的努力和贡献。

2. 提高了中国档案工作在国际上的地位，也增强了云南档案工作的知名度

从参训官员的学历来看，有博士、硕士、学士；从他们所学专业来看，有史学、法学、政治学、档案学、情报学、人类学、社会学、经济学、图书馆学、计算机管理学、数学、工程管理学；从所工作的部门来看有来自各国的国家档案馆、图书馆、博物馆、国家信息中心、中央办公厅、国家文件中心、外交部、内务部、教育部、计划投资委、财政部、总理办公室、副总统府等等；从身份看，有国家档案馆馆长、博物馆馆长、中心主任、司局长、档案业务部门主任、一等公使、参赞、律师、副总理秘书、副总统秘书和部分专业技术管理官员；从年龄看，最大的五十四岁、最小的21岁，三十至四十五岁年龄段的官员居多。

为了解办班质量与效果，我们就研修班的组织工作、专题讲座、参观考察和生活服务对参训官员进行了问卷调查，他们在反馈材料中给予了培训工作高度的赞扬和评价，也提出了中肯的建议和意见。他们这样写道：通过研修班的工作，感受到了中国人民的热情、真诚、和平、友善和中国文化的博大精深，对中国档案事业发展得如此迅速表示惊讶；对家庭档案、电子档案管理及数字化管理特别感兴趣，对中国的传统修裱技术表示惊叹，希望以后在国际档案援助立项方面能够建立交流合作的平台；计划组织管理都很到位，特别对云南省档案局的各位领导及工作人员尽心竭力的工作作风和热情态度表示衷心的感谢；参观学习收获很大，以后如果可能，希望能安排中国的首都北京或者更发达的城市如上海作为考察地点；希望中国政府每年都能举办一期档案管理官员研修班，以便于帮助发展中国家培养更多的档案管理人员，帮助发展中国家提高档案管理水平；希望以后仅仅邀请与档案管理相关的官员参加，这样更能加强档案信息的交流合作。希望准备一些反映中国文化背景的资料，如云南地图、中国地图、英文旅游文化手册等。

斐济国家档案局局长回国后在给我们的电子邮件中这样评价道：如果没有你们扎实

的专业管理技术功底作支撑，推动整个培训计划，发展中国家档案管理官员培训班是不会成功的。而事实上，所有的一切都超出了我们预期的效果。培训班是对中国如何开发档案信息资源，建立健全档案管理工作体系的一个成功的检验。面对快速变化的社会环境，了解中国如何发展档案管理工作是非常重要的。通过培训，我们看到了裴济的档案工作水平在整个发展中国家的档案管理前沿所处的位置。不难看出，援外班的成功举办其影响和意义不言而喻。

3. 积累了经验，加强了交流，锻炼了干部，增强了云南档案工作援外培训的组织能力，加深了中外双方的深厚友情

在三期培训中，参训的官员涉及区域广、国家多、官员级别高，宗教、生活、风俗习惯不同、政治体制见解不一。绝大多数官员是第一次来中国，对中国充满了向往与好奇。在培训工作中，一方面既要保证培训效果，体现中国档案工作的水平和师资的素质，另一方面又要保证外国官员在华的健康与安全，维护国家的形象与声誉，承办难度高。尽管如此，我们始终把该项工作作为展示中国档案工作水平和档案工作者形象、检验云南档案工作培训组织能力的契机。认真编制各期培训计划，合理安排培训课程，充分利用全国的师资力量，选派政治素质高、协作精神好、工作能力强、经验丰富的资深教师和管理人员、政府官员承担研修班的教学、讲座、翻译及各项组织管理工作；为确保援外培训顺利开展，保证发展中国家官员在滇的学习与安全，还特请省政府分管领导出面召集省政府办公厅、省档案局、省商务厅、省外办、省公安厅等有关部门的协调会，支持完成好研修任务。此外还制定了《发展中国家档案管理官员研修班突发事件应急预案》，制定了《官员手册》，对外籍档案管理官员在华须知做了详尽的说明。在研修期间，还举办了联欢活动，在联欢会上官员们开心地尽情展示各自国家的民族歌舞，使研修内容更显丰富多彩，中外双方建立了深厚的友情。

总之，云南的援外培训工作，在支持我国政府加大对发展中国家人力资源开发与合作的力度，进一步提高中国档案工作的地位和扩大云南乃至中国档案工作的影响方面，做出了新的贡献。

发表于《中国档案》2008年第5期

试论档案信息资源的整合与信息化建设

档案资源是过去和现在的社会国家机构、社会组织和个人在社会活动中形成的，对国家和社会有保存和利用价值的档案的总和。因其蕴藏着极大的价值，能够在不同的时间与空间范围内发挥作用，从而成为国家信息资源体系的一个重要的组成部分。随着信息时代的到来，电子政务的发展，档案资源日益受到社会的关注和重视，然而，我国目前档案资源建设的现状不容乐观，档案资源存在的分散性和孤立性与信息化建设环境下社会对档案资源的获取要求之间的矛盾十分突出。一方面档案信息化建设还处于一个较低级的阶段，与电子政务的要求还相差甚远。另一方面档案资源全社会范围的整合缺乏宏观的管理与规划，联机在线的电子文档服务还处于探索阶段；而其中最为突出的问题就是全国范围内的档案资源缺乏有机整合，配置不够优化，分散于各个独立的系统之中，形成了大量的"信息孤岛"，并且缺乏与其他信息资源的集成与融合。因此，在新的历史条件下，如何解放思想、实事求是、与时俱进，加快档案资源整合与信息化建设，成为摆在我们兰台工作者面前的一道亟待解决的重大课题。

一、档案资源整合与信息化建设的概念和内涵

目前我国国家档案资源在结构方面存在的问题比较集中地反映在国家综合档案馆的馆藏结构上：一是档案的来源上，一般仅有本行政区域一级机构的档案，二三级机构的档案甚少，而且难于反映我国社会结构转型、经济体制转轨以来，以公有制为主体、多种经济成分并存的立档单位性质多元化的状况；二是在档案内容上，记载国家机关、社会团体职能活动方面的档案居多，贴近百姓生活以及著名人物活动方面的档案甚少；三是档案门类上，文书档案居多，其他门类偏少；四是档案制成材料和记录手段上，书写或打印的纸质档案居多，照片、录音、录像等新型载体档案甚少。分析其原因，这些问题都是因为各级、各类档案室库藏档案结构的不合理，缺乏应有的综合性和地方特色致成的。同时更是因为我国现阶段档案管理体制下条块分割、相对孤立使档案资源、门类分散而导致的。所以，档案信息资源整合，不仅是指对过去和现在的国家机构、社会组

织和个人在社会活动中形成的，对国家和社会有保存价值的全部档案的管理由分散到集中，由无序到有序的过程，而且主要是指在我国档案工作"统一领导，分级管理"体制下，通过整理与组合，使之结构合理、配置优化，以适应经济全球化时代，增强区域综合竞争力需要的社会系统工程。也就是说，随着社会的发展进步，档案工作水平面临着更高的要求，将逐渐完成从管理到服务的深刻转变，即：在客观上要求省级档案馆、各地州档案馆上下级之间、省直机关各部门档案室之间、城建、气象、测绘各专业档案馆之间的协同合作，改变原有的条块分割、相对孤立的管理体制，把分散的档案信息进行整合，方便各级政府、企业、社会公民对档案信息的利用。

档案信息化建设是指档案管理模式从以面向档案实体保管为重点，向以档案实体的数字化信息并向社会提供服务为重心的转变过程。在信息化建设环境下的档案资源整合，就是指在兼顾档案资源现有配置与管理状况的条件下，通过网络建立统一的信息交换与共享平台，运用网络技术、计算机技术等先进的信息技术与手段来解决长期困扰档案界的档案资源分散性、孤立性、封闭性与社会对档案资源需求的多样性、综合性、递增性之间的矛盾。在此基础上强化档案资源的动态性、可控性、可获知性，从而实现档案资源的合理组织、优化配置和最大增值。具体说来，档案信息化建设同时包涵三层含义：一是实现档案信息的数字化和网络化；二是实现档案信息接收、传递、存储和提供利用的一体化；三是实现档案信息高度共享。

二、加强档案信息资源整合与运用的措施与方法

（一）在观念上要树立科学发展观，更新管理理念，明确重大意义

档案工作长期以来都在默默发挥着"总结过去、认识现在、规划未来"的重要作用，在社会信息化背景下，档案工作者更应克服"墨守成规、安于现状""不思进取、无所作为""看门守摊、等人查档"的思想观念，积极树立学习意识、创新意识、服务意识等"八种意识"，坚持"创新服务"的宗旨，逐步确立资源优势理念。我们必须明白新的历史条件下档案资源的含义和作用，理解"信息成为资源的一个必要条件是对信息的管理"，孤立、分散的信息资源不利于有效的利用。叫国家档案资源的整合，必须有法制作保障，作为云南的档案资源整合，应遵循"科技兴档、依法治档案、强化服务、提高效益"的档案工作发展方针，进一步建立健全与《档案法》《云南档案条例》配套并与国家档案资源整合直接相关联的档案法规，依法加强档案资源归属与流向的调控，加强对新领域建档案工作的监管力度，依法整合。从战略的高度自觉加强档案资源

的存贮、加工、传递和共享工作，并且在资源优势理念的作用下充分发挥档案资源在管理、创新中的巨大潜能。

（二）在内容上要丰富馆藏、优化档案资源结构

丰富的档案馆馆藏是档案资源社会共享的物质保障，我国档案数量浩如烟海，与日俱增。在新的时期，必须坚持以丰富馆藏、优化结构为主导理念，切实做好档案接收、征集、管理工作。除进行正常的日常档案接收工作，还要有计划、有重点地选择能够反映云南经济社会发展主要业绩与荣誉，反映主要行业特色的档案、重大活动档案、名人档案、家庭档案、荣誉档案、少数民族档案、公务礼品档案及各种特殊载体的档案。档案部门及档案工作人员不但要做好馆藏档案资源的有效整合，而且要加强正在形成的重大社会活动、重点工程档案、重要科研项目档案、企业信用档案、社区建设档案等增量档案资源的建设，这样才能保证档案资源整合的质量。

（三）在形式上要抓住各种契机，采取多种形式，锐意创新

1. 积极建设固定与流动的爱国主义教育基地，增进民众尤其是中小学生对自身的了解和民族意识的形成与强化

档案展览是公布档案、展示历史轨迹和资政育人的重要方式，是档案馆资源整合实力和主要功能的集中体现。档案工作者要走出墨守成规、闭关自守、坐等查档的封闭、半封闭状态，开拓创新、锐意进取，增强政治敏锐性和洞察力，配合各级政府、各地区经济社会发展的需要，结合新形势新局面新要求，突破为档案工作而做档案工作的被动理念和框架束缚，主动提出或主动介入和融合到党委、政府、宣传部、精神文明建设委员会、文化广播新闻出版局、各类中小学校，甚至是总工会、妇联等部门的工作中，致力于展览的不断创新。一是改变临时突击办展的做法，把举办展览作为局馆常年的一项重要任务，年初就订出办展计划。二是改变依靠自家馆藏办展的做法，整合全省档案资源，集中力量办好主题展。如去年云南省档案馆与党史办、省委宣传部联合举办的纪念抗战胜利六十周年的展览就是一个较好的展览创新事例。也是发挥档案资源整合及其作用的一个典型事例。集中全省抗战档案资源中的精品，较全面地反映了云南抗战的经历和成就，取得了良好的社会效益。三是创新办展思路和办展模式。采取"走出去""请进来"等方法，把展览办到区县，办到省外，还办到国外，也请国外友好城市和兄弟省市的档案部门到本地办展，使展览这一服务方式常用常新。这样，既能为地方政府增光添彩，又能丰富优化馆藏，同时比任何一种方式宣传档案更能立竿见影，并高效迅速地

反映出档案局（馆）工作的重要社会价值。

2. 进一步建设好现行文件资料服务中心

现行文件资料服务中心的建立，是档案馆有效克服档案工作过去固有的前期投入大，投入借阅利用的时间周期长，社会效益、经济效益不很明显，档案信息滞后的弱点，是极富创新精神、最具时代气息的服务措施之一。这样不仅丰富和充实了档案馆藏，而且现行文件资料服务中心的特质，突出表现在"现行"两个字上，所以在现行文件资料服务中心的发展进程中，我们就应该在这一方面狠下功夫，认真把握住现行文件政策性、时效性强的特点，将大量不涉及保密的文件资料及时、准确地向社会公众开放，尤其是结合具体时间段和地区所开展的中心工作，例如拆迁，又或者是迎接中国——东盟洽谈峰会等时期，利用好现行文件资料利用服务中心这一平台，向百姓宣传政策法规，既是更好地为百姓服务，保障百姓的知情权、参与权，也能让百姓增进对国情、省情和国家大政方针政策的了解，加大对政府工作的支持与配合，又为各级政府规范政务管理、改善投资环境，政务信息公平、公正、公开、透明，开启了一道窗口，也是提高执政能力、维护社会稳定、构建和谐社会和社会主义政治文明建设的需要。

3. 开发档案文化产品

档案中蕴藏着深厚的文化底蕴，将其开发成文化产品，可以加大档案的宣传力度，提升档案的社会影响力和亲和力。可以通过市场化运作的方式，利用开放档案和馆藏精品，制作专题缩微片，拍摄专题片，编辑出版各类档案图册、史料和普及读物。也可以通过档案学会和档案杂志，向档案工作者、向社会人士征集"档案里的故事"，从而发掘线索、发现珍藏、整合资源，使档案文化产品在走向市场中赢得社会各方面的青睐。

（四）在协作上要正确处理好综合档案馆与专业档案馆的关系，可以借鉴两种方式

一种模式是将辖区内专业档案馆的档案归并到综合档案馆，充分发挥综合档案馆的专业优势，进行集中保管、统一规划、科学配置、有效利用，既方便百姓查阅利用，又能有效克服资源的重复配置。另一种模式是坚持综合档案馆与专业档案馆并存，各具特色，各有侧重，齐头并进，协调发展，共同推进。等到时机成熟，运用现代化信息技术接轨，实现联网，从而实现电子文件网上一览通。

三、档案信息化建设的内容与态势

档案资源的整合与信息化，不是一个简单的技术问题，而是一个系统化的大工程。

在信息化建设环境下，档案信息资源的存在和发生作用，离不开一定的技术条件、设备设施和管理环境，因此，网络和信息技术是实现资源整合与共享的关键性因素，它的实现主要包括如下几个内容：

1. 基础设施建设：软硬件基础设施配置是档案信息化建设不可缺少的基本条件，是档案信息资源开发利用和信息技术应用的基础，而其核心是档案信息网络，它是档案信息传输、交换和资源共享的必要手段，只有建设先进的档案信息网络，才能充分发挥档案信息化的整体效益。

2. 标准规范建设：信息高速公路上的交通，同样需要遵守规范严密、科学合理的"交通规则"，这些"交通规则"即是我们所要构建和遵循的关于档案信息化建设的标准和规范。主要包括电子文件归档与电子档案管理，档案信息的资源标识、描述、存储、查询、交换、管理和使用等方面的内容。这也是档案资源全面信息化，实现档案资源社会共享的前提和基础。

3. 应用系统建设：是档案信息资源开发利用和档案信息网络建设的技术保障。信息技术应用工作量大、涉及面广，关系档案信息化建设的速度和质量，它集中体现了档案信息化建设的效益。

4. 网站建设：档案网站建设是档案信息化建设的一项重要内容，也是一种新的档案信息利用服务手段。它具有速度快、及时性强、涉及面广、利用方便的特点。网站建设不仅能提升整合的档案信息资源利用水平，扩大档案工作影响力，同时也是服务机制创新和树立开放性档案馆形象的一种有效形式。并且网站建设是一项投入不高、技术成熟、运用难度不大的项目，各级档案部门，尤其是经费、人才、技术受限的各级综合档案馆，在做好档案目录数字化的基础上，应将档案网站建设纳入信息化建设的首选实施中，以此带动服务方式的创新，促进技术人员能力的提高，发挥档案资源整合的作用，从而推动信息化建设的发展。

5. 人才队伍建设：人才是最宝贵的资源，是档案资源整合与信息化建设成功之本。要把加强档案队伍建设，加大培训力度，提高人员素质，有针对性地进行各种形式的业务培训，特别是加强对计算机知识、信息开发、网络技术等现代化管理知识的有关培训，不断提高信息处理技能，建设一支高素质的信息化、专业化人才队伍。

随着计算机和网络技术的开发与普及，越来越多的社会活动和科技生产活动产生于电子工作环境，档案资源整合与档案信息化关系更加密切，作为档案行政管理部门要密切关注并积极开展好电子文件接收工作。包括对有条件的单位进馆档案实行案卷实体、纸质目录和机读目录同时接收；现行文件资料服务中心要采取充分利用党政网随时接收、下载电子文件和定期报送纸质文件相结合的方式开展工作，以保证现行文件的时效性；各级档案行政管理部门还要积极介入本地区、本部门电子文件形成过程，加强对电子文件积累、著录、归档等环节的监督、指导，加强对电子档案的管理。各级综合档案馆要积极有效地对现有馆藏档案进行数字化处理。这项工作可以在分级鉴定、有序整理的基础上，通过直接录入、扫描、缩微胶片转换等手段，有计划分期分批地把纸质档案、胶片档案进行目录和原文的数字化，使这些信息与现有档案资源数据库并网，从而实现纸质档案与电子档案资源的整合和利用。

总之，在新的历史条件下，我们应以社会信息化为依托，运用现代先进信息技术，不断开拓创新、更新理念、整合资源，争取早日实现较完整意义上的全面的档案工作信息化、现代化和资源共享，使档案工作更好地服务大众、服务社会，从而推进档案事业健康顺利发展。

发表于《云南档案》2007年第6期

云南省省级单位电子文件管理工作情况调查与思考

电子文件是信息社会中党务、政务运行的一个重要手段,是信息化条件下文件和档案的一种新型载体,是我国档案信息资源的重要组成部分。解决好电子文件的保真、保密和保存等问题,是档案部门面临的新形势新任务。今年王刚同志和国家档案局要求档案部门深入研究,全面规划,积极推动电子文件管理规范化、法治化进程,努力建立有中国特色的电子文件管理体系,更好地为党和人民的事业服务。为做好云南省电子文档管理工作,云南省档案局今年对54个省级单位进行了书面调查,并对7个不同类型的单位进行了走访。本文将调查有关情况提供云南全省档案部门、信息化工作部门和文件管理部门参考,希望大家共同努力,做好云南省电子文档管理工作。

一、云南省省级单位电子文档应用的基本情况

信息化建设初见成效。从2005年起,云南省政府每年安排一定的信息化专项经费,用于省级部门政务信息系统建设,建成全省统一的电子政务网络基础设施。目前全省有2511家政府机关接入云南省电子政务网络平台,建成了24个全省性专网,党委办的电子监督系统、人大办的人大信箱系统、政府办的信息发布及网站系统、政协办的提案管理和公文交换系统、全省住房公积金监管系统、全省视频会议系统、全省电子公文交换系统、信访信息系统、行政许可证电子监察系统、网上培训等一批应用系统,已开始部署应用。

电子文件大量形成,正在多领域广泛使用。在多数机关内部和一些垂直管理的系统的办公自动化系统中,具有行政效能的电子公文广泛使用。此次调查的54个单位,已有26个单位建立了办公自动化系统,2003年来,这些单位总计形成电子公文超过30万份。有多个单位每年运转或形成的电子公文超过1.2万份,有的单位办公已经不再依赖纸质公文,在多年前就开始了实质意义上的网上办公。

部分未建立机关办公自动化系统的部门也积累了大量电子文件。如:一些厅局与国家对口部门的来往文件都以电子公文形式传送;省文史馆已经积累了2000份,省环保局

积累2098份，省扶贫办积累5872份，省总工会积累2913份，省科协也积累了600份电子文件。

电子邮件在机关公务活动中得到更为广泛应用。本次调查的54个单位中共有29个单位使用电子邮件处理信息交换、业务审批、公文收发、信访等公务。还有一些单位使用电子信访、监察系统形成新型的电子公文，各单位网站电子文件已成为新型的公文发布方式。

二、省级单位电子文档工作中存在的主要问题

1. 省级单位电子文件总体上呈现松散的管理状态，难以有效发挥对电子政务推广应用工作的基础性作用。在本次调查的单位中，30个单位对电子文件采取一定方式进行管理，占所有调查部门的55%；另还有24个单位对电子文件未采取有效管理措施，占所有调查部门的45%。在所有的单位中，只有25个单位建立了初步的电子文件管理制度，占46%，有9个单位初步开展了公务电子邮件的管理工作，大多数单位都在凭经验或工作人员的自我意识对电子文件进行管理，部分单位缺乏基本的管理意识。

2. 各单位办公自动化系统重复开发和建设的现象突出，全省电子文档标准不统一，电子公文交换难以实现，不仅造成人力、物力、财力上的极大浪费，而且形成各自为战的"信息孤岛"，安全隐患突出。

电子文档格式五花八门，成为公文网上交换的"瓶颈"，制约电子政务推广应用工作的效率和效益。由于各单位办公自动化系统重复开发，建设各自为战，标准各吹各打，在政务信息化推广应用快速发展的同时，也快速形成了复杂的电子文档使用格局。目前省级单位主要使用word、pdf、tiff、jpg、excel、xml、ced、wps等近20种文件格式，其他的网络会议电子记录、录音记录的格式就更为复杂，电子公文不能跨机关交换和共享。各机关在电子公文方面形成一个个的信息孤岛，甚至在一个机关内部也有信息孤岛现象。

信息安全隐患突出。据本次调查，45%的单位没有建立电子文件管理制度；29%的单位计算机存储介质损坏后的处理方式不当；5%的单位存在加密/加压缩保管电子文件无法读取现象；10%的单位发生过存储介质损坏导致电子文件无法读取现象；8%的单位发生过因计算机病毒导致电子文件丢失或不可读取现象（实际发生这些情况的单位比例要高于调查数据），这些现象都有可能导致文件信息无序流动、丢失或不可读取，给党务、政务信息安全带来隐患。

3. 电子文件归档工作滞后，档案部门事实上被排除在电子档案管理体系之外，国家档案资源面临重大的缺失隐患，电子文档管理作为政务信息化建设的基础和保障，其作用不能充分发挥。

省档案局、省信息办于2001年出台了《电子公文归档管理暂行规定》；2005年，省政府办公厅转发省档案局、省信息办《云南省电子公文归档管理暂行办法》，提高了各单位开展电子文件归档管理的意识。各调查单位已有22个单位开展了电子文件归档管理工作，占调查单位的40%，已归档224499份电子文件，约占电子文件总数的70%。从数字和情况看各单位电子文档管理有一定基础，但按标准化、规范化及安全、有效的要求差距较大。

电子文件归档管理存在"无效归档"现象，文档一体化管理的理念在多数单位的电子政务推广应用中没有得到正确体现。在开展电子文件归档工作的22个单位中，电子文件实现了物理归档的只有11家单位，占50%（主要是没有建立办公自动化系统的单位），逻辑归档的有11家单位，占50%，而且有15个单位虽然开展电子文件归档管理，但机关档案部门却不能掌握归档电子文件的内容，占68%。多数实行电子文件逻辑归档的单位，由于系统设计未充分考虑电子档案长期保存问题，应归档的电子文件不能脱离办公系统完整独立存储，电子档案资源存在丢失隐患。

在全部调查单位中，有35%的单位没有将电子档案纳入档案管理体系，只有25家单位建立了档案管理系统（主要是单机目录管理系统），其中有17家单位的档案系统不能与办公系统衔接，档案管理系统与办公系统脱节的现象突出。

省档案馆作为电子档案管理职能部门的作用受限，档案馆难以控制、保管和提供利用已归档电子文件，满足政务信息公开的要求。目前省档案馆虽然接入电子政务网，并建立了一套有190万条档案目录的馆藏档案目录管理系统，但由于缺乏专项经费，投入严重不足，该系统存储容量小，安全设施简陋，不适应电子档案管理的需要。各单位电子文件缺乏统一标准，管理不规范，形成五花八门的电子档案，一方面省档案馆无法接收、保管，在信息化时代，档案馆难以将《档案法》赋予的收集、保管档案的职能履行到位；另一方面电子档案作为政务信息资源的重要组成部分，不能得到有效利用，《中华人民共和国政府信息公开条例》规定的档案馆任务难以充分体现。档案馆事实上被排除在电子档案管理体系之外。

三、做好云南省电子文档管理工作的思考

1. 准确把握云南省电子文档管理形势，抓住机遇，促进档案事业发展

云南省省级单位电子文档管理的形势不容乐观，其原因主要有两个方面：一是省级单位在信息化推广应用中把重点放在业务信息系统建设上，办公自动化和网上公文交换缺乏统一的政策引导及合理的建设规划和管理，形成各自为战的发展格局，使得云南省电子文档应用和管理发展极度不平衡，作为电子政务基础性应用的"电子公文应用"格局复杂；另一方面，档案部门作为档案管理的职能部门，在电子政务推广应用的方案制定、组织实施中不能有效参与。同时，档案馆作为永久保存纸质档案和电子文档的职能部门，设施、设备、技术条件、专门人才严重缺乏，开展电子文档管理工作的基础建设严重滞后于工作发展的需要。

电子公文应用是在信息化建设环境下各机关开展工作最基本的手段，规范的电子公文交换系统和办公自动化系统是实现政府政务流程、资源整合、电子审批和信息交换的基础性应用平台。规范电子公文应用及安全、有效地管理好电子文档是电子政务推广应用工作的基础和保障，这方面的问题已是目前云南省电子政务推广应用的"瓶颈"所在，成为制约电子政务推广应用水平和充分发挥效益的最重要的因素之一，只有解决好这两个问题，电子政务才能健康有序地发展。目前全国一些先行省市在电子政务中电子公文推广应用和电子文档管理体制、机制建设、管理方法等方面已经探索出一些符合中国发展实际的经验，这些做法同样适用于云南省的实际，学习和借鉴这些成果，早日实现机关间电子公文交换和规范的机关办公自动化及安全、可靠的电子文档管理体系是云南省电子政务推广应用工作急需解决的问题，也是我省档案事业发展中必须要把握的机遇。

2. 坚持档案工作的基本原则，创新档案管理机制，建立管理高效、运转协调、结构优化、服务功能健全的新型电子文档管理实体

电子文档的属性、作用与传统纸质文档没有本质的不同，是我们处理事务的基本工具，是记录和传递信息的载体，是历史信息和原始记录。因此，电子文档必须要纳入中国档案管理的体系中，确保国家档案资源的完整与安全。坚持党和国家的档案实行集中统一领导，分级管理的原则是中国档案工作的基本经验。档案行政管理部门是档案工作的行政管理机关，各级国家综合档案馆是党和国家集中永久保管档案的基地，这是中国特色档案管理体制的核心，电子档案管理也必须要贯彻和落实这一基本原则和体制，我们应当按照档案法律法规的规定，在中国档案工作管理体制、制度和基本原则的框架内开展电子文档管理工作，保持各类文件档案材料的有机联系，确保档案资源的系统性。

另一方面，电子档案的特性又决定了要做好电子档案管理工作就需要建立新的管理技术平台和管理机制。电子档案在技术表现形式上有着突出的特点：一是电子文档对计算机存储、阅读设备和软件、应用系统的依赖。二是电子文件和电子档案一体化趋势更加突出，电子文档的管理信息共享性和继承性更加突出，电子档案对电子政务、电子商务等稳定、高效和可信任运行的基础和保障性作用更加突出。三是电子文件转化为档案的时效和远距传输的速度显著加快，使即时归档和解决档案保管与利用矛盾成为可能，为档案资源整合提供了技术条件。这些特点使电子档案在管理技术平台和技术方法与传统档案管理有较大的不同，树立文档一体化的管理理念，建立集中统一管理电子文档的实体是在中国现行行政管理体制条件下，落实档案法律法规的要求的有效形式，是保障电子政务有序推进，节约政务信息化建设成本，确保国家档案资源完整与安全的合理选择。

档案馆是相对独立于各政务主体的档案管理机构，电子政务规划、管理部门应及时将档案馆纳入电子政务管理体系，在电子政务的平台上，规划和建立电子文档管理中心，在档案馆配备必要的设施设备，建立满足长期保管电子文档需要的电子文件接收、存储、数字化描述（整理）、提供各方面查询需要的电子档案管理系统，有效解决分散管理状态下出现的电子文件出现的信息容易发生丢失，不能被直接读取，难以长期保存和"信息孤岛"问题，为建立有机统一的电子政务运行体系奠定基础。

3. 加强标准、规范体系建设，打造一支能适应现代档案管理工作需要的档案专业人才队伍，将电子文档管理工作落在实处

电子档案管理是一个新型事物，在管理的理论、标准规范、技术等方面都不同于传统的档案管理，要管好电子档案，档案部门有很多工作需要去做，目前急需解决的问题是档案工作人员要尽快提高对电子档案形成和管理规律的认识，掌握电子档案管理需要的技术、方法，在此基础上积极探索，建立电子档案管理标准、规范体系，在这个方面档案部门相对比较滞后，也是影响档案部门介入电子政务建设方面的基础性问题。档案部门解决这一问题从策略上应以培训为主，尽快对机关文件管理人员和档案工作人员开展全面培训，要加快人才引进，迅速提高管理意识和管理水平；手段上应尽快制定电子档案管理指南，以解决工作中的实际问题突破口，务求实效，推动云南省电子文档管理工作与电子政务建设同步协调发展。

发表于《云南档案》2007年第10期

云南省档案局、馆"十五"期间档案信息化建设回顾与总结

"十五"期间,云南省档案局馆在省委、省政府的领导和关心下,根据《全国档案信息化建设实施纲要》,结合自身的实际,在"依法治档、科技兴档、强化服务,发挥效益"方针指导下,坚持"统筹规划、由易到难、分步实施"的原则,在政府经费投入有限的情况下,自筹资金,加大投入,精心组织,认真落实,档案信息化取得了积极进展,积累了有益的经验,有力地推动了局馆各项工作的开展,取得了较好效果。

云南省档案局馆息化建设起步于80年代,发展于"十五"时期。到"十五"结束,初步形成档案信息化建设的基本格局。建成了以局域网、电子政务网、互联网为平台,以档案目录数据库为核心,以档案管理信息系统、文档一体化办公自动化系统、互联网信息发布系统为支撑,面向内部、党政机关、社会公众的"三网一库"架构。局馆信息化水平不断提高,信息化建设、管理的各项规章制度逐步完善,信息化技术、人才准备更加充分,培养了一支具备较强思想素质和业务素质的信息化专业技术队伍。档案信息化在局馆业务建设中的地位日益凸现,档案信息化对局馆业务工作的支撑作用逐步显现。

一、信息化基础设施建设实现了从量变到质变的根本改变

"十五"期间,在大量配置计算机设备,大规模开展网络建设的基础上,云南省档案局馆积极推进档案信息和档案业务的计算机管理工作,计算机和网络技术的应用程度明显深入,信息化水平显著提高。"十五"期间,局馆投入经费近200万元,新增计算机、打印机等设施设备130余台(套),基本实现了业务人员人均一人一机的目标,设备质量和性能明显提高;建立了内部局域网,联通了电子政务网和互联网,计算机应用覆盖局馆98%以上岗位,计算机成为基本办公设备;局馆90%以上人员掌握计算机操作,信息技术成为局馆工作人员的基本业务技能。一个功能完善,性能稳定的档案信息化平台初步形成。

二、档案信息资源建设取得突破性进展

云南省档案局馆的档案目录数据库建设得到进一步加强,在新的档案数据库管理平台上,建成了一定规模的档案数据库群。档案目录中心建设进一步加强,加快了档案目录数据库建设速度,2005年新增条目数据32万余条。到"十五"末,基本实现了全部馆藏档案案卷级目录机检,现有案卷级条目866392条,文件级条目301037条,内容涵盖从清朝到现在四百余年历史,涉及云南省社会政治、经济、文化的方方面面。电子文件归档管理得到加强,与省信息办联合制定下发了《云南省电子公文归档管理暂行办法》,省级机关产生的有保存价值的电子文件的积累、鉴定、著录、归档等工作得到有效的监督、规范、指导。积极推进了馆藏档案数字化进程,利用信息技术加强对珍贵、重要档案的保护,提高了档案的利用效率和水平。完成了云南陆军讲武堂学员名册档案、馆藏玻璃底片档案、部分录音档案的数字化,开展了珍贵档案数字化仿真、录像、录音档案数字化试验,积累成功了经验,为今后建设数字化综合应用平台打下了基础。

三、档案管理应用系统建设日新月异,在多个方面取得喜人进展

档案管理软件的技术和应用水平进一步提高,完成了档案管理应用系统更新换代,建成了具有国内先进水平且独具特色的档案管理应用系统,在网络系统管理、数据库日常维护、数据转换等方面积累了丰富的经验。积极推进机关档案管理和办公自动化同步发展,2004年建成了适应办公自动化和办公文档一体化的办公自动化系统,实现了公文网上流转。局馆积极主动地参与云南电子政务建设,通过努力成为云南省电子政务建设领导小组成员单位,档案信息化建设已纳入全省电子政务建设详细规划中。省局馆在原有网站基础上,通过升级网站,更新栏目,完善内容,有计划地上载开放档案目录,充分利用和发挥网站的作用,使档案网站成为宣传云南档案工作、开展档案信息服务的窗口。

四、档案信息化标准规范建设取得初步成效

"十五"期间,云南省档案局馆紧紧围绕全省电子政务建设需要,适时向省委领导提出以规范电子文件归档管理的意见,得到领导认可,与云南省信息办联合下发了《云南省电子公文归档管理暂行办法》,促进了全省电子政务建设的有序开展。在局馆内

部，积极开展档案信息化规章制度建设，先后制定和完善了一系列制度规章，初步形成局馆信息化建设的激励约束机制，促进了局馆信息化管理水平的提升。

五、信息化人才队伍建设稳步推进

"十五"期间，云南省档案局馆加大了档案业务人员信息技术培训力度。把档案信息化建设相关的计算机应用基础知识、数字化技术知识、网络技术知识、现代管理技术知识等列入教学计划；加强对档案业务人员应用新技术、新设备、新方法的培训，普及信息技术知识，提高档案业务人员掌握和运用现代化技术的技能。通过继续教育，专题培训，部门辅导等形式，把档案信息化相关知识的培训和业务人员的工作需要、自身能力发展结合起来，取得良好的效果。同时，进一步调整充实了信息化建设管理和技术队伍，通过高校培训、外出参观考察等方式提高队伍的专业素质、业务技能，为信息化建设各项工作开展提供了有力技术支撑。

六、初步建立档案信息安全保障体系

"十五"期间，云南省档案局馆在开发利用档案信息资源和网络系统建设中，高度重视信息安全，严格遵守了相关的安全保密制度，严防失密、泄密的发生。逐步完善了教育、管理、技术相结合的档案信息安全管理体制；积极开展信息系统的安全保密教育和培训；制定了计算机信息系统的安全管理制度，局馆领导与各处、部、室签订了安全保密责任书，强化了制度落实；局馆的内部局域网切实与一切外网实行物理隔离，未经审批的档案信息一律不上网发布，认真采用身份认证、防火墙、数据备份等安全防护措施，确保了档案信息和系统安全。

回顾"十五"期间云南省档案局馆信息化建设所走过的道路，有成绩，也有很多值得总结的经验，主要体现在：

（一）档案信息化必须与社会信息化、电子政务建设的步伐相适应

档案工作目的在于为社会提供档案信息服务，档案信息化是档案部门在信息时代继续行使职能、发挥功能的必由之路。因此，档案信息化建设不仅要紧紧跟上社会信息化和电子政务建设的步伐，还应该适度超前。对一些关系档案工作发展的重要问题要有前瞻性的思考，适时采取积极对策，如档案部门如何在信息社会和电子政务环境下行使职

能、提供服务，边疆少数民族地区如何结合实际开展信息化建设，电子文件归档管理、电子档案移交接收、电子政务环境下文档一体化管理、新型数字载体的保存和保真等问题，要积极探索，拿出富有建设性的意见，主动开展工作，争取党委、政府的重视，争取把档案信息化纳入社会信息化、电子政务建设的规划，把电子文件归档管理、电子档案管理和利用纳入档案规范管理的范畴。否则面对新的形势和机遇，只能被动应付，丧失最好的工作时机。

（二）档案信息化建设是一项长期性的系统工程，要有明确的工作思路，统筹长远规划，制定科学标准

档案信息化建设是一个长期的系统工程，需要大量的人力、物力、财力的投入。档案部门在资金、技术等受到制约情况下，必须要明确思路，突出重点，清楚哪些工作有条件开展，哪些工作没有条件开展。做到统筹兼顾，制定切合实际的规划，由易到难，分步实施。稀里糊涂、见子打子，很可能造成重复建设或者系统不配套，影响整体效果。对于信息化建设中很多需要长期开展的工作，执行相应的标准和规范尤为重要，如数据录入、数据交换、档案数字化等。没有标准或是前后尺度不一，只会严重影响数据质量，造成重复劳动和无效劳动。

（三）信息化建设必须与业务工作和社会需求紧密衔接，才能充分发挥应有作用

档案信息化建设的目的在于为业务工作提供技术支撑，为社会提供有效的服务手段。从根本上说是为业务工作服务。能否与业务工作紧密衔接，能否解决业务工作面临的问题，能否满足业务工作和社会的需求，决定了信息化建设的成败。信息化建设不是面子工程，不能为信息化而信息化，关注业务和社会需求，解决实际问题，才是档案信息化建设常胜之道。

（四）规范有序的基础业务工作是开展档案信息化前提和重要基础

信息化是一项以规范化、科学化为基础的建设，规范严整的档案实体管理，是信息化建设顺利实施的前提。在我们的信息化实践中，常常因为传统基础业务欠账，影响工作进度，甚至导致有的信息化建设项目难于开展。例如，部分档案目录著录不准确、文件目录不完整，就严重影响了档案目录数据建设的速度和效率。因此，要搞好档案信息化建设，首先必须下力气抓好传统基础业务工作。

（五）档案工作者的信息技术水平是信息化建设的重要制约因素

档案信息系统是人机结合的有机系统，没有掌握现代信息技术的建设者、管理者、使用者，档案信息系统难于正常运行。因此，档案信息化建设中，必须高度重视信息技术的普及和提高，要从领导做起，从上到下，营造学习新技术和应用新技术的浓厚氛围，在实践中学习，在学习中提高。对信息化专业技术队伍建设尤其要引起重视，由于历史原因，信息专业技术人才匮乏已经成为影响档案信息化建设水平的制约因素。因此，一方面，要多渠道引进专业技术人才，另一方面，要采取多种方式提高现有人员的技术水平，保证信息化专业队伍建设与整个信息化建设同步发展。

发表在《云南档案》2006年第3期

云南省档案信息化建设研究现状及思考

二十一世纪的今天，信息化已经成为社会发展的一个重要标志。随着信息社会的到来，信息与信息技术在国民经济和社会发展中扮演了越来越重要的角色。档案基础业务建设的重心也开始向信息化、现代化转移，档案现代化管理和信息化建设，是档案工作发展的必然趋势。十六大报告中明确指出："信息化是我国加快实现工业化和现代化的必然选择"。中国已经将信息化建设列为国民经济和社会发展的首要内容。国家档案局于2002年11月印发了《全国档案信息化建设实施纲要》，明确提出了全国档案信息化建设的目标和主要任务。云南省档案工作必须加快档案信息化建设步伐，才能适应社会发展的需要。而档案信息化研究水平是档案工作者综合素质及档案信息化建设水平的一个重要体现。提高档案信息化建设研究水平是推动信息化建设发展的理论导向和依据。为反映云南省档案界近年来对档案信息化建设问题研究的成果和动态，笔者根据2000年至2004年刊登在《云南档案》和省档案学会每年编撰的《论文集》所涉及的档案信息化建设研究论文情况，对云南省档案界信息化建设研究的内容、方向、作者、人员分布情况作一阐述、分析和比较，以期更多有兴致的档案工作者掌握发展脉络，为进一步提高档案信息化建设研究质量和兴趣提供信息支持。同时也对如何加强档案信息化建设研究谈一些自己的认识思考，以起抛砖引玉之功。

一、云南省档案信息化建设研究现状

据统计，2000年至2004年，在《云南档案》和《论文集》上刊登有关档案信息化建设的文章有92篇，其中在《云南档案》刊登的有20篇，在《论文集》上刊登的有72篇；发文数量每年递进增加。如：作为云南档案工作的核心刊物《云南档案》，2000年只有一篇有关计算机著录的文章，到2004年第四期就有8篇刊登，而具群众性、广泛性为特点的省档案学会组织的《论文集》就更突出，2000年只有3篇有关档案信息化建设的文章，2004年就增加到23篇，增加了20倍。这一组数字表明，随着全国信息化建设的发展和全省电子政务建设的启动，云南省档案信息化问题的研究开始受到关注，特别是近两年，信息技术的广泛运用，使档案信息问题的研究进入了一个新的阶段。在内容方面主要有：档案信息化建设、档案信息资源开发与利用、电子文件归档与管理、档案数据库建设、网站建设、网络与安全管理、档案数字化建设等7个方面，论文内容更趋专业和具体。从作者分布情况看，有来自各级综合档案馆、高校档案馆、政府机关档案室、公司企业档案室、专门档案馆等机构的人员；从作者身份看，有档案工作专兼职业人员、计算机技术人员、党政分管档案工作的领导，有档案专业高、中、初级职称的人员，也有部分没任何职称的相关人员。值得注意的是，在专兼职档案人员中，高级职称参与档案信息化建设研究的人相对较少，而中、初级职称人员较多。这表明云南省在档案信息化建设方面还缺乏高层次的带头人和利用现代技术管理档案工作的专家。同时也反映出撰写论文的目的大多还集中在为评职称上，部分拥有高级职称人员有松劲的思想。但总的来说，各行各业各层次的成员都有参与档案信息化建设的研究，这为将来人才的培养奠定了基础。具体的档案信息化建设研究论文主题、机构作者分布情况统计如下：

档案信息化建设研究论文主题统计

表一　　　　　　　　　　　论文总计92篇

论文主题	论文数量	百分比
档案信息化建设	36	39%
档案信息资源开发与利用	22	25%
电子文件归档与管理	11	12%
档案数据库建设	5	5%
网站建设	4	4%
网络与安全管理	5	5%
数字档案馆建设	6	6%
其他	3	3%

作者机构数量分布

表二　　　　　　　　　　　人次计107

机构	作者（人次）	百分比
公共档案馆（局）	61	57%
高等院校档案馆	18	17%
公司、企业档案馆室	15	14%
政府机关档案馆室	13	12%

从表一我们可以看出，云南省档案界对档案信息化建设的研究，首先主要集中在泛论档案信息化建设和档案信息资源开发与利用方面，两项总计发表的论文数有58篇，占全部档案信息论文的64%，说明人们对档案信息化建设有了全新的认识，对新时期档案中所蕴含的丰富的信息内容和价值有了新的理解。其次，随着全省电子政务工作的开展，电子文件归档与管理和档案数据库建设的研究成为一个热点，有关论文有11篇，占全部档案信息论文的12%，表明人们对电子文件的归档管理的迫切性、重要性有了更深的认识。但理论上还缺乏深入的研究，研究成果还跟不上云南省电子政务发展的需要，差距还很大。此外，在网站建设，网络与安全管理、数字档案馆的研究方面有所涉及，但篇幅较少，论及不深，说明在这方面的工作还比较薄弱，如网站建设，全省16个地州市、129个县，除省局馆外，到目前为止，真正建立自己网站的只有楚雄州、昆明市、思茅市（今普洱市）、临沧市。其他方面更缺乏实践经验。从这个意义上说，云南的档案信息化建设，大部分还处在认识和启动阶段。

从表二我们可以看出，云南省档案信息化建设研究的队伍，主要还是集中在各级国家综合档案馆，参与研究的作者最多，有61人次，占作者人数的57%，说明各级国家公共档案局馆的作者是云南省档案信息化建设研究的主要力量。但论文内容以泛谈信息化的认识和档案信息资源的开发利用较多。此外是高等院校档案馆，有18人次，占17%。其研究的内容相对较广、较深。政府机关档案室的信息化研究力量较弱，虽然其专兼职档案人员在全省档案队伍中占绝大多数，但参与研究的人员只有13人，只占12%。需要说明的是，企业公司档案室的参与人员虽然不多，但他们的研究内容都很实际和具体，理论与实践的结合较其他领域的人员研究更有其意义，尤其在文档一体化和电子文件的管理与归档方面的实践经验和研究较多，是云南省档案信息化研究不可忽视的一支力量。

二、加强学术研究的几点思考

事业兴衰，关键在人。要加快档案信息化建设研究步伐，提高研究质量和水平，笔者认为应做到以下几点：

首先，要热爱档案事业。档案工作作为一项专门事业，是由档案和档案工作的地位和作用决定的，也是生产、科学技术发展和社会分工的必然结果。在信息时代，档案事业越来越成为社会主义各项事业不可缺少的环节。现在有不少搞档案工作的人缺乏事业心，没有敬业精神，认为做档案工作没有地位，没有前途，没有兴趣。真正把档案工作作为自己的专业、事业来奋斗求发展的为数不多。由于没有爱岗敬业精神，加之工作需求层次低，也就难于树立学术意识、学术信心。在撰写论文时不少人员只是为了评职称写论文，不是为了提高工作水平和研究质量而开展学术研讨。因此所写的学术文章不可避免地存在空谈、不深入、不实际、照抄照搬、水平不高的现象。作为一名档案工作者，尤其是具有高级专业技术职称的人，只有热爱档案事业，真正理解档案工作的历史意义和现实意义，认真履行职责，沉得下心，钻得进去，积极带头，才能干出成绩，才能写出高水平的论文。一句话就是，热爱才有追求，追求才能勤奋，勤奋才会有高水平的学术成果。

其次，要树立科学的发展观。档案信息化建设是一项系统工程，也是一项非常复杂的工程，目前云南省与全国相比还属欠发达地区，档案部门普遍存在经费不足，人才缺乏、信息化研究水平低，但需求紧迫的状况，许多有关电子公文、电子档案管理技术、运用、标准没有开发、制定和统一。要提高研究质量与水平，我们就要以科学发展观作为指导，坚持以需求为导向，以运用促发展的原则，全面深刻地认识和把握档案信息化规律，深层次地思考当前信息化建设中遇到的问题。尤其是目前中国已将电子政务建设作为今后一个时期国家信息化建设的重点，云南省也在全省范围内积极开展电子政务建设，要正确认识电子政务与电子档案管理的关系，加强关注这项工作的发展，积极参与电子政务建设，在实践中不断积累经验、总结教训，才能使信息化研究成果有其价值，有其所用。

第三，要有广泛的科学文化知识和扎实的专业基础功底。档案信息化建设，不仅仅是档案数字化，不仅仅是对传统纸质案卷文件目录的照实著录，而是对传统档案中信息含量参数高的档案进行筛选，采用现代电子技术管理好、提供利用好的一种需求。电子文件和新型载体文件的出现，使现代社会产生的档案，无论是载体，还是内容，和从前相比都大大复杂化。这就对档案工作者的综合素质和专业素质提出了更高的要求。没有合理的知识结构和相应的专业功底，即便有学术意识，也难于开展学术研究。目前档案干部普遍存在专业水平不符合要求、知识面窄、专业知识老化、难于跟上新技术、新知识、新设备的问题。即便是受过大学正规教育的在职干部，还有不少人所学的知识大都是二十世纪八九十年代以前的教材。传统课程多于新学科，许多人对于计算机技术、网络技术、通信技术的运用等相关学科的知识知之甚少。因此，社会信息化下的档案工作者要提高研究水平不仅要研究传统档案业务管理工作，更要顺应信息社会的需求，不断提高自身素质，调整知识结构，探索新的知识领域，广学博采，勤奋钻研，不断更新，完善自我，才能适应社会对档案人的需求，才能加快档案信息化建设研究的步伐，更好地为新时期的档案工作服务，为社会发展需要服务。

第四，领导重视，充分发挥档案学会、培训中心、档案刊物、网站的作用，是提高档案信息化建设研究水平的重要保证。从目前基层档案工作人员学历上看，获成人教育大专学历的居多，大专院校毕业的大专以上学历的人员居少，这对档案管理现代化、信息化工作的开展十分不利。要提高档案信息建设研究水平，各级领导要给予应有的重视，积极鼓励和支持学术研究，培养研究型人才。培训中心和学会要积极组织各种学术交流、研讨会，定期开展学术讲座，请有关专家介绍学术动态、发展趋势。面向二十一世纪档案事业的发展需要，加大对档案人员知识更新、继续教育的培训力度，注重提高中青年专业队伍的整体业务素质，积极培养既懂电子档案又懂电子政务的新的复合型人才，开发高层次的档案专业学术带头人。利用刊物、网站大张旗鼓地宣传档案信息化建设的必要性和重要性，开设专栏或论坛，为档案专业人员创造一个积极向上的良好学术氛围和平台。

总之，面对全国勃勃兴起的档案信息化建设，作为地处边疆民族地区的云南档案人，应不甘落后，紧紧跟上时代的步伐，进一步提高对档案信息化建设研究的兴趣和水平，为云南档案事业的发展做出积极的努力。

发表于2006年《云南档案学会论文集》

发挥馆藏档案资源优势　服务民族文化大省建设

档案是指过去和现在的国家机构、社会组织及个人从事政治、经济、文化、军事、科学技术、宗教等活动中直接形成的对国家和社会有保存价值的各种文字、图表、声像等不同形式的历史记录。它记载了历代政治的兴衰、社会的变迁、科学的进步、文化的流传，是极其宝贵的文化财富。党的十五大报告指出，"有中国特色社会主义的文化，是凝聚和激励全国各族人民的重要力量，是综合国力的重要标志"，首次把文化提高到了综合国力的高度。云南省委、省政府提出要把云南建设成为民族文化大省的目标，就是根据云南省情、落实党的十五大提出的建设有中国特色社会主义文化任务的重大举措，是突出云南地方特色、极具新意和文化深层次意义的跨世纪战略设想。

建设民族文化大省，就是要把云南建成一个经济繁荣、文化发达、社会文明的现代化强省。档案馆是国家集中统一管理档案的文化事业机构，具有文化存贮、积累、传播知识、延续知识和维护历史真实面貌的功能，保存有丰富多彩的历史文化。不断开发、利用、宣传、展示馆藏档案资源，积极投身于云南民族文化大省建设，是档案馆和档案工作者义不容辞的责任。然而，由于历史、宣传诸方面的原因，档案作为一种文化资源，尚未像图书、博物一样为广大民众所认知，仍有很多人对档案的意识局限于人事档案或政治需要的理解上，缺乏使用档案的要求，从而制约了档案这种文化资源的开发利用。为此，本文就档案馆的文化资源、开发利用状况及其在民族文化大省建设中的作用作一简要阐述，以便社会各界进一步了解、利用档案资源，积极为云南建设民族文化大省服务。

一、丰富多彩的馆藏文化资源

档案馆作为国家集中管理档案的文化事业机构，它以人们从事社会实践活动的真实记录为基本收藏对象，以各社会组织形成的全部档案的有机整体全宗为单位进行收集、整理、保管和利用，又以积累的方式来扩充馆藏，因而使得档案馆的文化存贮能够体现出社会历史的延续性和文化的变迁。档案馆不仅是一座历史记忆的储藏库，同时还是连接着历史和现实的桥梁。通过它的作用，人们在追忆往昔的同时，对周围的现实会产生更深更新的体味。中华民族渊源五千年，有着悠久的历史和灿烂的文化，岁月悠悠，中华民族在这块宝地上，积淀了无数珍贵的历史资料和浩繁典籍，数量之大、内容之丰富，令人叹为观止。目前全国有各级各类档案馆3670多个，保存有档案资料三亿卷册以上。就云南省档案馆来说，由于云南和平解放，自清末以来形成的档案没有受到战火的损毁，得于完整保存。截至1999年底，现有馆藏档案资料323个全宗574481卷（册）、印章2304枚、声像档案35000多张、土司实物262件。案卷排列15800余米。其中，清朝档案1518卷，主要内容有清乾隆四年以来的部分民间房屋契据及清同治六年以后云贵总督、云南巡抚、云南布政、按察、交涉、提学各使司和粮储、劝业、滇中、盐法、蒙自、思普各道及海关形成的档案，距今有的已有二百多年的历史；民国档案296338卷，主要内容有云南省都督府、云南省长公署、省政府秘书处、省参议会、民政厅、财政厅、建设厅、教育厅、地政局、省、地司法税务机关、军工、民营企业、金融系统、文化教育卫生部门、社会群众团体以及国民党军、警、宪、特机关共154个单位形成的档案。这部分档案内容丰富、系统完整、比较集中地反映了从1911年蔡锷、唐继尧、李根源、罗沛军等人发动的"重九"起义，建立云南都督府，到云南解放近四十年间，云南的政治、经济、军事、外交、文化教育状况。对研究护国、护法运动、北伐战争、抗日战争、解放战争中的一些重大历史事件，研究中国近代史、云南地方史都是难得的宝贵材料；革命历史档案272卷，主要是中国工农红军、游击队、中共云南地下党、滇黔桂边区纵队在革命战争年代形成的反映红军长征过云南、一二·一学生运动、七·一五运动、李闻惨案、边纵活动的档案，是进行爱国主义教育和精神文明建设的较好题材；新中国成立后的档案183966卷。主要有中共云南省委、省人民政府以及所属各部委办厅局、人民团体、撤销机关共169个单位的档案。这部分档案内容，具体地记录着全省各族人民在中国共产党和人民政府的领导下，进行社会主义与建设的历程，翔实地反映了云南省各个领域的重要活动。这些档案在各项实际工作中被广泛利用，对建设社会主义物质文明和精神文明发挥了重要的作用。

值得一提的是，云南民族众多，居住着25个少数民族，占全省总人口的三分之一以上，有着极其丰富的文化积淀。各民族人民有着悠久的历史，在开发祖国边疆、促进云南社会进步和繁荣中国多民族大家庭的经济文化方面做出了重要贡献，并创造了灿烂的民族文化。历代各级政府在处理各种民族问题中，也形成了大量的档案史料。这些史料载体不同、文字各异、形态多姿多彩，是民族文化遗产的一个重要组成部分。主要内容有：土司、土官档案、傣族贝叶经、纳西东巴经、少数民族家谱、族谱、书信、各种民族调查、民俗调查、各项民族政策、民族理论研究等等。记载和反映了各地区、各民族的种类、名称、分布区域、人口数目、衣食住行、风土人情、婚丧礼俗、宗教信仰、文化教育程度，以及各民族的历史源流、民族的形成、演变、发展、迁徙情况。对研究云南省少数民族的形成和发展、研究民族的深层心理、民族意识、民族精神、民族关系，以及民族的凝聚力和向心力具有重要的参考价值，是极为珍贵的民族文化资源。

二、档案资源的开发利用状况

积极开发档案信息资源，为社会各界提供服务，是体现档案值的重要途径。为适应现代社会利用档案的日益需求，提高利用服务工作水平，近年来，在档案编目方面，我馆根据多方查档的需要和馆藏特点，采用电子计算机进行编目、存贮、检索，编制了各种形式和用途的检索工具。如案卷目录47万余条，文件目录、分类机检目录388004条，专题目录21种。此外还有专题介绍、人名索引、全宗卷、档案馆指南、全宗目录、类目索引、印章目录、照片目录等等簿式、卡片式、机检式的检索工具，为利用者查找档案提供了方便。在提供利用方面，过去，由于受"左"的思想影响，档案工作处于封闭状态，利用对象仅限于党政机关及少数人，主要为政治需要服务。自十一届三中全会以后，随着国家工作重点的转移、经济建设和科学文化事业的发展，档案馆的文化资源利用工作已经从主要用于政治斗争、阶级斗争转向主要为经济活动、科学研究、社会历史研究服务。由于社会主要矛盾的变化，档案更直接、更长久的作用已越来越倾向于社会经济、文化建设方面，档案越来越密切地同社会经济文化发展联系在一起。1983年至1989年是中华人民共和国成立以来编史修志和落实政策工作的高峰，档案馆阅览室可谓座无虚席。为适应改革开放的需要，云南省档案馆从1989年至1998年先后向社会开放了五批历史档案资料，共计四十余万卷、册。如今虽然大量的编史修志和落实政策工作告一段落，但希望和要求接触利用档案材料、获得更多档案信息而来馆查档的人员构成呈多样化发展。不仅从事教育、科学、技术、文学艺术研究与创作的专家、学者在利用档案，而且一般公民包括工人、农民、学生、职员也要求利用档案；不仅政治工作者、党务工作者需要利用档案，而且外国友人、海外侨胞、港澳台同胞、外籍华人也要求利用档案。据统计，自1991年至1997年，前来云南省档案馆查阅档案的美国、德国、法国的学者就有五十余人次。他们对云南清末民初的铸币情况、民国时期的云南政府、婚姻法对中国社会的影响等专题进行了研究。在这一期间云南省档案馆接待了国内利用者115446人次。为领导决策、工作查考、学术研究、经济建设、编史修志、文艺创作等方面的工作提供档案资料433233卷（册）次，提供人物卡片269907张，利用者摘抄和复印档案材料116182份742506页。从这一系列数据不难看出，人们对档案已有了一定程度的认识，他们对档案的要求不仅范围扩大了，而且内容也越来越深化了。如果说，以前由于政治气候的影响、文化水平的低下、眼界的狭窄，普通公民把档案当作"圣物"的话，那么现在随着宽松的政治环境的形成，随着整个民族水平的提高，随着人们眼界的开阔和心理的开化，他们已经把档案看作是从事学习和工作的工具。

在档案编辑研究方面，我馆设立有专门的编研机构，自1983年至1997年，出版《云南档案史料》1—46期，先后编辑公布档案文献381万字，并配合公布的档案内容刊登了有关档案学、文书学、历史学方面的研究论文和档案专题概述近百万字。对全国有较大影响的历史事件和云南工农业生产、经济建设和社会发展等方面的题目，采取自编和与兄弟馆及其他有关单位合编的方式，先后出版了档案专题汇编45种1145万余字，参考资料2种135万余字。主要出版物有《护国运动》《护法运动》《西安事变档案史料选编》《云南兴文银行始末》《云南农业合作史料重要文件汇编》《云南近代金融档案史料》《云南人口史料汇编》《云南盐业史料汇编》《新中国农税史料》（云南分册）等。还参加了省社科系统组织的一些学术活动，参与史学研究。馆内专业人员在省内外学术刊物上发表档案学、史学文章、著作百余篇、部，有的获得了国家或省级的社科奖。档案资源的开发利用取得较好的社会效益。

三、档案资源在民族文化大省建设中的作用

档案馆作为一项文化事业、作为社会主义精神文明建设的组成部分，标志着它在精神文明建设中不仅以服务者，而且以直接参与者的双重身份发挥其功能和作用，而且随着开放历史档案所占比重的上升，其潜在的永久性的文化价值将得到进一步体现。云南建设民族文化大省的目的在于提高全省各民族的文化素质，发展社会经济。档案作为人类社会活动的真实历史记录，在民族文化大省建设中将起到积极的促进作用。

首先，它有利于人们认识了解各地的历史文化，为民族文化大省建设提供参考依据。建设民族文化大省，必须了解掌握自身蕴藏的文化资源，理清思路、制定规划、有标准有依据有特色地进行，才能健康、持续地开发、培育、发展云南民族文化。人类社会的历史是延续的，生产和科学研究活动，都具有一定的继承性。建设民族文化大省，同样不能脱离前人创造的各种文化，必须在前人的基础上继承性地建设和发展，才能把握建设民族文化大省的方向。记载于档案之上，保存于档案馆之内的大量的人类活动事

实、数据、成功的经验、失败的教训、技术成果、科学理论等知识材料，可以为民族文化大省建设提供丰富的史料依据，帮助人们了解、认识、利用云南历史文化资源，鉴往知来，从而避免工作走弯路和重复建设、提高工作效率。

其次，有利于提高人民群众的思想文化教育水平，提高社会的文明程度。档案内容极为丰富，旧政权档案记载着历代统治阶级对广大劳动人民的剥削压迫，外国资本主义列强对中国的侵略和掠夺的罪行，以及人民群众英勇反抗斗争的史实；革命历史档案记载着革命先辈在极其艰苦的情况下，为实现革命理想而英勇奋斗的光辉业绩；中华人民共和国成立后的档案记载着中国共产党领导全国人民进行社会主义革命和建设取得的伟大成就和经验教训。利用这些档案写回忆录、著书立说、编史修志、文艺创作、展览，富有说服力和感染力。因为这些档案以其历史性、直观性和原始性等特点见长，所以在许多著作中运用的材料和在档案展览中陈列的史料能再现历史的真实面貌，给人以深刻的影响，能取得比较理想的思想教育效果。同时，利用档案著书立说、编史修志、文艺创作的过程，本身也是一种文化建设过程，不仅对当代有教育的意义，对未来也有传世和文化延续的作用。此外通过这些档案，还可以对青少年进行国情、省情教育，加深他们对云南历史的认识，使他们珍惜来之不易的今天，从而激发他们的爱国、爱省热情，增强工作、学习责任感和使命感，提高社会文明程度。

第三，有利于研究和发掘民族文化遗产、繁荣民族文化、增强民族凝聚力和向心力。云南是一个多民族省份，各少数民族在不同地域环境长期从事生产活动中，创造了自己的独特的民族文化。反映各个民族心理和精神追求的宗教信仰、文学艺术以及民族习俗、婚丧、风情、建筑、雕刻、绘画、服饰、器物等民族文化特征大量具体地记载在少数民族档案史料中，各少数民族长期积累的质朴纯真的科学知识，如天文、历法、医药、医学在档案中也有所反映，不断开发、利用馆藏文化资源，对繁荣民族文化，加强民族地区的精神文明和物质文明建设有重要的价值。不断开发利用馆藏档案资源，对民族文化大省建设有着积极的促进作用。

总之，档案馆保存档案的目的就是要向社会提供资源，为社会主义建设事业服务。当前云南正处于建设民族文化大省全面启动时期，作为具有文化存贮功能的档案馆，应充分利用这个机遇，立足馆藏，面向社会，大力宣传档案工作，采取多种手段，全方位开发馆藏文化资源，发挥档案作用、积极为云南建设民族文化大省服务。

发表于《云南文史》2001年第1期

云南省档案馆历史档案保护利用回顾

云南省档案馆事业开始于20世纪50年代末期（1959年），至今已有四十年的历程。作为云南省委、省政府的直属事业单位，省档案馆负责集中收藏管理云南省中华人民共和国成立前历史档案和中华人民共和国成立后省级现行机关及撤销机关的档案，并向社会提供利用。回顾过去，随着中国社会主义建设事业前进的步伐，云南省档案馆从无到有，从小到大，得到了迅速的发展。馆的规模不断扩大，馆藏日益丰富，服务效益日益显著。尤其是党的十一届三中全会以后，全馆工作出现了新的局面。四十年来，经过全体干部职工的努力，省档案馆在档案的收藏保护、科学管理、提供利用和编辑研究等方面，都取得了较大的成绩。

一、集中收藏了云南省中华人民共和国成立前的旧政权档案和中华人民共和国成立后省级机关到期应进馆的档案资料，维护了历史档案的完整与安全

旧政权档案在档案馆成立以前，分别保存在各机关、企、事业单位，档案的零散分散性，给收集工作带来了繁重的任务和极大的困难。1959年5月，成立档案馆筹备处后，对云南省省级机关及各地、州、各企、事业单位保存的旧政权档案资料情况，做了全面细致的调查了解，制定出接收计划，对散存档案分期分批接收进馆。60年代以后，又根据国家档案局有关征集、接收规定，成立专门机构，发布通知，加大接收力度，派出专人到各单位进行业务指导，并广泛征集散存档案。经过四十年艰苦细致的工作，现在，清朝末期有关云贵总督、云南巡抚、布政、按察、提学、交涉各使和粮储、劝业、盐法、滇中、蒙自、腾越、思普各道反映云南教育、矿务、实业、商业、铁路交通、邮电、海关、盐务、外交等方面的部分档案；民国时期有关国民党党、政、军、警、司法、工、交、商、农、教、科、文、卫等部门和系统的档案，有关反映片马事件、重九起义、护国护法运动、昆明反日爱国学生运动、"二·六""六·一四"政变、班洪事件、红军长征过云南、滇军抗战、滇西抗战、南侨机工抗战、中共云南地下党组织活动、昆明"大后方"的民主革命运动、云南起义、各种反映少数民族情况等方面

的档案；以及中华人民共和国成立后省级撤销机关和现行机关1980年以前的档案都已集中收藏于省档案馆。截至1998年底，馆藏档案资料共计314个全宗，519176卷、册。其中，清朝档案1518卷；民国档案296299卷；中华人民共和国成立后档案140112卷，资料81247册、本。此外还有印章2304枚、照片32400张、幻灯片126张、录音录像166盘、密纹唱片33张、土司实物262件。档案形成年代最早的为清乾隆四年（1739年）的契据，最晚的为1996年丽江抗震救灾情况展览照片。档案资料排列长度12300米，位居全国第六位。

二、对馆藏档案进行了系统整理和编目，档案基础工作得到了切实的加强

云南省档案馆成立了整理档案机构，固定人员，制定了一系列整理规定、办法，有计划、有步骤地开展档案的整理编目工作。对接收进馆的档案，云南省档案馆按照保持档案之间历史联系和全宗原则，根据全宗的不同情况清理多年积存的零散文件，并进行区分全宗、理顺档号、修改案卷标题、装裱、修复破损案卷、编制检索工具、不断改善档案装具等项工作。在编目方面，根据各方面查档的需求和馆藏特点，建立了各种形式和用途的检索工具，如：案卷目录43万余条，文件目录、分类机检目录388004条，专题目录21种，人物卡片900万张，此外还有专题介绍，人名索引，全宗卷、档案馆指南，全宗目录，全宗内类目索引，印章目录，照片目录等等簿式、卡片式、机检式的检索工具。目前馆藏519176卷档案资料全部进行了系统整理，所有案卷均加装规范卷壳，编有档号，拟有比较准确的案卷标题，外文档案案卷标题均已译成中文，案卷目录有一式两套，全部馆藏均已排列上架，做到了有章可循，有目可查。

三、逐步提高了现代化管理水平

云南省档案馆一直把保护管理好馆藏档案，视为一项基本职责，目前档案库房面积已由原来的800平方米、现在的3700平方米扩大到了明年即将投入使用的19000余平方米。目前使用的库房，安置有温湿度微机自控系统，并加装红外线报警防盗装置和烟雾报警系统，同时采取了库房密闭、适时通风、去湿、防虫、消毒等一系列技术措施，查阅室安装了闭路电视监控系统，加强了档案库房的安全和防护。新库房的设施更具备有现代化的管理水平。此外，在档案保护技术方面，培训专门技术人员，开展档案缩微、裱糊技术、杀虫技术的研究和运用。缩微配备有比较齐全的设备，并初步摸索出了适合

馆藏特点的缩微方法，系统掌握了有关技术，缩微、复印、阅读设备多年运转正常；档案修复技术也有了较大的进展，计算机工作结合本馆和档案工作实际独立或与有关部门合作开发了应用管理软件二十多种。其中，与省软件中心合作开发的"云南省档案馆计算机信息系统"，解决了档案信息延长存贮、计算机辅助标引、多种级别档案目录信息的存贮、检索、编目、打印、备份等问题。现代化管理水平得到了较大的提高。馆内现代化管理设备有：静电复印机3台，空调机8台，去湿机11台，缩微摄影机9台，胶片冲洗器1台，打印设备15台，其中激光打印机1台，微型计算机21台，HP586l100服务器1台，硬盘容量为5.3GM，重氮拷贝机2台，银盐拷贝机1台，胶片阅读器8台，多媒体触摸屏1台，照片翻拍机一套，档案修裱工作台3张，冷冻和微波杀虫机各1台，密集架1080列，箱柜4956个，较好地保护了档案的完整与安全。

四、积极开发档案信息资源，为社会各界提供服务，效果显著

提供档案服务，是体现档案价值和档案工作人员劳动成果的重要途径。档案馆筹备处成立后，随着馆藏档案的陆续增多，专设了查阅室，订立了查阅档案的规章制度，采用"一条龙"的服务方式（即接收、整理、保管、利用由同一部门负责），开展了接待查阅、预约代查、函电查询等提供利用工作。至20世纪70年代末，由于诸方面的因素，档案的利用仅限于为少数人和政治需要服务，平均每年接待查阅只有千余人次，提供档案三千余卷次。

党的十一届三中全会以后，档案馆利用工作从主要为政治服务，转向了为经济建设服务。尤其是改革开放后，社会利用档案需求不断增强，为适应改革开放的需要，云南省档案馆从各方面完善了服务手段，提高服务质量。设立专门的接待利用机构，完善查档制度，制定开放利用办法，充实各类检索工具，扩大阅览室面积，加快档案开放步伐。迄今为止已向社会开放中华人民共和国成立前后的档案330342卷，其中清朝和民国档案290382卷，革命历史档案254卷，中华人民共和国成立后档案39706卷，并备有供利用者自行查阅的开放目录。据统计，从1983年至1997年省档案馆接待查阅115446人次，提供档案资料433233卷（册）次，摘抄复制档案材料116182份，742506页，提供人物卡片8.6万张，这些档案资被广泛应用于经济建设、社会宣传、编史修志、学术研究、机关工作查考等各个方面，产生了良好的社会效益和经济效益。较为突出的有：经济建设方面，为195个单位解决房地产、山林、资产权属纠纷，为明良、可保煤矿追回资金二十余万元，土地35亩，节约重复征地费数百万元；为昆明八街铁矿解决了1300亩山地

的权属问题；为昆明联谊橡胶厂避免重缴转产费20余万元；为省土地管理局提供土地档案解决了800亩700万元的地权争议。社会宣传方面，为举办"陈嘉庚图片展""云南大学七十周年校庆展""陆军讲武堂校史展"日本侵略云南罪行展""禁烟禁毒展"筹备朱德故居陈列室和《金沙水拍》《解放云南》《西南百年禁毒史》等影视片的拍摄，提供了大量照片、图片和原始凭证。编史修志方面，为云南省《当代中国的云南》《云南省党政军群系统组织史》《云南省委志》《人物志》《政协志》《工会志》《土地志》《林业志》《物价志》《档案志》《云南年鉴》《红十字会史》及各县县志的编纂提供档案20多万卷次，参与并协助各有关部门完成了编史修志的重任。在机关工作方面：为落实政策，平反冤假错案、工资改革提供万余卷档案，解决了数千人的有关问题。此外，还接待了来自德国、美国、日本、越南等国家，中国台湾、香港、澳门等地区以及省内外的专家和学者利用档案。

在档案编辑研究方面，设立有专门的编研机构，自1983年至1997年，出版《云南档案史料》1—46期，先后编辑公布档案文献381万字，并配合公布的档案内容刊登了有关档案学、文书学、历史学方面的研究论文和档案专题概述近百万字。对全国有较大影响的历史事件和云南工农业生产、经济建设和社会发展等方面的题目，采取自编和与兄弟馆及其他有关单位合编的方式，先后出版了档案专题汇编45种1145万余字，参考资料2种135万余字。主要出版物有《护国运动》《护法运动》《西安事变档案史料选编》《国民党军追堵红军长征史料选编》《云南近代矿业档案史料选编》《云南兴文银行始末》《云南农业合作史料重要文件汇编》《云南近代金融档案史料》《新中国农税史料》（云南分册）等。还参加了省社科系统组织的一些学术活动，参与史学研究。馆内专业人员在省内外学术刊物上发表档案学、史学文章、著作百余篇、部。有的获得了国家或省级的社科奖。

总之，经过四十年的努力，省档案馆在档案的保护管理和开发利用上都取得了可喜的成绩，1998年11月23日，云南省档案馆正式通过了国家级考评验收，达到了国家一级馆的标准，是年又被云南省委、省政府、昆明市委、市政府命名为云南省和昆明市爱国主义教育基地。真可谓"兰台四十年，往事堪回首"。但荣誉面前，云南省档案馆人并没有停步，又把目标定在了下一个世纪上，即把云南省档案馆建成一个与中国、云南省国民经济和社会发展相适应的、有云南特色并处于全国领先地位的省级综合性档案馆。

发表于《云南省史学会通讯》1999年第2期

关于外籍学者利用省馆历史档案的调查与思考

随着改革开放的不断深入,档案工作的服务对象、范围也正在发生着重大的变化,就云南省档案馆而言,目前利用对象和查阅范围已不只是过去单纯的编史修志和党政军机关、企事业单位的工作查考,而是出现了许多新情况新特点。一些三资企业、集体企业、个体私营企业的人员,利用档案的情况越来越多,尤其是外籍学者来云南省档案馆咨询、查阅利用档案的人数呈上升趋势。众所周知,云南是一个历史悠久、资源丰富、民族众多的边疆省份。中国历史上有一些风云人物,诸如蔡锷、唐继尧、李根源、龙云等以及在全国有影响的护国运动、护法运动、北伐战争、抗日战争和解放战争中的一些重大事件都与云南有关。加之,云南特有的丰富多彩的民族文化,使得云南省的馆藏历史档案有着与其他省馆不同的特点。近年来,随着对外文化交流活动的迅速发展和历史档案的逐步开放,云南省档案馆接待外国学者、外籍华人利用历史档案的数量明显增加。他们大多数是根据两国文化交流计划来华进修学习和进行学术交流人员。从1992年4月到1994年7月,前来云南省档案馆查阅历史档案的外籍学者越来越多,其中有美国哈佛大学历史东方语言系博士、中国人民大学清史研究高级研究生美籍华人朴兰诗女士,德国鲁尔大学历史系讲师海汉斯先生,美国夏威夷大学历史系吴彼得先生,德国慕尼黑巴伐利亚公立图书馆东亚代表布威纳博士,美国加州大学柏克利分校历史系博士戴茂功先生和何稼书先生等等。他们研究的课题大多与云南有直接的关系,比如:"论民国时期的云南政府""云南清末民初的铸币情况""四十年代的中越关系""抗战时期民国政府的兵器工业和劳资关系""论婚姻法对中国社会的影响"等等。从1992年到1994年,云南省档案馆提供外籍学者的档案资料467卷次,复印材料237份,1555页,目前仍有外籍利用者在查阅档案。

外籍学者纷纷前来利用历史档案,一方面说明对外开放的程度越来越高,使得过去秘而不宣的档案部门也开始面向世界,逐步得到国际国内的认可和重视,另一方面,对当今仍处于半封闭状态的档案工作,尤其是提供利用的传统方式提出了新的挑战、新的要求。陈旧的保管利用方式和检索体系已经远远不能满足现代利用者的需求,如何更好地开发利用档案信息资源,为中国社会主义现代化建设和世界文明建设服务,是值得每一个档案工作者思考的问题。云南省档案馆的对外接待工作在开放过程中虽取得了一定的成绩，但也存在着一些亟待解决的问题。

第一，历史档案的开放工作进展缓慢。根据《中华人民共和国档案法》第十条规定"国家档案馆保管的档案，一般应当自形成之日上起满三十年向社会开放，经济、科学、技术、文化等类档案向社会开放的期限，可以少于三十年，涉及国家安全或者重大利益以及其他到期不宜开放的档案向社会开放的期限，可以多于三十年……"云南省档案馆馆藏中华人民共和国成立前档案共计298193卷，早已超过《档案法》规定的三十年保管期限，但由于案卷基础状况较差，检索工具欠完善，缺乏文件级目录，有些案卷标题没有完全反映案卷内容，需要重新修改、草拟、鉴定，加之人力、财力的局限，影响了档案的开放进度。目前通过开放鉴定的历史档案只有107458卷，占中华人民共和国成立前历史档案馆藏量的三分之一，远远不能满足利用者的需求。

第二，服务条件和环境不理想，给利用者和接待工作带来诸多不便。由于历史的原因，云南省档案馆馆址建设在省委机关大院内，按有关安全管理规定，外籍人不能随便出入省委大院，而在大院外又没有设置专门的外籍人利用档案查阅室。每次接待外国学者，接待人员都要为之到处找房子做临时查阅室，每天还得把档案抱出院外，专人陪伴查阅，费时费力费人。随着改革开放的不断发展，外籍学者利用档案进行学术研究的情况会越来越多。改善服务环境，为利用者提供方便快捷的服务方式，是时代对档案利用工作的必然要求。

第三，接待人员的综合素质，尤其是外语水平有限，影响了服务质量。接待工作不仅要有强烈的事业心、高度的责任感和较好的职业道德，还需要有既懂专业又懂外语的一批档案工作者。在接待工作中，我们感触最深的就是语言问题，由于外籍学者的中文水平有限，接待人员的英文水平有限，在接待工作中无法很好地与外籍利用者进行直接交流，有时不得不用手势或者把字写在纸上进行有限的交流，才能了解利用者的需要，大大影响了查阅的效果和效率。

总之，大力开发利用档案信息资源，不断提高服务质量，为我国社会主义现代化建设和世界文明建设服务，不仅是时代的要求，同时也是广大档案工作者无法回避而且完全能够胜任的职责。在改革开放时代，档案工作者必须加强外语基础训练和学习，提高综合能力，才能适应改革开放的需要。

发表于《云南档案》1994年5月，1996年6月收录于《中国档案管理精览》

增强档案学术意识　提高专业人员素质

档案馆是集中统一管理各种门类、各种载体档案的文化事业机构。开发档案信息资源，积极为社会各界提供服务，是档案工作人员义不容辞的责任。档案是人类活动的真实记录，具有信息和知识功能。档案的两大属性——知识性和原始记录性，决定了档案工作的学术性和技术性。作为档案专业人员，不仅要熟练掌握技术性方面的工作，还应把档案馆作为开发信息资源，提供信息服务的基地，具有一个长期性的开发潜在的档案信息资源的学术思想。只有随时具备较强的学术意识，才能促使个人在进行学术研究活动中，坚定信念，克服困难，不断学习，开拓进取，进一步提高档案人员的专业素质和学术水平。

但是，长期以来，在地方综合性档案馆，由于诸方面的原因，有相当部分的档案人员仅限于从事技术性工作，学术意识不强，不愿、不会、不善于搞学术工作。有的甚至当一天和尚撞一天钟，抱着混日子的思想庸碌一生。在有限的三四十年的工作历程中，能根据实际工作经验，积极主动地进行学术总结、分析、研究、开发利用并有所成就的不多。大多数的学术工作都是处于被动状态。为评聘职称不得不撰写发表几篇文章，一达目的，万事大吉。更有甚者，不学无术，靠吃"老本"，等着论资排辈，总望领导照顾，致使自身业务水平停滞不前，影响了整个馆档案人员综合素质的提高和档案工作的向前发展。究其原因，主要有以下几个方面：

其一，缺乏事业心。现在有不少搞档案工作的人没有事业精神，认为做档案工作没有地位，没有前途，没有兴趣。大多数人员的工作需求，只是为了解决吃饭和温饱问题。真正把档案工作作为自己的专业、事业来奋斗求发展的为数不多。由于没有爱岗敬业精神，加之工作需求层次低，也就难于树立学术意识、学术信心。

其二，知识基础差，学识不广泛，开发档案信息资源的技能低。知识是开发利用档案信息资源的必备条件，档案人员的文化知识深度决定了其对客观世界认识和对档案信息资源开发的深度。档案人员的文化知识广度，决定了其对客观世界认识和对档案信息资源开发的广度。我们有些档案人员由于文化功底不够，有心无能进行档案学术工作的研究。有的虽是大专、大学本科生，但由于缺乏事业心，耐不住艰苦，不肯钻研，不愿熟悉馆藏，不善于更新知识扩大知识面，因馆制宜，捕捉社会需求进行研究，使得原来就已狭窄的知识面，不能适应开发档案信息资源及档案工作发展的需要，使得学术意识随时间的推移越来越淡漠。

其三，单位领导的学术导向不积极，也是影响树立、增强学术意识的原因之一。有的领导只注重技术性工作，忽略理论研究和开发信息工作，认为理论研究是上级和高校理论人的事，开发利用工作是编研岗位的事。久而久之，大多数人只会保管档案，不会利用档案，即使有工作经验却不能交流、升华。档案成了故纸堆长年沉睡于库房中，致使档案馆的文化性质得不到充分的体现，馆藏档案的信息得不到充分发挥。

在改革开放的年代，档案工作虽进行了多方面的改革，但也受到一定的限制。档案馆的人权、财权问题长期以来得不到很好的解决。以馆藏定编的制度，又很容易把收集工作推向极端，使其他环节工作跟不上。学术工作、开发信息工作被淡化，或被技术性工作所纠缠。目前，馆藏档案信息的开发利用工作除编研岗位少数人在进行外，大部分人的精力都投入在技术性工作上。学术气氛局限于小范围内。开发档案信息，必须熟悉档案内容，不断收集史料素材，而档案不能带回家去看，日常工作被技术性工作充斥，没有专门的时间来收集史料，给学术研究和开发利用工作带来了一定难度。

要增强档案学术意识，提高档案人员专业素质，应做到以下几点：

首先，要热爱档案事业。档案工作作为一项专门事业，是由档案和档案工作的地位和作用决定的，也是生产、科学技术发展和社会分工的必然结果。由于档案具有工作查考、历史凭证、经验总结、宣传教育、科学研究、辅助生产和积累知识等广泛作用，所以古今中外都比较重视档案工作。中华人民共和国成立以来，党中央、国务院十分重视档案工作，采取了一系列重要举措，加强和发展了档案事业。中国档案事业在社会主义革命和社会主义建设中，在政治、经济、科学文化和外交等活动中，发挥了重要的作用，成为一项有效地发展科学和推动生产力发展的重要事业。特别在信息革命时代，档案事业已成为社会主义各项事业不可缺少的环节。我们要热爱档案事业，首先必须要认识档案事业，只有体会它的意义，并且钻进去，才能干出成绩来。

其次，要有广泛的科学文化知识和扎实的专业基础功底。档案内容涉及政治、经济、文化、科学、军事、外交等广泛的知识领域。现代社会产生的档案，无论是载体，还是内容，和从前相比都大大复杂化。档案工作者对档案的管理研究，实际上就是对它的内在的知识内容、载体进行不断的分析与综合，向国家和社会提供系统的知识成果和管理方式。没有合理的知识结构和相应的专业功底，即便有学术意识，也难于开展学术研究。目前档案干部普遍存在专业水平不符合要求、知识面窄、专业知识老化、难于跟上新技术、新知识、新设备的问题。即使受过大学正规教育的在职干部，还有不少人所学的知识大都是20世纪80年代以前的教材。传统课程多于新学科，许多人对于计算机现代化管理技术、社会学、人类学、语言学、图书、情报、自然科学等相关学科的知识知之甚少。因此，要增强学术意识，必须调整知识结构，广学博采，勤奋钻研，不断更新，完善自我，才能适应社会对档案人的需求。

第三，领导重视，发挥档案学会、培训中心、档案刊物的作用，积极组织各种学术交流、研讨会，定期开展学术讲座，请有关专家介绍学术动态、发展趋势。面向二十一世纪档案事业的发展需要，加大对档案人员知识更新、继续教育的培训力度，注重提高中青年专业队伍的整体业务素质，培养开发高层次的档案专业人才和学术带头人。利用刊物大张旗鼓地宣传档案事业，提高档案工作知名度，为档案专业人员创造一个积极向上的良好学术氛围，以此促进并加强档案人员的学术意识。

事业兴衰，关键在人。不断增强档案专业人员的学术意识，是提高档案人员业务素质、理论水平、发展档案工作的关键之一。具有较强的学术意识，有利于档案人员政治水平、业务能力的提高，容易在实际工作和不断思考探索中较为敏锐、清醒地发现自己的某些不足之处，从而自觉地挤时间，通过可能的渠道想方设法地弥补，因而能始终赶上档案工作和社会发展的步伐。具有较强的学术意识，还可以有效地开发档案信息资源，避免盲目性和被动性，及时发挥馆藏档案作用。从公，促进了档案事业的发展，从私，提高了自身专业素质，获得了研究成果，为评聘职称奠定了基础。

总之，有学术意识才会有学术研究，只有较强的学术意识才会有高质量的学术成果。增强档案学术意识，充分调动每个档案人员的学术积极性，对造就一支过硬的专业技术队伍，发展档案工作有很大的促进作用。

刊登在1994年《云南档案学会论文集》

生活杂谈

SHENGHUO ZATAN

指尖上的艺术

——彝族烟盒舞

彝族，是一个很善于用歌舞来抒发情感的民族，最能代表该民族歌舞特色的首推烟盒舞。我是彝族人，一直为彝族的烟盒舞倾倒，一直不知道用什么词来形容自己民族舞蹈的魅力。昨天一个同学来家里小坐，偶然拿起我放桌子上的"烟盒"摆弄，是云南人都知道它是用于跳舞的伴奏乐器，但她不知如何弹出声音，就向我讨教，我随即教她指法，没想到，她舞弄半天，不但没弹出清脆的声音，还把烟盒弹飞了，我们一起大笑……她随口说了一句："看似简单，却是一门指尖上的艺术！"哇！立刻把我的心都说亮了。好一个指尖上的艺术！我们彝族的烟盒舞就是一门指尖上的艺术！再贴切不过了！！

云南彝族喜欢吸龙竹制作的大口径水烟筒，烟盒自然是置烟丝的必备器皿。人们无意中发现烟盒用手指轻轻敲弹时，竟能发出"哒哒"的悦耳声音，刚好踩上跳舞的节奏，能歌善舞的彝族人民深受启迪，以手弹烟盒来控制节奏，增添舞蹈的热烈气氛，于是烟盒就成了一种特殊的民间指弹乐器而流传至今。

烟盒形状呈圆形，分上下盖，直径约9厘米，高约5厘米，可分可合，分开时高约4.2~4.5厘米，平时用来装烟丝，舞蹈时，将雌雄两半分开来，抖去烟丝，左右手各扣上一个，用中指卡住外壳，食指与大拇指配合在盒内敲击，烟盒便发出清脆的"哒哒"声，以代替传统的伴奏乐器——鼓。敲弹节奏可快可慢，配上灵活多变的舞步，边唱边跳，民族韵味极其浓厚，所谓烟盒舞也因此而得名，成为彝族一种著名的舞蹈形式。

烟盒舞，是云南彝族聂苏支系的一种群众性民间舞蹈。流传于滇南个旧、元江、石屏、建水、蒙自、开远、通海等地的彝族聚居区。彝族人民极为喜爱烟盒舞，不论小孩和老人都爱跳。人们说："听见烟盒响，脚杆就发痒。"

烟盒舞动律感强，舞姿洒脱浪漫，其姿态动作讲究"柔""韧"的运用，并要求头、手、腰、腿各部密切配合，风度自若。其跳法多种多样，据不完全统计有二百余种跳法，人数可多可少，各地域分支跳法花样变化千姿百态，但常见的有男女人数对称的集体舞。音乐响起，既可以成双成对依次穿插到前台亮相，亦可以男女分别各自成"雁阵"起舞。在舞蹈的动作幅度上，女的以轻盈灵巧为主，其舞蹈语言诠释的是彝族妇女勤劳、善良和聪慧热情；男的则以粗犷威武为主，展现的是在长期狩猎、劳动中形成对图腾的崇拜，还有彝族武士不畏强敌、敢于战斗的精神。一些特殊形式的烟盒舞，其方位变化，动作难度，身法、步法的移动变换，就需要具有一定的功力才能掌握了。在农村，只要是婚丧嫁娶或各种传统节日，彝族村寨的娱乐场，烟盒声、笛子声、四弦声及男男女女"哟——色"的欢呼声，构成了一个个极乐天地。人们围着篝火，尽情欢跳。聚会的高潮是舞法较好的人，进入到舞队围聚的圈子中，模仿各种动物交尾、男女青年身体接触的舞蹈表演。比如"扭麻花""蜻蜓点水""鸽子渡食""蚂蚁走路""银瓶倒水"等等，外围的众舞者随着他们动作的难度和精彩程度，不时发出有节奏的"哟——色"的欢呼声，借以助兴，使得现场气氛高潮跌宕。

在中国各民族的鼓乐器中，有汉族的大鼓、腰鼓，有傣族的象脚鼓，维吾尔族、藏族的手鼓、朝鲜族的扁鼓、长鼓，佤族的木鼓等等，像彝族这样用手指敲击发声伴奏的烟盒鼓，可算罕见。有关专家认为，彝族用于舞蹈伴奏的烟盒是目前世界上最小的鼓之一。可见彝族人民的聪明与智慧。

彝族烟盒舞，是盛开在民族艺苑中的一朵奇葩。如今，烟盒舞不仅在彝家山寨流传，就是在城市中，烟盒舞已发展成为一种时尚的健身舞，广场上、公园内、小区中，也能看到各族群众如痴如醉的跳着烟盒舞，听到"烟盒"清脆悦耳的"哒哒"声。

我每次春节回老家，晚上都要去县城广场，看由几十人甚至上百人的彝族跳的烟盒舞。经常被他们娴熟的舞步和变幻的动作，以及开心的笑脸所感动。很多闲人和游客在一旁观看后，都会情不自禁地随着烟盒弹响的节奏插入到队伍中一起舞动，有时我也会带上爸爸留下的烟盒加入队伍中，领略这一特殊艺术的魅力，一起感受舞者的快乐！！

发表于《云南档案》2008年第10期

激情燃烧的收藏

——打火机

本来，打火机是男人给男人制造的，并且大多数是抽烟男人所钟爱的，因为打火机综合了锻造、齿轮、弹簧、摩擦、燃烧等物理学和化学的基本元素，它散发有一种不可抗拒的雄性美学。收藏之前，由于不会抽烟，加之是女性，我对打火机的了解仅限于满街出售的一次性打火机。一直以来总认为它是日常生活中最不起眼，平凡得不能再平凡的一件生活用品了。可是一次偶然的机会，一个不经意的人让我对打火机有了新的认识和兴趣，直至今日爱不释手。

那是在2001年的冬天，我在一个县上工作，例行公事地接待了一位从老挝回来的客人。在晚餐的席间，他和其他男士一样习惯地拿出香烟并点燃抽了起来。当时吸引我眼球的不是香烟，而是他用于点燃香烟的打火机。一个青铜色的光着小屁股憨态可掬的坐式小男孩儿，好像一款精美的仿古艺术品。只见他用手一按那小男孩儿的鼻子，小男孩儿的"小鸡鸡"就喷出蓝色火苗并发出咯咯咯的笑声。由于我的好奇，他从兜里拿出了一个送给我，我觉得挺有意思的就收下了。回到家里我摆弄了好几天，观察它的造型、质地，了解它暗藏的打火机关和录音设置，我第一次感到打火机设计也会如此的奇妙，由此我开始关注打火机并一发不可收拾。从那时起，我不管是出差在外或是专门出游，都要留心各地的商场、超市、地摊上的打火机，特别是小商品市场，那里的打火机称得上是世界名牌的荟萃，使得收藏的品种与收藏的兴致别开生面。

打火机诞生的历史可以追溯到人类学会取火的阶段，自从两根木棍之间擦出的火花在非洲、亚洲和欧洲大陆上闪现以来，"火"就是这些原始部落的经济和信仰的推动因素。当时的火或火种在原始人心目中都有着神圣的意义和神秘的魅力，既是他们获得温暖的来源，又充满了不可控制性。打火机最早的诞生可能是这样一个故事：一个部落成员偶然地发现，当他将两根小木棍使劲摩擦的时候就会产生神奇的火花，这成为他们最早的营火，也由此产生了人类历史上最早的"打火机"。直到17世纪，随着盒子、锡、烟草袋的广泛运用，用以取火的物品，包括打火石、易燃物等才变得便于保存。这也使火绒箱的发明成为可能。在19世纪末，英国曾有一些相当有趣的火绒箱，它们的钢质外壳和打火石被一个凸透镜所取代，以便收集阳光来点燃火种。这种火绒箱的数量相当有限，因而也成为今天的收藏家积极追捧的对象。

　　随着时间的推移，更多更好的打火机被制造及出售，打火机成为日常生活必需品、商家钟情的促销礼品、某次冒险或旅行的纪念品，甚至仅仅是一种珍贵的收藏品。至20世纪初期，火绒箱的时代已经终结，这时的消费者需要更多更方便、更便宜的选择。这个时期的发明包括电子打火机、电池打火机、甲醇打火机，还产生了世界上第一个打火机品牌——IMCO。到了30年代初期又产生了世界上另一个打火机品牌ZIPPO。ZIPPO可以说是一夜成名，它在美军中相当受欢迎，在第二次世界大战、越南战争乃至朝鲜战争期间，很多美军士兵都将自己的姓名、出生日期甚至愿望都刻在ZIPPO上，这其中的许多打火机都被留在了战场上。面对这些被遗留下来的战争纪念品，在今天的爱好者中也成为炙手可热的收藏品。作为吸烟客，拥有一部ZIPPO打火机简直成为某种生活态度的象征，当它的翻盖打开发出"噌"的声音时，连不吸烟的人都会为之着迷。进入90年代，中国成了生产打火机的大国，其中浙江温州的年产量就达10亿只，所列品种200多个，占世界产量一半以上。当你把其中的一些可人的打火机集中在一起，放置在房间里的一个个玻璃柜中，然后悠悠地看过去，你会发现这些打火机常见的外形只一小部分，更多的是奇形怪状的。

　　自从世界上第一只打火机发明到现在，已经经历了几百年，从最早的只注重其实用性逐步融入制作者的艺术灵感，不同的国家以及不同的创作风格的工匠制作出来了艺术风格各异的打火机，给只有方寸大小的打火机带来了无限的艺术生命力。

　　我收藏打火机的时间虽然不长，品种也只有一百多种，但收藏的过程和玩味让我其乐无穷。就打火机的造型来说，可谓千姿百态，有动物、人物、手机、武器、车船、水果、书籍、生活用品、体育用品、历史事件等等。其中，以 2001年9月11日，美国世贸大厦被恐怖组织袭击事件为背景，厂商开发了一款以世贸大厦被二架飞机所撞瞬间及恐怖组织首领本·拉登头像为元素设计的打火机，在我的收藏品中颇有历史纪念意义。而那些与生活密切相关的榔头、扳手、钳子、车辆、各式男鞋、女靴、口红、口香糖、电饭煲、高压锅、热水瓶、灭火器、打气筒、摩托、手电筒等造型的打火机，更是让人觉得亲切而有灵气。仿古典名著的书籍打火机和其他时尚造型的火机放在一块儿，则有古雅朴素的韵味。而那些烈性的"火器"，如枪、剑、炮、子弹造型的打火机，单看外形完全想象不出原来其中有火舌暗藏。在所收藏的打火机中，有的能无声发光，有的能铮

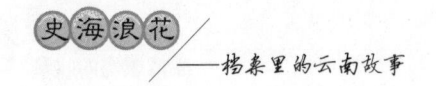

铮作响，有的干脆音乐绵绵，精致的地方还在打火的时候机身、灯管随即点亮，五颜六色在手掌上映出各种形状大小的光斑，似有科幻的味道，真是让人爱不释手。

选择火机，我有自己的标准，即异形，主要着眼于形式的古怪有趣，而名气和功能则被排除在外。此外，要有"隐蔽性"——这个"隐蔽"指的是火机的设计，外行人从形式上难以判断它的真实面目。如仿真的模型小车，掂在手上重量十足，没有裸露的火嘴和按键，然而轻轻拨开车头的机关，才发觉原来结构完整的火机竟然隐藏在车模腹中。隐蔽的功能掩藏在精致的外壳之中，机关重重，其中的玩味能够扯动任何观众的好奇心。打火机之所以迷人，除了它的功能以及迷人的声响、精美的造型和珍贵的材料之外，更重要的，它是设计者们突破传统的设计，具有迎合时尚年轻人个性主义的特征。如厂商所推出的各种仅有瓶盖大小的打火机，即便你不是一个烟民，带上它不仅让您平添高贵，又不失年轻人的豪迈之气。而且它的装饰性更是不容置疑了，把它放置在办公桌或者古董架上可以使沉闷的空间灵气顿生，把它作为礼物送给朋友也是不错的选择。

工作一天，身心疲累，闲暇之余，如果你伫立在自己藏品前细心观赏这些奇形异状而又极富生活色彩的打火机，或坐在摇椅上，喝着一杯清茶，听着悠扬的轻音乐，把玩着这些设计巧妙，暗藏玄机的火器，你会感到，原来幸福就这么简单！虽然家人对我的收藏不是很理解，可是每看到这些艺术品一样的打火机，心里就有一种自豪感和愉悦感。我总认为，我的收藏不仅仅是打火机，而是一种艺术，一种享受，一种文化。

总之，看似简单平常的物品，原来也有着许多精彩的故事，并且它与人类文明的发展互相交织。虽然，当今最新式的打火机身上仍然带有原始的取火工具的影子，但是每一位爱好者都会承认，值得收藏的打火机绝对是出色技术和优良设计的结合体，它们身上都凝聚着人类源源不绝的创造力。正因为如此，才使打火机成为上至贵族下至平民都喜欢的收藏品。也才让我除工作之余，有了眼下"收藏并快乐着"的日子。

发表于《中国档案报》2005年9月9日

关于加强基层党建保持党员先进性教育的几点认识

先进性是马克思主义政党存在和发展的根本前提，是党得到最广大人民群众拥护的基本条件，是党的生命所系、力量所在。保持党的先进性，是关系党的执政地位是否巩固，党能否长期执政为民的根本问题。目前，在全党开展以学习实践"三个代表"重要思想为主要内容的保持共产党员先进性教育活动，对于全面提高党员队伍素质，永葆共产党人的先进本色，推进全面小康社会建设具有十分重要的意义。随着社会的发展和进步，不断改进和完善基层党组织的活动内容和工作方式，以适应社会发展对党建的需要，保持党的先进性，是基层党建的一项基本要求。为此，笔者就加强基层党建保持党员先进性的认识谈一些体会。

1. 建立志愿宣传者机制，加强党员先进性宣传

党员是先进性的实践者，广大群众则是党员实现先进性的监督者，保持党员先进性首先要得到广大群众的支持和认可。人们常常谈到党员的先进性，到底什么是党员的先进性？不同年龄、不同行业、不同文化层党员的先进性体现在哪些方面？一个党员如何做才能体现党员的先进性？有的党员不明确，大多民众更不清楚。这些问题我们在宣传上，大多还是依靠各种媒体、媒介和有关组织行为，在有限的范围内进行宣传。被传播者除党员之外，主要是城市、机关有知识、有一定文化层次、有能力购买电视、报纸、杂志、关心国事的人有所了解。而处于基层的广大农村、中小企业、城市社区文化水平相对较低、经济能力还相对差的大多数民众就缺乏直接的宣传和教育。他们对和平时期、发展时期党组织和党员如何体现党的宗旨、纲领、先进性难于领悟，党员先进性的群众监督就难于实现。联系群众、宣传群众、组织群众、团结群众，是我们党的优良传统，把党的路线、方针和政策落实到基层，这是基层党组织的重要责任。所以，我们除了充分利用现有的媒体和组织开展好宣传活动外，基层组织还应该建立志愿宣传者长效机制，积极培养党的宣传员深入基层和群众。或在有志的青年党员，甚至已退休的部分老党员中招募党的先进性教育宣传者，经过培训深入农村、企事业、学校、机关、社区组织各类民众喜爱的演讲、文体、支教、故事会等活动，向民众传播党的思想、党的政策、党的任务，提高群众对党的先进性的认识；向民众宣传中国的优良传统、民族文

化、民族英雄、基层模范及新时期的思想道德观念，用身边的事教育身边的人，从而提高民众对党的先进性的认识度和信任度，加强党的先进性民众舆论监督。

2. 设置基层普通党员学习班，提高党员先进性意识教育

党员的先进性是一种自觉的"先进的意识"与"先进的行动"。没有自觉的先进意识，就不可能有先进的行动。只有将党员先进性的这一思想根植于我们每个党员的内心深处，使这种先进性成为党员日常自然而然的行为规范与行动准则，成为潜移默化影响我们的心理意识，才能在行动上保持先进性。而学习是加强党员先进意识教育的一个重要手段。但现在的党员学习制度，除要求自身加强学习和原则性地规定党员学习日外，在机制上重点是对党员领导干部的学习教育，如各级党员领导干部都有相应的党校或培训班开展系统学习活动：省级领导有中央党校，地厅局领导有中央党校或省委党校，县、处级党员领导干部有州、市委党校，科、股级干部有县委党校和乡镇党校。而我们的广大党员，则缺乏有效的学习平台，如机关的党员，除了学习日学习讨论上级有关文件和时而开展有关学习教育活动外，缺少一个让党员集中学习交流的平台。农村党员就更不用说，久而久之自律意识不强的人党员意识就会淡漠，就难于带头保持党员的先进性。作为普通的群众，可以不了解党的指导思想，不学习党务知识。但是作为共产党员，一定的党政知识和理论基础是必不可少的。如果缺乏一定的理论知识，在具体分析问题的时候就容易被误导，以偏概全，不能正确地领会、理解、实践党的各项方针政策，更谈不上向群众宣传党的主张和带头起先锋模范作用了。没有广大党员的先进性，全党的先进性也难于保持。所以应该在基层也设置党员学习班，让党员有集中系统学习党的理论和党政知识的机会，通过党的历史，包括革命史、建设史和改革史的宣传教育，帮助党员认识到党的伟大、光荣和正确，认识到党的事业的光明前景；通过党员权利的教育和党员权利的保障，最大限度地调动、发挥和保护好党员的积极性和创造性；通过党的任务和党员义务的教育，帮助党员认清自己对于国家和社会的崇高职责；通过科学教育，包括科学知识、科学技能、科学方法、科学精神的教育，大力提高党员的综合素质和综合能力；通过政治上的重视、生活上的关心和工作上的帮助，增强党组织对党员的凝聚力。使党的宗旨、纲领更加牢固地树立在每个党员心中，从而进一步推动党的先进性建设。在实施对党员的教育时，应注意避免"一刀切"的教育内容和"一锅煮"的教育方式，这样对党员的吸引力不强，无法满足不同年龄段、不同文化层、不同职业类的党员合理的个性化要求。

3. 完善党员考核激励机制，积极引导党员争先创优

党员考核是党建的重要内容之一，也是保持党员先进性的一个重要手段。按照党的

有关规定，每年各级党的基层组织都必须对党员进行年度考核，并评选出优秀、合格与不合格党员，对优秀党员进行表彰，对不合要求的党员进行批评教育帮助，这对提高党员素质，保持党员先进性起了积极的作用。但在实际工作中，由于党员考核激励机制不像先进工作者的奖励机制一样，除了表彰之外，还有着可能获得具体经济利益的终身奖励（如按照国家政策一些事业单位每年有3%的先进工作者可以晋升一级工资，而优秀共产党员却没有这种规定），所以现实工作中，争当优秀党员的积极性没有争当先进工作者的积极性高，无形中淡化了优秀党员的作用。因此，在基层党建过程中，首先要求党员以身作则，带头实行"三个代表"，同时对每年由基层党员评选出的具有突出贡献的优秀共产党员也应完善相应的奖励机制，提高优秀党员的地位，积极引导党员争先创优，从而推动各项工作的全面发展。

发表在《云南机关党建》2005年第2期

异彩纷呈的哈尼族服饰

云南各民族的衣装打扮就像不同的山有不同的花草，不同的树栖息不同的雀鸟一样，非但五彩缤纷，而且形、色、光、声皆备。如在服装的工艺上有绚丽多姿、宛若云霞的织锦，有荟萃异彩、令人赏心悦目的刺绣，还有清清雅雅、朴素自然、充满人性色彩的扎染和蜡染。女性的服装饰品，从头到脚更是种类繁多、琳琅满目。哈尼族服饰就是其中一例。

哈尼族是云南的独有民族之一，全省哈尼族人口有132.5万余人，占云南省少数民族人口总数的9.99%。从行政区属上看，哈尼族主要分布于云南省红河哈尼族彝族自治州、思茅市（今普洱市）、玉溪市和西双版纳傣族自治州等地州市。其中，墨江县、红河县、元阳县、绿春县、元江县、普洱县（今宁洱县）、江城县和镇源县是哈尼族最大的聚居区域。哈尼族有"卡多""僾尼""碧约""毫尼""白宏""腊米""切弟""阿木""卡别""糯比""布都"等十余个自称，是一个开垦梯田种植稻谷的山地农耕民族。独特的生存环境和多种支系形成了哈尼族多姿多彩的服装服饰文化。他们以黑色为美、为庄重、为圣洁，将黑色视为吉祥色、生命色和保护色，所以，哈尼族的服装衣料多以黑色为主色调。哈尼族人一般喜欢用自己染织的土布做衣服。妇女个个能飞针走线、挑花刺绣。男子多穿对襟上衣或右斜开襟短上衣，下穿宽大长裤，用黑布或青蓝布裹头，服装色彩单一，老人喜戴帽。女子服装则多姿多彩，不同的自称、不同的年龄、不同的气候地域，款式、色彩、装饰各不相同。如帽形或包头就有三角形、菱形、圆形、方形、梯形，上衣有右斜襟、对襟、短褂、长衣；下装有长裤、中裤、超短裤、长筒裙、百褶裙、及膝裙、超短裙、连衣裙及腿套等等；衣襟、袖口、裤边、帽沿都用各种彩线绣上种种图案，色调对比十分强烈。哈尼族服饰可谓千姿百态、色彩斑斓，十多个支系有近百种不同的款式和装饰。

墨江是全国唯一的哈尼族自治县，有哈尼族8个支系20余万人，占哈尼族总人口的15%。县域内各支系的哈尼族服饰更是绚丽多彩。如碧约支系，身穿右开襟靛青色或白色镶花边的长筒裙，以小银币为纽扣。戴银耳环、银手镯。头饰分婚前婚后两种。婚前的小合媸（姑娘）戴六角小帽，留一条独辫垂于脑后，长至腰部。小帽用靛青色土布缝制，每角都镶有银泡。顶部又嵌大于每角小银泡五倍以上的一颗大银泡，并用红绿丝线点缀着大银泡的边缘。婚后第二年或怀孕，便改变头上的装束，将小帽改为包头，将发辫挽向前额之上成瓦楞形，包头从前额覆盖发髻，后垂至腰。

白宏支系，上身穿对襟或右开襟紧身短衣，以银币为纽扣。短衣前胸部位坠有六排银泡，共三十六颗，正中缀有八角形的大银牌，犹如一朵盛开的白莲花。下身穿双褶短裤，裤脚不过膝。小腿上紧箍着用靛青色土布缝制的腿套，套上绣有彩色花纹，正上方扎着一朵用红毛线做成的小绒花。未婚姑娘头上梳独辫，盘于头顶，戴平顶黑布帽或以头巾包头，帽子和包头上都绣有彩色花纹，帽上缀有银泡、缨子。婚后生了孩子，就要梳两根发辫，戴靛青色三角帽，发辫藏于帽中。姑娘出嫁后，还必须用靛青色金绒或土布做成宽约四十厘米，长三十厘米的一块百褶带子系在腰上，遮住臀部。

毫尼支系，身穿青色连衣短裙，腰间系一绿带或兰带，带尾垂于腰臀左侧。从粉红、天蓝、淡黄、靛青等色布中选定三色条布包头，横直交叉，一般是横青直蓝，兰带垂于背后。少女时期，腰间系洁白或粉红围腰，婚后则系蓝围腰。在哈尼族中，服饰不用银泡或很少用银泡的只有毫尼人。

卡多支系，老人身穿靛青色对襟上衣和筒裙，缠青色圆形包头，大如斗笠，前低后高，包巾头尾露外，呈X形。耳带银圈。少妇和姑娘，耳戴芝麻铃。一串镶满银泡的带子紧箍前额，一束红、绿绒线花插于后脑。身穿青或蓝色右开襟短衣，下着筒裙，用彩色毛线披在前胸、后背。走起路来，叮当作响，美观大方。

阿木支系，姑娘头戴缀满五排银泡的红边帽，称为"乌白窝区"。帽子右边缀有一绺绒毛，就像一朵绽开的山茶花。两侧有两串银泡坠向双肩。双耳戴芝麻铃，银果（鲁勒）。穿右开襟布钮上衣，下着靛青筒裙。绣有花纹图案的披肩搭在双肩前后，刺绣围腰（阿道）搭至双膝，一束红色绒线紧束腰间。行起路来潇洒自如，婀娜多姿。

居住在西双版纳州勐海县的僾尼人是哈尼族的另一个支系，约占哈尼族总人口的8%。他们的服装、服饰是该族中较为突出的一个。僾尼人一般也喜欢用自己染织的藏青色土布做衣服。男子穿右襟上衣，沿大襟有两行大银片做装饰，以黑布裹头。妇女多穿右襟无领上衣，下穿短裙，裹护腿；胸前挂成串的料珠。她们的头饰极为丰富，不同年龄头饰颇有不同，共同的是僾尼妇女每人都头戴一顶镶有小银泡并饰有料珠的方帽。年轻姑娘在帽子四周环绕着成串料珠，耳旁垂有两撮流苏。

僾尼妇女在服装和服饰上的差异是区别她们是否结婚的重要标志。熟悉哈尼族的人，只要看一眼站在面前的哈尼妇女，就几乎可以准确地说出她的年龄和她所在的恋爱阶段。如果她的头后部佩戴一种叫"欧丘丘"装饰，表明她已满17岁，可以恋爱；如果她留了鬓角，表明她芳龄18，可以出嫁；如果她在"欧丘丘"上包了黑布，则说明她已有了归属。

居住在红河地区的另一支系——奕车妇女，其上衣和外衣形制较为特别，外衣叫"却巴"，无领无襟，下摆是半圆形，两侧是圆形，开口，形似龟壳，俗称"龟式裳"；上衣"却童"，亦无领无襟，仅在左侧镶以十七个假布扣。"却童"要用九至十二件衣物的部分拼成，褶成梯形图案，用青靛染后涂抹一层牛皮胶，既硬实黑亮又能防雨。

奕车妇女头上戴的是形如三角形的白色尖顶头帕，下身则着"拉八"短裤。这是由于生活在亚热带哀牢山区的奕车妇女擅开梯田种水稻和栽秧割谷铲埂草的农活，长期的水田生活和亚热带气候环境使奕车妇女的服饰趋于简化，而裤子则更加"短化"至紧身裸腿，近于泳装。

值得一提的是，哈尼族的服饰除了款式多样、色彩对比强烈外，其光、声特点突出，寓意也较为丰富。这衣装上的光与声，多指的是从头到脚缀挂的种类繁多的各种饰品。哈尼族的饰品，如按装饰身体的部位划分，有用于头部的顶饰（包括头饰和发饰）、冠饰、耳饰；用于颈部到肩部的项饰、肩饰、胸饰；用于胳膊至手腕的臂饰、腕饰；用于腰部至下肢的腰背饰、腿足饰等等。其中装饰头部的有铜质和骨质的簪、银质发箍、银泡、银铃须链坠、牛骨磨制的挂片串、彩色鸡毛、鸟毛和各种丝线、毛线，色彩鲜艳夺目。哈尼族的颈项与肩胸饰品是烘托、映衬面部以使人的美丽俊秀及为相关气质增色添彩的重要装饰。他们的颈部主要挂项圈、银链穗，胸部挂刻花大银牌、钱币、银链并加饰大量小银泡，其间杂缀着红绿线缨穗，在阳光下走起路来，叮当作响，光、声一体，五彩斑斓，令人赏心悦目。此外，哈尼族的绕丝大银臂镯、竹筒形刻花臂镯和双龙开口银手镯，戴在臂上、手上，显得健康有力，是一种具有特殊风味和充满个性的饰品。许多饰品对使用者来说虽是附加之物，却能反映佩带者的知识、修养、心理状态、审美观与文化情趣，体现出一个民族的艺术、工艺发展状况，还能间接地表现出一个民族和一个社会的经济文化总体面貌。

总之，云南是一个多民族的边疆省份，琳琅满目、五彩缤纷的民族服饰源远流长，美不胜收。它反映着云南各民族人民热爱生活、并善于美化自己的智慧与灵性，同时，通过其丰富的艺术表现形式和技巧，蕴含了十分丰厚和独到的文化内涵。从哈尼族服饰中我们就可窥见一斑，是一笔极为宝贵的物质财富和精神财富。但是，随着经济全球化、文化趋同化的影响，许多包含民族服饰在内的各民族特有的文化遗产面临着消亡的威胁，面对这种危机，我们应积极地保护、宣传和发扬各民族的优秀文化，使世界人文环境、人类生活更加灿烂、美好。

发表于《中国档案报》2004年6月25日

墨江哈尼族的无形文化遗产

2002年9月16日至17日，联合国教科文卫组织在土耳其伊斯坦布尔召开了以"无形文化遗产——文化多样性的体现"为主题的文化部长圆桌会议，会议上通过了《伊斯坦布尔宣言》，呼吁在全球化形势下，共同保护和发展无形文化遗产，促进文明多样化进程。无形文化遗产是指依附个人存在的心口相传的一种非物质形态的遗产，在西方又称为口头和非物质遗产。根据联合国教科文卫组织的定义，它是指"来自某一文化社区的全部创作，这些创作以传统为根据，由某一群体或一些个体所表达，并被认为是符合社区期望的、作为其文化和社会特性的表达形式，其准则和价值通过模仿或其他方式口头相传"。它包括了各种类型的民族传统和民间知识，各种语言，口头文学，风格习惯，民族民间的音乐、舞蹈、礼仪、手工艺、传统医学、建筑术以及其他艺术。随着世界经济的发展和社会的不断进步，无形文化遗产受到了生产和生活剧变的威胁，必须对之进行发掘和抢救，才能保护人类文明的遗产和促进文明多样性的进程。

中国是一个多民族的国家，是世界上无形文化遗产最丰富的国家之一。五十六个民族在共同构筑中华民族的统一文化的同时，又相当独立地传承着不同的民族文化，呈现多样文化的存在。当前我国已列入世界无形文化遗产的有昆曲、藏族史诗《格萨尔王传》、蒙古族的《江格尔》、柯尔克孜族的《玛纳斯》等等。云南是我国多民族的一个边疆省份，由于大多数民族都只有语言，没有文字，文化传承大多数是依靠口头传承。因此，在云南，少数民族的无形文化遗产相当丰富，也十分珍贵。作为全国唯一的哈尼族自治县墨江就是其中一例。

墨江地处哀牢山中下段，青山重重，景色清幽，云雾缭绕，神奇自然，北回归线穿城而过。在5312平方公里的土地上，居住着21万勤劳、善良、勇敢的哈尼族人民。他们是我国西南边疆历史最悠久的少数民族之一，与彝族、拉祜族、傈僳族、景颇族同源于氐羌族。秦汉时期称昆明族、叟族，魏晋隋唐时期称"乌蛮"。后散见于汉文史料中的历史名称有和蛮、和泥、窝泥、阿尼、哈尼等。现今居住在墨江的哈尼族有8个支系，八种方言，如碧约、卡堕、西莫洛、豪尼、白宏、阿目、切弟、布恐等。哈尼族不仅勤劳勇敢，而且聪慧能歌善舞。千百年来，在哀牢山这块神奇美丽的土地上生息繁衍，用自己的心血和汗水开发了这块土地。在长期的生产和生活实践中积累了丰富的生产和生活经验，同时也用自己的聪明智慧创造了丰富多彩的民族民间口头文学，包括音乐、舞蹈、诗歌、民间故事、神话传说，民风民俗，民族传统，形成了较为丰富的无形文化遗产。有碧约人长达上万行的《阿奇阿沙》《阿尼密戈》《阿基洛奇洛耶与密扎扎斯扎依》和白宏人的《金佘金白》等创世史诗、迁徙史诗及各种叙事诗、民谣、谚语和动物、植物、人物神话传说。

哈尼族的民间传说故事是哈尼族无形文化遗产的一个重要组成部分，在哈尼族中广泛流传，很有影响。故事的内容往往与一定的历史事件、历史人物、地方风物以及社会习俗关联。如《阿奇阿沙》《金佘金白》的传说反映了哈尼族的创世史，迁徙史；《阿基洛奇洛耶与密扎扎斯扎依》叙事长诗反映了哈尼青年勤劳勇敢，不畏强暴的凄美爱情故事；《青蛙造天地》《豪尼人的祖先》《背魂》《白宏人的十月年》的神话传说反映了在生产力水平低下，人们面对变幻莫测的自然界，要想认识自然、解释自然、战胜自然和利用自然的强烈愿望和实践行动；《神秘花》《伤心街》《姐妹龙潭》《九会街》的传说，倾诉了哈尼人的喜怒哀乐和对爱山爱水的深情眷恋；《厄沙与尧姿》《米娌与敖牡利哥》《金鸡》《小红鱼》反映了人们对爱情的大胆追求，对幸福生活的向往，对挣扎在饥饿贫困线上的人们的同情。在哈尼族的婚丧礼俗中有甜美的"哭婚歌""送嫁歌"和"莫搓搓"葬俗。"莫搓搓"葬俗充分体现了哈尼人民的生死观。此外在哈尼族中还唱着古老习俗规矩歌"哈巴卡"。它是在哈尼族佳日节庆、婚丧仪式、祭祀活动、造房盖屋落成典礼等隆重聚会时都要吟唱的习俗规矩歌。其内容无所不及，包括历史生活、道德规范、生产技能等，是哈尼人民传承文化、教育后代的主要方式，在民间具有非凡的教育作用，深得人们的喜爱。在过去哈尼族由于没有文字，又没有识字的条件，那些年高岁长的老年人、家庭父母、亲族长辈就自然地担负起了继承传统、教育后人的重任。他们或夜晚在明月皎洁的晒场上，或围在温暖的火塘边，向后人讲述优美动人的故事传说，用以陶冶孩童的心灵；或利用节日庆典，在丰美的酒席上，吟唱娓娓动听的古老规矩歌，向青年人传授生产知识和生活经验，由于长辈的这种无形文化传承作用，使得哈尼族的子孙敬老风尚代代相传。

墨江哈尼族的无形文化遗产绚丽多姿，丰富多彩，举不胜举。县委县政府十分重视这一无形文化遗产的发掘、保护、抢救和利用。2000年根据省委、地委的发展规划，结合墨江地理交通区位优势和哈尼族文化的特点，县委制定了"二线一中心"的发展目标，即通过10到15年的时间，把墨江建设成为通往南亚、东南亚国际大通道上的精品旅游景区、北回归线上的绿色生态大县和哈尼民族文化展示中心。在旅游景区建设和哈尼文化展示中心建设方面，依托北回归线标志园二期开发的基础和小城镇建设进程，融入哈尼族文化进行开发。在新开发区，突出哈尼族建筑风格和北回归线穿过这一地理分界线的天文、地理知识和植物多样性的特点。在软件方面，突出哈尼族民族工艺、民风民俗，民间故事、传说、音乐、舞蹈的收集、整理、出版和展览。现已出版了《墨江民族民间文学资料》《墨江民族民间故事集》《阿基洛奇洛耶与密扎扎斯扎依》叙事长诗，整理、编排了哈尼族舞蹈《扭鼓舞》《拇指舞》《赶山雀》等二十余个。2001年春节，县委、县政府组织开展了一次墨江历史上最大规模的民族民间综艺展和王自平哈尼歌曲独唱音乐会。现正准备出版《哈尼族舞蹈集成》《哈尼族音乐集成》和《哈尼族民间故事集》第三集。

总之，墨江哈尼族的无形文化遗产同其他文化遗产一样，不仅具有文学价值，而且对历史学、民族学、民俗学等学科的研究和发展，对促进中国乃至世界文明多样性进程都有积极的作用。

发表于《云南档案》2003年第1期

浅谈妇女素质修养与公民道德建设

为了认真贯彻落实中央颁布的《公民道德建设实施纲要》，加强妇女干部思想道德建设，提高妇女干部综合素质，我就结合妇女自身特点对如何理解社会主义思想道德体系，提高妇女素质，发挥妇女在公民道德建设中的作用，谈一些认识和体会，以起抛砖引玉之用。

一个社会的稳定与安宁，一定要有秩序。无序的社会，经济不能发展，政治不能稳定，社会不得安宁，人民的基本生活也无法得到保障。作为社会稳定的屏障，法律和道德无疑是两个主要的支柱。法律是对人们行为的硬性约束，它一方面保护公民的法定权利，一方面要求一切公民履行法定的各项任务，如有违法按律惩处。但是，单有法律的硬性约束还不够，在社会生活中，对于人们的社会生活评判，除了罪与非罪之外，还有是非之分、善恶之分、美丑之分、高下之分，不能完全或主要不是依赖于法律，而是依靠道德的准绳。道德是一定社会中人们公认的行为准则，它是在社会中形成的，通过教育、宣传、舆论传播对人们发生作用。而且道德不仅对人们的行为有要求，也对人们的思想、观念、情操、信仰有要求，不但可以制约人们的公共关系行为，也可以制约人们的私人关系行为。可见，与法律相比，道德的调整作用，在范围上要广泛得多，在性质上要深刻得多，它直接决定一个人的内在人格和生命价值。道德规范一旦被全体社会成员所公认，它也会代代相传，对社会的稳定与安宁会发挥极大的力量和作用。

公民道德建设的着力点是社会公德、职业道德、家庭美德。作为社会"细胞"的家庭，其美德建设则是三项德治中的基础，因为任何职业都是由来自不同家庭的人从事，社会公德、职业道德也都必须由来自不同家庭的人来实现。占全国人口总数近一半的妇女，是我国政治、经济、文化建设的一支重要力量。他们对社会、家庭的影响和作用是不可低估和替代的。古今中外对女性与成功、女性与发展、女性与社会、女性与家庭的关系、作用的肯定举不胜举。有的成为至理名言，诸如："一个成功的男人背后有一个成功的贤妻良母""一个好的女人就是一所好的学校""婚姻塑造成功的男人""母亲良好的教育是我们取得生命中成功的首要因素""妇女能顶半边天""没有女性参与的事业不是一项完整的事业"等等都说明了女人的影响在公共生活和私人生活中的所有领域都是巨大的。尤其是在作为社会细胞的"家庭"中的作用和其作用之后给社会带来的联动影响是巨大的。早在十九世纪，英国一位著名的政论家、历史学家、人文学家埃米尔·赖希（Emil·Reich）这样说道："不管正确与否，每个人都是男性气质和女性气质的统一体，母亲的影响是深层次的、全方位的。这一点是无可置疑的，它无时无刻不在改变着每个人的命运。"他认为：每个人的一生中从一岁到十岁这一阶段从很多方面来看都是我们生命中最为关键的时期，如果在这个时期基础没有打好，弥补起来会很困难，我们的记忆力、想象力，我们对事物的兴趣和热爱，我们的健康以及许多其他生命中成功的要素，取决于我们最初十年所接受和感受到的东西，取决于母亲的行为。母亲的受教育程度和施于孩子的影响程度，对孩子在其生命中成功的其他因素起着重要的作用。希腊人对于人生的这一关键时期非常重视，在许多希腊城市中，他们有完善的法规来管理此事，而我们国家目前在法律层面和社会层面关注更多是10岁到20岁的教育，而不是1岁到10岁，这是值得我们引起重视的。妇女除了对子女的作用外，对丈夫的事业、对家庭的经营、对国家经济社会的发展和进步做出的贡献是不可替代的。同样妇女在公民道德建设中发挥的作用也是不可低估的。在公民道德建设中，女性不断提高自身的素质修养，包括提高思想政治素质、道德品格，能力才华、法制意识、科学知识和心理素质，对于促进我国公民道德建设的进步和实施以德治国战略有积极的作用。妇女的综合素质提高了，对孩子的气质、心理、情趣、道德导向的正面影响、教育水平就会极大地加强，对丈夫的工作、事业、成功也会有促进，对自身的工作、对家庭的经营水平、质量也会提高。社会细胞健康，整个社会的发展也会健康有序，改革、稳定、发展也就有了保证。相反，如果妇女在自我修养，包括知识水平、道德品格、法律意识、能力才华等方面没有自我提高的自觉性，安于现状、贪图享乐、不思进取、乐于沉沦、行为失范，这不仅无益于公民道德建设，对整个社会的发展和进步都是极大的阻碍，无一益而有百害。所以，作为女性，要充分认识自身的优势、特点、责任，不断提高自身的综合素质，支持一切有利于解放和发展社会主义生产力，有利于国家统一，民族团结、社会进步，有利于追求真善美，抵制假恶丑，弘扬正气，有利于履行公民义务与权利，用诚实劳动争取美好生活的思想道德建设。不断培养造就自己的子女，经营好自己的家庭，努力向上干好本职工作，积极遵守社会公德、职业道德、家庭美德，对推进社会公民道德建设、净化社会环境、稳定社会秩序、推动社会的改革与发展将会有积极的促进作用。

作为新时期的职业女性、妇女干部在公民道德建设中要争取做全体妇女同胞的楷模，努力担负起肩上的责任和义务，不断提高自身素质。除了按照《公民道德建设实施纲要》的要求去实践外,还要树立终身学习的观念。因为知识就是力量,事业、家庭的成功与幸福需要丰富的知识修养与熏陶,社会发展日新月异,不适应社会发展的需要就会被淘汰,甚至拖单位、社会发展的后腿,女性只有不断地学习和进步,才能同男子齐头并进,共同发展,才能有所作为。要树立分担家务的观念,作为职业女性,要从家庭小圈子里解放出来。把一部分家务留给丈夫,让丈夫学会做家务,体会妻子的辛苦,克服男尊女卑的思想,有利于培养平等和谐的夫妻关系。分一部分家务给孩子,可以培养孩子爱劳动的品格,学习生存、发展的本领,可以培养孩子的责任心。分一部分家务给社会,请保姆、找家政服务,有时出去吃吃快餐,将衣服送洗,既解放了自己,又促进了家务劳动社会化的进程,既获得了学习提高的时间,又促进了家庭和睦、理解与幸福。此外,还要树立女性相互支持的群体观念。每一个女性的经历都是一笔特殊的财富,正因为有了这样的经历,女性才能体会到自身发展面对着比男性更大的障碍和挑战,更能从内心发出一种争取男女平等的力量,这种力量越是拧在一起,越是势不可挡。女性要用这种集体的力量积极参与公民道德建设,团结友善,相互支持,相互促进,发扬"自强、自立、自重、自信"的"四字"精神,身体力行,用实际行动消除几千年来不同程度地影响妇女生产、生活、就业、工作的陈旧道德观念,为社会主义公民道德建设体系的实施和完善做出积极的贡献。

发表于《云南省直党建》2003年第6期

一篇蕴涵丰富的哈尼族爱情史诗

——《洛奇洛耶和扎斯扎依》

哈尼族是我国西南边疆历史最悠久的少数民族之一。现有人口120余万，主要生活在哀牢山中下段，今天云南的红河州、玉溪市、思茅地区（今普洱市）、澜沧江一带。淳朴勤劳、勇敢聪慧、能歌善舞的哈尼人民，虽然自身没有文字，但在长期的生产和生活实践中，他们积累了丰富的生产和生活经验，同时也用自己的聪明才智，创造了丰富多彩、绚丽多姿的诗、歌、舞、乐和神话传说等民间文学作品。据不完全统计，仅墨江哈尼族自治县就收集民歌一万余首，民间神话传说故事二百余个，洞经音乐三十二首，传统民族舞蹈二十余个。在这些口传文学中，一部诗歌、一个传说，就是一部民间故事。有的诗歌长达千行以上，其内容包罗万象，有民族起源、民族迁徙、民族习俗、宗教信仰、道德风尚、生产经验、爱情故事等等，他们多以歌唱的形式留传后世，深受哈尼人民的喜欢。如《阿奇阿沙》《阿尼密戈》《金佘金白》等创世史诗在哈尼族中广泛流传。而《洛奇洛耶和扎斯扎依》则是影响较大、流传较广、整理最完善的一部叙事长诗。

该部叙事长诗广泛流传在滇南，特别是流传在思茅地区（今普洱市）的墨江、江城、普洱（今宁洱）和玉溪市的元江、新平哈尼族聚居的广大村寨中。提起洛奇洛耶和扎斯扎依的传说，无不家喻户晓。它是这一带哈尼人民祖祖辈辈传诵的歌，是哈尼族珍贵的文化遗产，是哈尼人心目中的英雄颂歌，更是云南少数民族中不可多得的民间叙事长诗之一。这部叙事诗从1959年开始采集、整理、翻译到1995年出版，经历了三十六年的风风雨雨。由哈尼族老歌手白杨才弹唱、胡旭崑翻译、刘署、李广学、郭东屏、姜羲合作精心整理而成。

此诗共有10辑1021行。第一辑 开头的歌；第二辑 迷扎·扎斯扎依；第三辑 阿基·洛奇洛耶；第四辑 赶街相会；第五辑 秧田对歌；第六辑 串门求亲；第七辑 成家立业；第八辑 领头抗租；第九辑 不死的魂；第十辑 结尾的歌。

此诗有完整的故事情节，有鲜明的人物形象。它是一首赞颂劳动的歌，赞颂纯真爱情的歌。更重要的是，它是赞颂哈尼族最出色的男女青年反抗压迫、争取自由的坚强性格和不屈的灵魂的英雄颂歌。难怪哈尼人对它那么迷恋，每当听到老歌手弹唱的时候，往往接连几夜聚听不散。因为它表达了哈尼人民的心愿，唱出了哈尼人民的心声。主人公洛奇洛耶和扎斯扎依的悲剧，是哈尼人曾经遭受过的历史悲剧。这对青年男女为群众的生存挺身而出，被砍成肉块、剁成肉酱依然复活，那虽死犹生、灵魂永远不死的传说，是这个边疆民族坚强性格的艺术再现。无怪乎，哈尼人民用最高的尊称阿基·洛奇洛耶（意为顶天立地的英雄）、最高的美称迷扎·扎斯扎依（意为智慧美丽的花朵）称呼他们了。

　　在这部叙事长诗里，从洛奇洛耶和扎斯扎依的出生、成长、相会、成亲到领头抗租、英勇不屈、壮丽献身，不仅反映出了哈尼族优秀青年追求自由、不畏强暴的坚强品格，也较全面地反映了哈尼人民的生产生活状况、民风民俗、婚姻关系和当时街市热闹的小商品交流场面。尤其是有一些关于人的艺术描写，朴实、深刻而形象。如在第五辑中写到洛奇洛耶答应正在栽秧的姑娘们的要求，向她们弹起弦子演奏《求亲调》的情景："弦子刚响起，姑娘就爱听；弦子弹下去，姑娘甜透心"；"七十个姑娘，七十个模样：有的直着身子听，有的歪着身子听，有的侧着耳朵听，有的提着秧把听"。"七十个姑娘的心，让洛奇洛耶的弦子迷住了，手里的秧把掉了不知道，头上包巾掉了不知道，背着娃娃栽秧的阿嫂，娃娃掉进田里不知道"……这一情景，不仅使人联想到汉族著名的古乐府《陌上行》里众人凝神围观美人罗敷的千古绝唱！

　　这部英雄颂歌，唱出了哈尼人淳厚、纯真而倔强的民族性格，也唱出了边疆兄弟民族的智慧与觉醒。它不是以通常的大团圆来结局，而是以壮丽的悲剧作结尾。而悲剧之所以发生，是因为哈尼族出了尼罕那样的败类。利用他的同胞的善良和纯真施展诡计。于是，"尼罕用洛奇洛耶的弩箭，悄悄地射中洛奇洛耶；三江两府的兵马，把洛奇洛耶活活捉住了。"歌者反复伤心地咏唱到"可惜洛奇洛耶的阿爸的心太慈，没有看出尼罕的诡计，可惜洛奇洛耶的阿妈心太善，没有看见尼罕的诡计"。"可惜洛奇洛耶心太直，可惜扎斯扎依心太实，他们对尼罕说了心里话。"这几句动人心魄的伤心话，标志着哈尼族智慧的成长和觉醒，而这种觉醒是他们心爱的男女英雄被铜钉钉在山岩上，淌了七天七夜的鲜血换来的。

　　《洛奇洛耶与扎斯扎依》这部哈尼族的叙事长诗，在长期的流传过程中，经过历代先辈的加工，经过千锤百炼和民族文化的互相渗透而流传至今。它颂扬了真善美，鞭挞了假恶丑，激励着一代一代哈尼人民勇敢地去生活，去追求美好的理想。在当地哈尼人民的生产生活中有着深刻的影响。正如诗中开头所唱到的那样：

"呃——
寨子里的伙子们哟，
赶快烧起火堆来，
听我弹响弦子，
唱一支祖祖辈辈传诵的歌。

古老的年代，
我们依牙俄碧地方，
有一对勇敢的年轻人，
他们是英雄、智慧和美丽的化身，
他们的故事，就像今晚的火堆一样，
能把我们哈尼人的心照亮。"
……

发表在《云南档案》2003年第6期